세상을
바꾸고
고전이 된
39

세상을 바꾸고 고전이 된 39

김학순 지음

효형출판

한 권의 책,
이렇게 역사와 세상을 바꿨다!

'메타북'이라고 일컫는 '책에 관한 책'이 무수히 나오고 있다. 어떤 이는 메타북 전성시대라고까지 한다. 메타북은 '책의 지도'와 같다. 책 읽기의 길라잡이 역할을 할 뿐 아니라 메타북 한 권을 따라 읽으면 수십 권을 요약해 읽는 것과 같은 효과를 거둘 수 있기 때문이다.

이 책도 메타북의 하나다. 하지만 단순히 고전이나 명작을 안내하지는 않는다. 한 권의 책이 어떻게 세계 역사와 인류 전체의 삶을 격변시켰는지 보여주려고 한다. 이러한 시도가 외국에서도 없었던 것은 아니지만, 자국 중심이거나 특정 언어권의 책에 한정해 소개하는 경우가 대부분이었다.

필자는 각종 자료와 정보를 토대로 인류의 역사와 세상을 획기적으로 바꿨다고 판단되는 책을 뽑아보았다. '100권의 책'이나 '50권의 책'처럼 굳이 아귀를 맞추려 하지 않았다. 그렇게 정리한 것이 39권이다. 날카롭고 분석적인 비평보다 그 책이 왜 세상을 바꿀 수 있었는지 독자들이 이해하는 데 도움을 주는 것에 주안점을 두었다. 그 과정에서 전문가들의 의견도 들었다.

한 권의 책이 한 사람의 인생을 바꾼 사례는 헤아릴 수 없이 많다. 한 권의 책 때문에 한 나라의 운명이 바뀌기도 한다. 하지만 온 세상을 바꾼 책은 그리 많지 않다. 어떤 이들은 찰스 다윈의 『종의 기원』, 카를 마르크스의 『자본론』, 지그문트 프로이트의 『꿈의 해석』을 '인류 역사를 결정적으로 변화시킨 3대 저서'로 꼽는다. 과학계에서는 다윈의 『종의 기원』, 아이작 뉴턴의 『프린키피아』, 알베르트 아인슈타인의 『상대성 이론』에 토머스 쿤의 『과학혁명의 구조』를 더해 '인류의 삶을 바꾼 4대 과학서'라고 말한다. 경제학자들은 애덤 스미스의 『국부론』, 마르크스의 『자본론』, 존 메이너드 케인스의 『고용, 이자 및 화폐의 일반 이론』을 '세계를 바꾼 3대 경제학 저서'라고 부른다.

'역사와 세상을 바꾼 책'은 관점에 따라 다소 다를 수 있다. 좋은 사례가 이 책에서 첫 번째로 다루는 장 자크 루소의 『사회계약론』이다. '프랑스 혁명의 교과서'가 된 이 책보다 외려 같은 저자가 쓴 연애소설인 『신 엘로이즈』가 혁명에 훨씬 더 큰 영향을 주었다는 주장이 국내에서 나왔다. 『사회계약론』은 프랑스혁명이 일어나기까지 2쇄만 발행된 반면, 『신 엘로이즈』는 40년 동안 115쇄나 찍었다는 사실을 근거로 들며 '연애소설이 프랑스혁명을 일으켰다'는 견해를 제시했다. 그렇지만 많이 팔리고 읽힌 책이라고 해서 역사와 세상을 변화시킨다고 보기는 어렵다. 『사회계약론』은 프랑스혁명 주도 세력이 혁명 1년 전 공공 광장에서 낭독하고 해설할 정도로 정치, 사상적으로 영향력이 큰 책이었다. 자유, 평등, 주권재민 사상과 더불어 '인간의 권리(인권)' 개념을 처음으로 도입한 『사회계약론』은 대서양을 건너 미국 독립 운동에도 적지 않은 영향을 미쳤다.

여기에 실린 책들은 몇 가지 갈래로 나눠볼 수 있다. 첫째는 낡은

적폐를 비판하고 새로운 사상을 주창해 정치, 사회적 격변을 이끌어
내는 기폭제 역할을 한 책이다. 두 번째는 획기적인 이론이나 진리를
발견하고 담아내 한순간에 기존의 패러다임을 뒤집어놓은 책이다. 세
번째는 역사의 초창기에 출간되어 오랜 세월 동안 인류의 정치, 철학
적 바탕을 이루어온 고전이다. 네 번째로는 생각의 혁명을 몰고 온 책
을 꼽을 수 있다. 다섯 번째는 인류의 역사에 더할 수 없을 만큼 부정
적인 영향을 끼친 책이다.

　일반 독자들에게는 다소 생소한 책도 있다. 앨프리드 세이어 머핸의
『해양력이 역사에 미치는 영향』은 세계 권력의 판도를 바꾼 책이다. 루
크레티우스의 『사물의 본성에 관하여』는 기원전 50년경에 쓰여 훗날
유럽의 르네상스에 중대한 영향을 주었다. 메리 울스턴크래프트의 『여
성의 권리 옹호』는 시몬 드 보부아르의 『제2의 성』보다 150여 년 먼저
출간된 '페미니즘의 성서'이며, 표트르 알렉세예비치 크로폿킨의 『상
호부조론』은 살벌한 생존경쟁보다 협력과 연대에 기초한 상호부조가
인류의 문명을 이끌어온 힘이라는 점을 실증적으로 설파했다.

　이 책은 '구슬이 서 말이라도 꿰어야 보배'라는 속담처럼 여기저
기 흩어져 있는 자료와 정보를 모아 다듬고 나름대로 해석한 결과물
이다. 모든 내용을 거듭 확인했지만, 행여 책에 잘못된 정보나 미진한
부분이 있다면 전적으로 필자의 부족함 때문이다. 마지막까지 원고를
꼼꼼하게 살펴준 효형출판에 고마움을 전한다.

2015년 10월
김학순

『세상을 바꾸고 고전이 된 39』
한눈에 보기

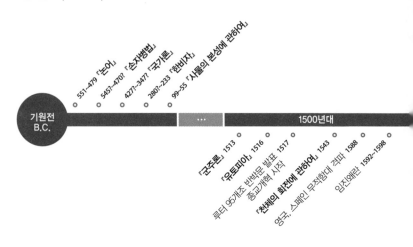

기원전
B.C.

551~479 『논어』
545?~470? 『손자병법』
427?~347? 『국가론』
280?~233 『한비자』
99~55 『사물의 본성에 관하여』

...

1500년대

『군주론』 1513
『유토피아』 1516
루터 95개조 반박문 발표 1517
종교개혁 시작
『천체의 회전에 관하여』 1543
영국, 스페인 무적함대 격파 1588
임진왜란 1592~1598

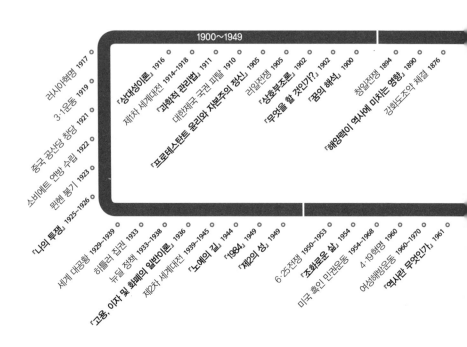

러시아혁명 1917
3·1운동 1919
중국 공산당 창당 1921
소비에트 연방 수립 1922
민헨 봉기 1923
『나의 투쟁』 1925~1926

1900~1949

『상대성이론』 1916
제차 세계대전 1914~1918
『과학적 관리법』 1911
대한제국, 국권 피탈 1910
『프로테스탄트 윤리와 자본주의 정신』 1905
러일전쟁 1905
『상호부조론』 1902
『무엇을 할 것인가?』 1902
『꿈의 해석』 1900
청일전쟁 1894
『해양력이 역사에 미치는 영향』 1890
강화도조약 체결 1876

세계 대공황 1929~1939
히틀러 집권 1933
뉴딜 정책 1933~1938
『고용, 이자 및 화폐의 일반이론』 1936
제2차 세계대전 1939~1945
『노예의 길』 1944
『1984』 1949
『제2의 성』 1949

6·25전쟁 1950~1953
『조화로운 삶』 1954
미국 흑인 민권운동 1954~1968
4·19혁명 1960
여성해방운동 1960~1970
『역사란 무엇인가』 1961

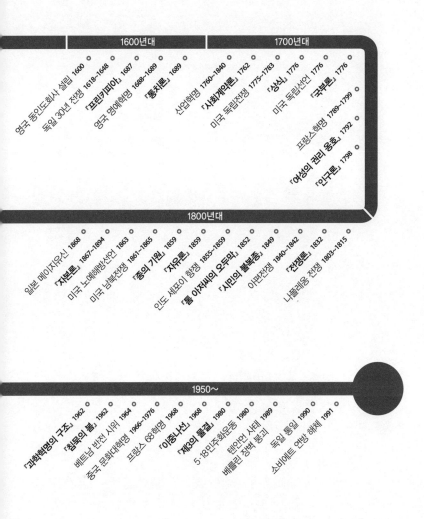

1600년대　　　　1700년대

영국 동인도회사 설립 1600
독일 30년 전쟁 1618~1648
『프린키피아』 1687
영국 명예혁명 1688~1689
『통치론』 1689
산업혁명 1760~1840
『사회계약론』 1762
미국 독립전쟁 1775~1783
『상식』 1776
미국 독립선언 1776
『국부론』 1776
프랑스 혁명 1789~1799
『여성의 권리 옹호』 1792
『인구론』 1798

1800년대

일본 메이지유신 1868
『자본론』 1867~1894
미국 노예해방선언 1863
미국 남북전쟁 1861~1865
『종의 기원』 1859
『자유론』 1859
인도 세포이 항쟁 1855~1859
『톰 아저씨의 오두막』 1852
『시민의 불복종』 1849
아편전쟁 1840~1842
『전쟁론』 1832
나폴레옹 전쟁 1803~1815

1950~

『과학혁명의 구조』 1962
『침묵의 봄』 1962
베트남 반전 시위 1964
중국 문화대혁명 1966~1976
프랑스 68혁명 1968
『이중나선』 1968
『제2의 물결』 1980
5·18민주화운동 1980
톈안먼 사태 1989
베를린 장벽 붕괴
독일 통일 1990
소비에트 연방 해체 1991

자유와 인권의
횃불을 들다

프랑스혁명의
교과서

인간은 자유롭게 태어났다.
하지만 도처에서 사슬에 묶여 있다.

사회계약론

장 자크 루소
Jean‑Jacques Rousseau, 1712~1778

"빵이 없으면 케이크를 먹으면 되지!" 사치스러운 생활로 1789년 프랑스혁명의 불씨가 된 왕비 마리 앙투아네트Marie Antoinette, 1755~1793의 발언으로 유명한 문장이다. 하지만 알려진 바와 달리 실제로는 프랑스혁명에 지대한 영향을 미친 사상가 장 자크 루소의 저작 『고백록』에 실린 일화가 악의적으로 변형돼 퍼졌을 가능성이 크다고 전해진다. '참회록'이라고도 번역되는 이 책에는 한 공주의 에피소드가 나온다. 공주가 농부들로부터 빵이 떨어졌다는 말을 듣고 "브리오슈(버터를 듬뿍 넣어 만든, 과자에 가까운 빵)를 먹으면 되지!"라고 했다는 풍문이 떠돌고 있었다. 공주가 아는 빵 이름은 브리오슈뿐이었고 특별히 악의도 없었기 때문에 사람들은 백성의 실상을 모르는 뻔뻔한 공주라고 손가락질하지 않았다.

　　루소도 이 공주를 비난하기 위해 에피소드를 인용한 것은 아니다. 루소는 평소 빵이 없으면 와인을 마시지 못했다고 한다. 한번은 와인을 마시려는데 빵이 없었다. 그 순간, 루소는 이 일화를 떠올리고선 와인에 브리오슈를 곁들인 일을『고백록』에 썼다. 오스트리아 공주였던 앙투아네트가 루이 16세와 결혼하기 전에 루소가『고백록』을 완성했으니, 앙투아네트를 겨냥했을 리도 없다.

　　프랑스혁명으로 두 사람은 악연이 되었으나 앙투아네트는 루소의 사상을 추종했다. 훗날 제네바에 있는 루소의 묘지를 찾아갈 정도였다. 루소의 영향을 받은 앙투아네트는 전원생활을 무척이나 동경해서 궁에 농가를 짓고 직접 소젖을 짜기도 했다.

　　아마도 그녀는 '자연으로 돌아가라'는 루소의 주장을 오해한 것 같다. 루소가 말하는 자연은 목가적이고 평화로운 환경이 아닌 '국가 이전의 상태'를 의미한다. 시민들의 사회계약으로 탄생한 국가가 계약을 어기고 시민을 속박한다면 국가를 뒤엎고 '국가 이전의 상태'인 자연 상태로 돌아갈 수 있다고 루소는 주장했다. 그럴 뜻은 없었지만 결과적으로 프랑스혁명의 정당성을 뒷받침한 것이다. 앙투아네트는 루소가 쓴 책 한 권 때문에 자신이 단두대의 이슬로 사라질 거라 상상이나 했을까.

　　프랑스혁명 지도부의 정전正典이 된 책은 루소의『사회계약론Du Contrat Social, ou Principes du Droit Politique』이다. 프랑스혁명이 발발하기 10년도 전에 세상을 떠난 루소에게는 결코 혁명을 유도하려는 의도가 없었다. 그렇지만 책에 등장하는 자유, 평등, 주권, 일반의지 같은 핵심 단어들은 혁명주의자들의 가슴에 불을 지폈다.

민중을 이끄는 자유의 여신(Liberty Leading the People)
외젠 들라크루아, 1830, 루브르 박물관

『사회계약론』은 "인간은 자유롭게 태어났다. 하지만 도처에서 사슬에 묶여 있다. 자기가 다른 사람의 주인이라고 생각하는 사람도 사실더한 사슬에 묶인 노예다"라는 도발적인 문장으로 시작한다. 이 문장이야말로 루소 사상의 핵심이자 프랑스혁명의 시작을 알리는 팡파르였다.

루소는 무엇보다 자유의 절대화를 부르짖었다. "자유를 포기하는것은 인간으로서의 자격을 포기하는 것이며 인간의 권리, 나아가서는그 의무마저 포기하는 것이다. 모든 것을 포기하는 사람에게는 아무런 보상도 있을 수 없다. 모든 것을 포기하는 것은 인간의 본성에 어긋나는 일이다." 이처럼 타고난 자유를 합법적으로 보장해주는 것이바로 사회계약의 목적이다. '인간의 권리(인권)'란 말은 이 책에 처음등장한 뒤 세계적으로 통용되었다.

루소는 '사회계약'을 국가 성립의 기초라고 여겼다. 국가는 정신적이고 집합적인 단체이며 공적인 성격을 띠고 있다고 생각한 것이다. 나아가 계약으로 탄생한 국가는 구성원 개개인에 의해 만들어진 것이어서 구성원의 이익에 반하는 이해를 갖지 않고, 가질 수도 없다고 했다.

"우리는 저마다 신체와 모든 힘을 공동의 것으로 삼아 일반의지의최고 지도 아래 둔다. 그리고 우리는 구성원 하나하나를 전체와 나누어질 수 없는 일부로 받아들인다." 이것이 사회계약의 본질이다. 사회계약이란 인민 모두가 자신의 권리와 자기 자신을 공동체 전체에 완전히 양도하는 것이다. 이에 따라 탄생하는 것이 개인 의지의 집합체인 '일반의지'다.

일반의지는 곧 '국민의 뜻'이다. 오늘날 선거는 한 사회의 일반의지

+   루소의 세 가지 자유 – 루소에게 자유란 타인의 의지에 종속되지 않는 상태다. 그는 인간의 자유를 자연 상태에서 누리는 '자연적 자유', 사회계약 이후 시민 상태에서 누리는 '시민적 자유', 인간이 진실로 자신의 주인이 되게 하는 '도덕적 자유'로 구분한다. 혼자 사는 사람은 그를 구속하는 타인이 없기 때문에 자유롭다. 이것이 '자연적 자유'다. '시민적 자유'는 '일반의지'에 의해서 제한된다. 사회계약에 의해 인간은 자연적인 자유를 잃지만 보다 넓은 시민적 자유를 얻게 된다. '도덕적 자유'를 누리기 위해선 이성이 필요하다. 양심이 명령하는 대로 행동하면서도 다른 사람의 자유를 침해하지 않아야 하기 때문이다.

가 드러나는 장이다. 일반의지가 글로 표현된 것이 법이다. 사람들이 충성을 바쳐야 할 대상이 법이며, 그 앞에선 모두가 평등하다는 논리는 루소의 사상을 잘 보여준다.

　일반의지에는 양면성이 존재한다. 모든 사람이 합의하는 거대한 공동체가 무해한 경우라면 유토피아지만, 최악의 경우에는 전체주의 국가로 변할 수 있다. 가장 존경하는 인물로 루소를 꼽던, 프랑스혁명의 지도자 로베스피에르는 자신의 광기를 담은 혁명 이념이 전체 민중의 의지를 표현하고 있다며 정당화했다. 이 때문에 루소는 자유국가 이념의 아버지이자 민중 독재의 아버지라는 야누스의 모습을 떠안았다.

　루소의 일반의지는 주권과 밀접하게 결합돼 있다. 루소가 주장하는 주권의 본질은 세 가지다. 첫째, 주권은 양도할 수 없다. 주권은 일반의지의 행사이고, 그 의지는 양도할 수 없는 것이기 때문이다. 양도할 수 있다면 그건 주권이 아니라 힘이나 권력이다. 둘째, 주권은 분할

할 수 없다. 만약 분할이 가능하다면 그것은 일반의지가 아닌 특수의
지가 되며, 그것의 행사는 주권이 될 수 없다. 셋째, 사회계약의 범위
에서 벗어날 수 없다. 정치체의 본질은 사회계약에 의한 복종과 자유
의 조화에 있기 때문이다. 주권은 사회계약에 의해 정치체가 부여받
은 모든 성원에 대한 절대적인 힘이다.

　정치적 권위는 본질적으로 국민 안에 있다는 게 루소 정치사상의
핵심이다. 여기서 정치적 권위는 주권을 가리킨다. 정부는 주권에 종
속된 기관으로 행정 기능을 위임받은 조직에 불과하다고 본다. 앞서
언급했듯 국가를 구성하는 법률은 일반의지의 표현이어야 하고, 정부
는 법률이 정한 범위 안에서만 통치권을 행사할 수 있다. 만약 정부의
통치가 일반의지에 반할 경우 국민은 언제든지 의회를 소집해 행정가
를 소환할 수 있다.

　일반의지를 실현하기 위해 정부 같은 조직이 꼭 필요하지만 정부
는 정치력보다 공평성을 먼저 갖춰야 한다고 루소는 생각했다. 민주주
의가 공동선을 항상 보장하는 정부를 구성하는 것은 아니기 때문이다.
선거를 통해 국가 지도자가 됐더라도 권위주의적인 성향을 지닌 '제왕
적 인물'이라면 각별히 명심해야 할 덕목이다. 지도자가 선거운동 때
와는 달리 국민을 주권자가 아니라 신민처럼 대한다면 사회계약과 일
반의지를 위반한 책임을 물어야 한다. 다수의 국민이 주권재민의 원칙
을 체감하지 못한다면 그것은 정치에 일반의지가 반영되지 않았음을
의미한다. 유감스럽게도 한국의 현실이 그렇다.

　일반의지는 전체의 합의나 다수결이 아니라, 수많은 의지의 차이를
있는 그대로 드러내는 속성을 지녔다. 어떤 사람들은 무상급식을 바

+ **루소의 주권론** – 루소의 주권론이 완전히 독창적인
것은 아니다. 루소는 '만인에 대한 만인의 투쟁'으로 유명한 영국
정치철학자 토머스 홉스의 영향을 받았다. 홉스는 인간의 본성
을 성악설에 가깝게 인식한다. 그는 최초로 사회계약론을 설파
했지만, 왕을 뽑아 그에게 절대 권력을 주자는 군주주권론을 주
창했다. 마르크스가 헤겔의 변증법에서 유물변증법을 창안했듯
이, 루소는 홉스의 주권론에서 인민주권론을 이끌어냈다. 홉스
의 이론을 루소가 이어받아 혁명적인 민주주의 이론으로 재탄생
시킨 셈이다. 전문가들은 이것이야말로 루소의 천재적인 발상이
라고 평가한다.

라면서도 예산을 더 염려하는 반면, 어떤 이는 예산을 염려하지만 무
상급식을 더 바란다. 이처럼 공동체의 이익을 추구하고자 할 때 여러
생각이 충돌할 수밖에 없다.

　루소가 역설한 '자연으로 돌아가라'는 자연 상태의 자유와 평등, 주
권을 회복하는 길을 찾자는 뜻이다. 지금에야 상식처럼 들리지만, 당
시 지배계급에게는 엄청난 충격으로 다가왔던 주장이다. 책이 출간되
자 파리 고등법원은 압수 조치와 함께 루소에 대한 체포령을 내렸다.

　『사회계약론』은 1762년 네덜란드 암스테르담에서 처음 출판되었
고, 공식적으로는 프랑스에 반입되지 못했다. 은밀하게 들여온 책은
극소수만 볼 수 있었지만 그 영향력은 대단했다. 당시 '일반의지', '사
회계약'이라는 말은 유행어가 될 정도였다고 한다. 프랑스혁명으로 감
옥에 갇힌 루이 16세가 "나의 왕국을 무너뜨린 놈은 루소와 볼테르"
라고 했다는 얘기가 전해진다. '인간은 자유롭게 태어났지만 도처에서

사슬에 묶여 있다'는 문구는 그 뒤 수많은 반체제 운동가가 슬로건으로 사용해 유명해졌다.

『사회계약론』은 주권재민을 주장한 최초의 책이라고 할 수 있다. 프랑스혁명 주역 가운데 한 사람인 장 폴 마라Jean‒Paul Marat, 1743~1793는 혁명 1년 전인 1788년 공공 광장에서 연설하면서 『사회계약론』을 낭독하고 해설했다. 1791년 파리 교외 몽모랑시에 세워진 루소 동상에는 '우리 헌법의 기초를 만들었다'고 새겨져 있다. 이 책은 프랑스혁명은 물론 유럽 곳곳에서 근대 정치가 태동할 수 있는 원동력을 제공했다. 미국 독립혁명의 이론적 토대가 된 것은 더 말할 나위 없다.

근대사의 문을 열어준 과학의 천재가 뉴턴이라면 인문학의 천재는 루소라는 말이 있을 정도다. 미국의 저명한 문예지《애틀랜틱 먼슬리 Atlantic Monthly》는 이렇게 평했다. "루소의 사회계약론이 18세기를 대변하고, 카를 마르크스의 자본론이 19세기를 대변한다면, 호세 오르테가 이 가세트의 대중의 반역은 20세기를 대변할 것이다."

그러나 한편으로는 루소가 창안한 정치 공동체 모델이 전제한 사회와 국가의 관계가 현실 세계와는 상당한 거리가 있음이 드러나 비판도 많이 받았다. '루소가 민주주의 스승인가, 전체주의 창시자인가' 하는 논란을 불러일으키기도 했다. 특히 19세기에는 비판이 들불처럼 일어났다. 뱅자맹 콩스탕은 "사회계약론은 모든 종류의 전체주의의 가장 끔찍한 보조자가 되었다"고 꼬집었다. 일반의지가 개인의 이익보다 국가 이익을 더 강조하는 것처럼 보이자 독일 나치스트, 이탈리아 파시스트, 일본 군국주의자 같은 전체주의 독재 정권들이 악용했다. 루소는 결코 전체주의를 찬성하지 않았지만, 일반의지가 자의적으

+ **대중의 반역** ─ 1930년 출간된 스페인 역사철학자 호세 오르테가 이 가세트(Jose Ortega y Gasset, 1883~1955)의 문명 비판서다. 20세기 이전까지 대중은 잠재적인 힘은 있으나 억압받는 피지배계급이었을 뿐이다. 하지만 20세기에 들어서며 세계 곳곳에서 대중은 스스로 판단하고, 강력한 영향력을 행사하는 역사의 주체로 등장하기 시작했다. 과거의 대중과 다른 점은 이들은 스스로를 지배하려 든다는 점이다. 이것이 바로 '대중의 반역'이다. 여기서 대중은 특별한 자질이 없는 사람들의 집합체이자 평균인이다.

로 해석되며 애초 취지와 다르게 파장을 일으킨 것이다. '일반의지'가 논쟁적인 개념임은 분명하다.

논란을 뛰어넘어 루소의 철학은 21세기 지구촌의 현실 정치에도 중대한 영향력을 미치고 있다. 오늘날 국제사회는 다양한 사회계약을 통해 평화를 유지한다. 『사회계약론』은 우리가 어떤 공동체를 만들고 어떤 개인이 되어야 하는가 같은 근본적인 질문을 끊임없이 던져주고 있다.

함께 읽으면 좋은 책
· 장 자크 루소, 『인간 불평등 기원론』, 주경복·고봉만 옮김, 책세상, 2003.
· 토머스 홉스, 『리바이어던』, 신재일 옮김, 서해문집, 2007.
· 조긍호·강정인, 『사회계약론 연구』, 서강대학교출판부, 2012.

함께 보면 좋은 영화
· 소피아 코폴라 감독, 〈마리 앙투아네트(Marie Antoinette)〉, 2006.

미국 독립 운동의
진앙지

미국의 독립은
상식이자 역사적 순리다.

상식

토머스 페인
Thomas Paine, 1737~1809

역사에 가정법은 없지만 미국의 독립이 한참 늦어졌거나, 캐나다처럼 오랫동안 영연방 국가로 남아 있었다면 세계 역사는 사뭇 달라졌을 가능성이 높다.

독립선언 반 년 전인 1775년 말까지만 해도 대다수 미국인은 독립을 확신하지 못했다. 지도자들조차 완전한 독립을 지향할지, 영국의 양보를 얻어내는 선에서 갈등을 봉합할지 우왕좌왕했다. '건국의 아버지'로 불리는 조지 워싱턴George Washington, 1732~1799도 1770년대 초까지는 독립에 반대했으며, 독립선언문의 기초를 만든 벤저민 프랭클린Benjamin Franklin, 1706~1790 역시 마찬가지였다. 대영제국의 호위 아래 정치적 자치와 경제적 번영을 함께 추구하는 것이 이득이라고 판단했기 때문이다. 게다가 이들은 군주제와 공화제를 섞은 영국의 정치체

+　　　　**군주제와 공화제** - 국가의 통치 형태를 뜻하는 정치
체제는 크게 군주제와 공화제로 나뉜다. 군주제는 한 사람(왕)이
절대적 주권을 가진 정체다. 군주제의 한 갈래인 입헌군주제는
군주(왕)가 상징적으로만 존재하고 실제 정치는 총리와 의회가
한다. 영국과 일본이 해당한다. 공화제는 국민이 선출한 복수의
대표가 통치하는 정체다. 공화제는 다시 의원내각제와 대통령제
로 나뉜다.

제가 최선이라고 여겼다. 영국과의 독립전쟁은 비상식적이며 무모해
보이는 상황이었다.

　1776년 1월 10일, 급진주의 사상가 토머스 페인이 쓴 『상식Common
Sense』이 출간되자 아메리카 대륙은 단번에 술렁거리기 시작했다.
46쪽짜리 소책자는 미국 독립 운동에 불을 질렀고 나아가 세계사의
흐름을 바꿔놓았다. 페인은 미국의 독립이 상식이자 역사적 순리라고
강조했다.

　『상식』은 군주제를 신랄하게 비판하면서 민주적 공화제만이 대안
이라고 강력히 주장한다. 페인은 식민지 아메리카 인민들에게 영국
왕실로부터의 완전한 자주독립과 공화제에 입각한 새 나라 건설을 촉
구했다. 그는 이 책에서 영국과의 화해를 주장하는 견해의 모순, 세습
군주제의 불합리성, 독립의 경제적 이익과 의의, 대의제에 따른 정치
적 대표 기관의 구성 방법 등을 명쾌하고 논리적으로 펼쳐나간다.

　페인은 입헌군주제가 견제를 통해 국왕의 권력을 제한할 수 있을
지는 몰라도 권력을 무력화할 수 없는 한계가 있다고 공격한다. 영국

이 절대군주를 가두고 자물쇠를 채웠지만 동시에 국왕에게 열쇠를 준 것이나 다름없다고 본다. 군주제적 유물과 귀족제적 유물이 새로운 공화적 요소(하원)와 혼합돼 있어 불합리하고 터무니없는 모순을 낳는다는 것이다.

영국에서 국왕이란 전쟁이나 일으키고 관직을 주는 것 외에 하는 일이 없으며, 국민을 가난하게 만들고 서로 싸우게 하는 존재라는 게 페인의 생각이다. 왕의 자리를 후손에게 세습할 권리도 없다고 말한다. 한 개인이 다른 사람에 비해 상당히 높은 지위를 누릴 수 있을지 몰라도 그의 후손까지 지위를 물려받아서는 안 된다는 것이다. 모든 사람은 평등하다는 상식에 어긋나기 때문이다.

페인은 『상식』에서 영국이 '아메리카를 위해서'가 아니라 '자기를 위해 자기의 적으로부터 (아메리카를) 보호한 것'에 불과하다는 논리를 펼치면서, 미국이 왜 독립해야 하는지 미국인이 입증할 게 아니라 미국이 왜 영국에 종속돼야 하는지 영국인이 입증해야 한다고 주장한다. 아메리카는 유럽 각지에서 박해받은 사람의 피난처이기 때문에 미국의 모국은 영국이 아니라 유럽 전체라고 페인은 생각한다.

영국과 관계를 유지하자는 주장은 어린아이가 이제껏 젖을 먹고 자랐으니 앞으로 절대 고기를 먹으면 안 된다는 억지나 다름없다고 반박한다. 영국의 지배에서 벗어나더라도 아메리카의 곡물은 유럽의 어느 시장에서나 제값을 받을 수 있고, 어디로부터 물건을 사들이더라도 그 대가는 동일하다는 근거를 들어 독립의 경제적 이득을 설명한다. 또 유럽의 싸움에 관여하지 않는 게 아메리카의 진정한 이익이라고 설득한다. 오히려 영국에 예속될 경우 유럽의 전쟁과 분규에 휘말리기 쉽다는 것이다.

그는 영국과 '화해'가 이루어지면 통치권이 여전히 국왕의 수중에 머물러 있어 사실상 노예화될 것이라고 경고한다. 아메리카는 충분한 힘이 있으므로 바로 '이 시기'가 독립하기에 아주 적절한 때이며, '가장 용감한 업적들은 언제나 미성년기에 성취됐다'고 재치 있게 비유한다.

또한 미국의 장래를 논하면서 '자유로운 나라에서는 법률이 곧 국왕이어야 하고, 그 밖의 어떤 것도 국왕이 돼서는 안 된다'는 원칙을 제시한다. '어떤 그릇된 것을 그릇됐다고 생각하지 않는 습관이 오래 굳어지면 겉으로는 옳은 것처럼 보이게 된다'는 명문이 각별히 눈길을 끈다.

폭발력을 지닌 이 책은 출간되자마자 미국의 첫 번째 베스트셀러가 됐다. 출간 3개월도 안 돼 10만 부, 1년 만에 15만 부가 팔렸다고 한다. 브리태니커 사전은 1년 만에 50만 부가 팔렸다고 전하고 있으나 과장이 섞였을 것으로 보인다. 당시 미국 전체 인구가 300만 명(노예 60여 만 명과 외국인 노동자 100여 만 명 포함) 정도에 불과한 점을 감안하면 엄청난 판매 기록이다. 그 영향력은 절대적이었다. 제2차 대륙회의에 참석했던 존 펜은 1776년 봄 "여행길 내내 상식과 독립에 대한 이야기 외에는 아무것도 들리지 않았다"고 했다.

『상식』이 나온 직후, 미국 독립이 가능할 뿐 아니라 꼭 필요하다는 인식이 대륙에 가득 찼다. 그해 7월 4일에 발표된 미국 독립선언문은 페인의 주장을 대부분 담았다. 이 책이 나오기 전까지는 독립이나 민주주의가 상식이 아니었다. 미국이 독립하기 전 영국 왕은 상원과 하원에 권력을 일부 나눠줘 당시에는 나름 이상적인 군주로 평가됐다.

독립선언(Declaration of Independence)
존 트럼불, 1817~1819, 미국 국회의사당

이 때문에 대부분의 아메리카 사람들은 왕을 부정하지도 독립을 주장하지도 않았다. 조지 3세를 싫어하는 미국인은 많았지만 그렇다고 왕이란 왕을 죄다 못마땅하게 여기는 사람은 많지 않았다. 『상식』을 꼼꼼히 읽어보면 놀라운 사실을 발견할 수 있다. 책에서 영국 왕 조지 3세의 이름은 단 한 번도 언급되지 않는다. 『상식』은 전 세계의 왕과 폭군, 그리고 불합리한 권위를 공격하는 글이기 때문이다.

『상식』은 제목 덕을 많이 본 베스트셀러라는 뒷얘기가 전해진다. 원래 페인은 이 책의 제목을 '명백한 진리Plain Truth'로 정해두었는데, 페인의 후원자였던 의사 벤저민 러시의 권유로 제목을 바꿨다. 사실 이 책에는 제목을 제외하곤 '상식'이라는 표현이 세 번밖에 등장하지 않는다. 라틴어 문구를 인용하지 않고 어려운 철학을 들먹이지도 않은, 쉬운 문체도 한몫했다.

미국의 2대 대통령 존 애덤스는 "상식을 쓴 작가의 펜이 없었다면 조지 워싱턴의 칼도 아무 의미가 없었을 것"이라고 극찬했다. 『상식』은 세계 민주주의 역사의 주요 문헌이 됐다. 페인은 자기 묘비에 단 한 구절 '상식의 작가'라고만 새겨달라고 했을 만큼 이 책에 대한 자부심과 애정이 컸다.

페인은 프랑스혁명, 영국의 급진주의 운동에서도 활약상이 두드러져 '세계 혁명의 전도사'로도 불린다. 민주주의의 3대 종주국인 미국, 영국, 프랑스에서 현대적 민주주의가 발달하는 데 핵심적인 역할을 한 유일한 인물이기 때문이다.

미국 독립선언 11년 뒤 유럽으로 건너간 페인은 프랑스혁명과 영국의 급진주의 운동에도 개입한다. 1791년에 발표한 『인권』은 프랑스혁명을 지지하는 책이었다. 영국 정치가이자 사상가인 에드먼드 버크가 세계 보수주의의 바이블이 된『프랑스혁명에 관한 성찰』에서 혁명을 비판하자 페인은『인권』으로 반박했다.『인권』은『상식』의 개정판에 가까운 내용을 담고 있으며, 조지 왕을 끌어내리라고 부추겨 영국 급진주의 운동의 핵심 문헌으로 떠올랐다. 그러자 영국에서 반란 선동이라는 죄목으로 체포령이 떨어졌다. 한편 프랑스 명예시민이 된 페인은 1792년 프랑스 국민의회의 헌법 제정 의원으로 활약하기도 했다.

『토머스 페인 유골 분실 사건』의 저자 폴 콜린스는 페인을 '걸어 다니는 혁명'이라고 일컫는다. 페인의 전기를 쓴 W. E. 우드워드는 "페인은 인간의 자유와 권리에 대한 그의 주장을 세계가 수용할 준비를 갖추기 한 세기 전에 태어났다"며 그의 선견지명을 높이 샀다.

페인의 사상은 우여곡절을 겪으면서도 시대를 초월해 영향을 미치고 있다.『상식』이 출간된 후 지금까지 200여 년 동안, 페인은 세계 각국 혁명가들의 수호자 노릇을 해왔다고『상식의 역사』저자 소피아 로젠펠드는 말한다. 수많은 자유주의자, 페미니스트, 민주사회주의자, 사회민주주의자 들이 그를 사상적 뿌리로 여기고 있다.

함께 읽으면 좋은 책
• 알렉시스 드 토크빌, 『미국의 민주주의』, 임효선 옮김, 한길사, 2002.
• 강준만, 『미국사 산책 1』, 인물과사상사, 2010.
• 폴 콜린스, 『토머스 페인 유골 분실 사건』, 홍한별 옮김, 양철북, 2011.

함께 보면 좋은 영화
• 롤랜드 에머리히 감독, 〈패트리어트(The Patriot)〉, 2000.

자유주의와 민주주의의 안내서

자신의 신체와 정신에 대해
각자는 주권자다.

자유론

존 스튜어트 밀
John Stuart Mill, 1806~1873

미국 오클라호마 대학교 영장류 연구소가 1973년 열다섯 살 난 침팬지에게 수화를 가르쳤다. 동물의 지능적 한계를 알아보기 위한 실험이었다. 연구팀은 온갖 노력을 기울여 140여 개의 낱말을 가르치는 데 성공했고, 곧이어 낱말을 자기 생각에 따라 결합할 수 있도록 수준을 높였다. 이 침팬지가 맨 처음 표현한 말은 "나를 놓아달라Let me out"는 것이었다. 자유를 향한 동물의 갈망을 일깨워준 게 이 실험의 결과다. 인간은 더 말할 것도 없다. '자유가 아니면 죽음을 달라'는 미국 독립혁명 지도자 패트릭 헨리의 명언은 침팬지 실험과 상통한다.

'자유'를 철학적 원리로 체계화해 세계 지성사에 큰 업적을 남긴 이가 있다. 영국 철학자이자 경제학자인 존 스튜어트 밀이다. 그가 1859년 세상에 내놓은 『자유론On Liberty』은 전 세계 민주주의의 전범典範

이다. 『자유론』에서 강조하는 자유는 '사상의 자유'로 밀은 모든 자유
는 사상의 자유에서 비롯된다고 확신한다. 밀은 자유의 영역을 의식
의 내면적 자유, 취향과 탐구의 자유, 단결의 자유로 나눈다.

　내면적 자유는 사상과 표현의 자유, 모든 문제에 관한 의견과 감각
의 절대적 자유를 포함한다. 취향과 탐구의 자유는 각자의 생활을 자
신의 성격에 맞도록 계획하는 자유, 결과를 감수하면서 자신이 하고
싶은 대로 행동하는 자유, 내 생각이 틀렸더라도 다른 사람들에게 해
를 끼치지 않는 한 그들에게 방해받지 않을 자유를 일컫는다. 단결의
자유에는 집회와 결사의 자유가 들어 있다. 이러한 자유가 없는 사회
는 통치 형태가 어떠하든 자유롭다고 볼 수 없다고 밀은 웅변한다.

　이 책은 또 자유를 사상의 자유와 행동의 자유로 나누고, 행동의 자
유를 다시 개인의 자유와 집단의 자유로 세분한다. 어느 경우든 타인
에게 해를 끼치지 않는 한 인간은 자유를 보장받아야 하며, 어느 누구
도 자유를 포기할 자유를 요구할 수 없다는 게 중요한 원칙이다. "개
인의 행동 중 사회의 제재를 받아야 할 유일한 것은, 그것이 타인과
관련되는 경우뿐이다. 반대로 자신만 관련된 경우 그의 인격의 독립
은 당연한 것이고 절대적인 것이다. 자신에 대해, 즉 자신의 신체와 정
신에 대해 각자는 주권자다."

　밀이 강조하는 사상과 표현의 자유는 진리를 찾는 데 꼭 필요한 요
소다. 관련해 밀은 이렇게 말했다. "단 한 사람을 제외한 모든 인류가
동일한 의견이고, 그 한 사람만이 반대 의견이라고 해도, 인류에게는
그 한 사람에게 침묵을 강요할 권리가 없다." 그는 생각을 억압한다는
것은 현 세대뿐 아니라 미래 세대의 사상과 표현까지 침해하는 것과

같다고 경종을 울린다.

밀은 토론 없는 진리는 독단이며, 진리에 도달하기 위해서는 반드시 반대론을 알아야 한다고 주장한다. 99명이 찬성하고 한 명이 반대할 때도 그 한 사람의 주장을 반드시 듣고 판단해야 한다는 뜻이다. 자신은 무조건 옳다는 '무오류의 독단'에서 오류가 나온다는 게 그의 지론이다. 밀은 어떤 사상도 절대적일 수 없다는 신념에 따라 자신의 저술이나 사상을 신성시하는 것도 거부한다.

그는 상대의 의견을 탄압하는 게 왜 옳지 않은지 세 가지 사례를 들어 설명한다. 첫째, 권력이나 권위를 지닌 사람들이 탄압하려는 의견이 실제로 진리인 경우다. 진리인 의견을 탄압하는 사람들은 당연히 그것이 진리임을 부정한다. 하지만 권위를 지닌 사람일지라도 오류가 전혀 없다고 할 수 없다. 둘째, 탄압받는 의견이 진리가 아닌 오류일 경우다. 설사 그 의견이 오류라 하더라도 반대론을 알고, 자유로운 토론을 거쳐야 확고한 결론을 얻을 수 있다. 혹 오류인 의견에도 진리의 일부가 포함돼 있을 수도 있다. 셋째, 사회 통념과 이에 반하는 의견이 모두 진리일 경우다. 이전 세대가 진리라고 생각하는 것과 다음 세대의 진리가 모두 옳을 수 있다. 이처럼 세대 간에 치열하게 경합하는 의견이 있을 경우 다른 세대의 잘못으로부터 배울 수 있는 기회를 빼앗아서는 안 된다.

밀은 또 다수의 횡포가 정치적 탄압보다 무섭다고 말한다. 소수의 의견이라도 침묵을 강요당해서는 안 된다. 소수의 의견이 오류거나 다수의 의견이 진리라 할지라도 소수의 의견을 발표할 자유를 존중해야 한다고 주장한다.

『자유론』의 핵심 원리 가운데 하나는 다양성이다. "개성을 파멸하는 것은, 그것이 어떤 이름으로 불린다 해도, 그것이 신의 의지나 인민의 명령을 강행하는 것이라고 공언된다고 해도, 모두 전제적이라고 할 수 있다." 밀은 국가가 국민교육을 장악하는 데 강력히 반대하면서 교육의 다양성을 천명했다. "전체적 국가교육은 오직 국민을 서로 너무나 흡사하게 만들려는 수단에 불과하다. 국가가 국민을 정형화하는 틀은 결국 국가권력을 장악한 우월한 세력이 좋아하는 것이기 때문에, 그 교육이 효과와 성공을 거두면 거둘수록 국민의 정신에 대한 압제가 확립되며, 그 압제는 자연스럽게 국민의 육체에 대한 압제를 유발한다."

밀이 『자유론』에서 당시 중국을 분석한 내용은 매우 흥미롭다. "중국은 한때 놀라운 재능과 지혜를 과시했다. (중략) 지혜가 가장 뛰어난 현자, 철학자 들이 명예와 권력을 함께 누릴 수 있는 정치제도를 만들어냈다. (중략) 이런 민족이라면 계속해서 세계 역사를 이끌어가야 했다. (중략) 그러나 사실은 반대로, 그들은 정체됐고 그 정체는 몇천 년간 지속했다." 그는 중국이 제자리에 머무른 이유로 단 한 가지를 들었다. 사람들을 모두 똑같이 만들고, 사람들의 생각과 행동을 동일한 규칙에 따라 통제했기 때문이다.

『자유론』이 처음부터 끝까지 모두 옳다고 하긴 어렵다. 능력이 부족한 이나 미개한 사회의 사람들에게는 자유가 주어지지 않아도 좋다고 한 대목에는 편견이 담겼다. 식민지에서는 자유가 아니라 전제가 정당하다는 주장은 제국주의 국가의 지배를 합리화한 것이었다.

밀이 주장하는 자유주의는 자유무역과 시장 개방, 기업 규제 완화,

복지 축소 등을 특징으로 하는 신자유주의와는 다르다. 후세의 일부 자유주의자들 사이에서는『자유론』이 자본주의의 모순을 궁극적으로 해결하는 데는 지극히 무력하고, 자본주의의 건강성을 해쳐 오히려 체제를 약화한다는 비판을 제기하기도 한다. '개인의 자유를 최대한으로 보장하기 위한 최소한의 정부'를 주장해 자본주의의 맹점을 보완할 여지를 제한했기 때문이다. 달리 말해 '국가의 지나친 간섭은 개인의 자유를 구속한다'는 밀의 사상은 국가의 적절한 개입에 걸림돌이 될 소지가 있다.

이 책이 답하지 못하는 질문도 적지 않다. 인간의 행동을 개인만 관련된 행동과 타인에게 해를 끼치는 행동으로 정확히 구분할 수 있을까? 그처럼 확연하게 구분되는 행동이 있는가? 있다면, 그런 구분은 누가 어떻게 결정할 것인가?

『자유론』이 출간된 해 서구인의 의식을 바꾼 또 한 권의 책이 탄생했다. 찰스 다윈의『종의 기원』이 서구 세계의 중심을 기독교에서 과학으로 전환했다면,『자유론』은 민주주의와 시민사회의 길을 밝힌 횃불과 같았다.

『자유론』은 세계 지성사는 물론 정치사에도 지대한 영향을 미쳤다. 무엇보다 현대 자유주의의 초석을 놓았다. 인류는 밀이 인도한 방향을 따라 자유롭고 민주적인 국가를 만들어왔다고 해도 과언이 아니다. 한국도 헌법에 신체, 직업 선택, 양심, 종교, 언론·출판·집회·결사, 학문과 예술의 자유 등을 규정해『자유론』의 정신을 구현했다.

이 책은 사상과 표현의 자유가 위협받는 상황에서 단골로 인용되는 고전이기도 하다. 우리가 왜 비효율과 무질서를 감내하고서라도

+   **영국의 '3존(John)'** – 영국인들은 자유를 얘기하면서 흔히 '3존'을 꼽는다. 『자유론』을 쓴 존 스튜어트 밀, 『아레오파지티카』의 저자 존 밀턴, 『통치론』을 쓴 존 로크가 그들이다. 특히 밀은 19세기 영국에서 카를 마르크스보다 중요한 사상가이자 '빅토리아 여왕 시대의 아리스토텔레스'라고 불릴 만큼 천재적인 지식인이었다.

자유를 존중해야 하는지를 충분히 논증하기 때문이다. 그런 점에서 『자유론』은 자유민주주의, 자유세계, 자유국가의 성서라고 해도 무리가 아니다. 『자유론』은 공리주의를 한 단계 성장시켜 공동체주의의 밑그림이 됐다는 평가도 나온다. 제러미 벤담Jeremy Bentham, 1748~1832의 '최대 다수의 최대 행복'에 바탕을 둔 공리주의는 집단 이기주의의 한계를 지닌다. 이와 달리 밀은 '99명의 행복이 중요하지만 한 명의 행복도 부정되어선 안 된다'는 진일보한 공리주의를 역설한다. 『정의론』을 쓴 존 롤스와 『정의란 무엇인가』의 저자 마이클 샌델 같은 스타급 학자들도 밀의 상속자에 속한다.

함께 읽으면 좋은 책
- 존 스튜어트 밀, 『공리주의』, 서병훈 옮김, 책세상, 2007.
- 존 로크, 『시민정부』, 남경태 옮김, 효형출판, 2012.
- 존 밀턴, 『아레오파지티카』, 임상원 옮김, 나남, 2013.

함께 보면 좋은 영화
- 나이젤 콜 감독, 〈오 그레이스(Saving Grace)〉, 2000.

영국 민주주의의
이론적 틀

모든 인간은
자연적으로 자유롭고 평등하다.

통치론

존 로크
John Locke, 1632~1704

영국 법정에서는 지금도 하얀 가발을 착용한 법관을 찾아보기 어렵지 않다. 2008년부터 민사·가정재판에서 가발 착용을 금지했으나 형사재판은 예외로 했기 때문이다. 하얀 가발은 법정의 존엄을 상징한다. 재판 내용이나 판결에 앙심을 품고 보복하는 것을 우려해 판·검사나 변호사 신변 보호 수단으로 가발을 쓴다는 설도 전해온다. 천장이 높은 영국 법정이 추웠기 때문에 방한용으로 가발이 사용되었다는 주장도 있긴 하지만 기능성만으로 300년 넘는 전통이 이어졌다고 보긴 어렵다.

'천부인권' 사상에 바탕을 둔 시대정신에 비춰보면 당초 착용 동기와 상관없이 법정의 가발은 사람이 사람을 재판할 수 있는 권위의 상징물로 여겨졌다는 견해도 있다. 누구에게나 하늘이 내린 인권이 있다는 자연법 아래서는 사람을 재판할 수 있는 존재는 사실상 하늘밖에 없다. 그래서 상징적으로나마 하늘을 대신해 재판할 수 있는 역할을 맡은 법정의 권위를 높이기 위해, 법관이 하얀 가발을 착용하게 됐다는 설이다. 재판에 임하는 순간만큼은 개인을 초월하는 특권을 부여받았음을 보여주기 위해서다.

천부인권의 동의어에 가까운 자연법사상으로 영국 민주주의의 이론적 틀을 만든 인물이 17세기 정치철학자 존 로크다. 로크는 인간이 원래 자유롭고 평등하게 태어났다는 천부인권 개념부터 권력이 국민으로부터 나온다는 주권재민 사상에 이르기까지 근대 민주주의 정치철학의 근간을 세웠다. 이 같은 정치사상을 압축한 저작이『통치론Two Treatises of Government』이다.

이 책은 근대 민주국가의 형성과 통치 원리를 최초로 개념화했다고 해도 무리가 아니다. 이 책은 자연법, 사회계약설, 권력분립론 같은 거대 담론을 주창한다.『통치론』은 당연히 천부인권부터 설파해나간다. 첫머리에서 '모든 인간은 전지전능한 조물주의 작품이며, 각자가 자기를 위한 재판관이고 집행자인 상태'라고 전제한다.

토머스 홉스Thomas Hobbes, 1588~1679가 자연 상태를 '만인에 대한 만인의 투쟁'으로 가정한 반면, 로크는 자연 상태는 평화로우며 완전한 자유와 평등이 존재한다고 본다. 이 책에서도 '모든 인간은 자연적으로 자유롭고 평등하다'는 견해를 여러 차례 강조한다. 자연 상태에서는 자연법이 지배한다. 자연법은 신에게서 나온 것이어서 모든 사람이 이를 따라야 한다.

로크의 자연법은 생명, 자유, 재산에 대한 권리다. 이 권리 가운데 가장 눈길을 끄는 것은 사유재산권이다. 자연물은 원래 공공의 것이지만 노동이 개입되면 개인적인 소유가 된다는 게 로크의 생각이다. 이 소유권은 국가가 박탈할 수 없으며, 누구도 이를 침해해서는 안 된다. 재산권은 근대 시민사회 성립에 중요한 이론적 기초가 됐다. 사적 소유를 정당화한 그의 사상은 훗날 시장 자본주의의 성립에 지대한 영향을 끼쳤다.

자연 상태는 자유롭고 평화롭지만, 이 상태에서 모든 사람은 '자기 자신이 재판관'이기 때문에 언제든 만인의 만인에 대한 투쟁이 일어나기 쉽다. 이를 막기 위해 사람들은 '사회계약'을 통해 평화와 자기 보존을 목적으로 권리를 국가기구에 양도한다.

"인간은 본래 모두 자유롭고 평등하며 독립적인 존재이므로, 어떤 인간도 자신의 동의 없이 이러한 상태를 벗어나 다른 사람의 정치권력에 복종할 수 없다. 어떤 사람이 자신의 자연적 자유를 포기하고 시민사회의 구속을 받아들이는 유일한 방법은 재산을 안전하게 향유하고 공동체에 속하지 않은 사람들로부터 안전을 확보하면서, 상호 간에 평화로운 삶을 영위하기 위해 다른 사람들과 함께 공동체를 결성하기로 합의하는 것이다."'정치사회 결성의 목적이 재산 보호에 있다'는 그의 주장은 정치적 자유주의 이론의 핵심 요소에 속한다.

물론 이렇게 탄생한 정치체제라고 해서 무한한 권력을 지니는 것은 아니다. "정치권력은 재산을 보호하기 위해 사형 등의 처벌을 할 수 있는 법을 정하는 권리다. 정치권력은 그러한 법을 집행하고 외세 침략에서 국가를 지키기 위해 공동체의 힘을 사용할 수 있는 권리다. 정치권력은 오로지 공공선을 위해서만 행해져야 한다."

『통치론』의 핵심 중 하나는 '권력분립론'이다. 로크는 전제적 국가 권력의 위험을 피하기 위해 권력 분립을 주장한다. 이는 오랫동안 권력을 독점했던 왕권의 해체를 의미한다. 여기서는 국민이 직접 선출한 입법부가 권력의 중심이다. 행정부는 입법부의 권력 독점을 견제하는 집행기관이다. 국민을 대표하는 입법부라도 법을 만들고 집행까지 할 경우 권력이 지나치게 집중돼 결과적으로 국민의 권리를 침해할 우려가 있다는 게 로크의 생각이다. 권력분립론은 훗날 『법의 정신』을 쓴 몽테스키외Charles-Louis de Secondat Montesquieu, 1689~1755의 삼권분립론에 영감을 준다.

또한 로크는 군주제를 신랄하게 비판하면서 시민의 저항권을 인정한다. "왕이 권위를 가지지 못하게 되는 경우 그는 더 이상 왕이 아니며 따라서 저항할 수 있다." 『통치론』은 군주나 권력자가 입법부가 선언한 법률을 바꾸거나 입법부의 집회를 방해할 경우 이에 저항할 권리를 명시했다. 국민 뜻과 다르게 선거 방식을 훼손하거나 입법부 권한을 외세에 넘길 때도 저항권이 성립된다. '왕권신수설'에 따라 왕의 권력에 대한 도전이 신성모독의 대역죄로 간주되던 시대에 로크는 대담하게 인민의 저항을 권리로 정당화한 것이다.

『통치론』은 1편인 「로버트 필머 경과 그 일파의 잘못된 논리에 대한 비판」과 2편인 「시민정부의 참된 기원과 범위 및 목적에 관한 소론」으로 구성돼 있다. 1편은 '사람은 자유롭게 태어나지 않았다'는 명제에 따라 절대왕정을 옹호한 로버트 필머와 그 일파의 주장에 관한 전면적 논박이다. 2편이 바로 우리나라에서 『통치론』이란 제목으로 번역, 출간된 부분이다. '시민정부론'이란 별칭으로도 불린다.

이 책은 혁명적인 저작이 대부분 그렇듯이 순조롭게 출판될 수 없었다. '혁명을 통해서라도 통치자를 바꿔야 한다'는 지론으로 무장한 로크는 끝내 네덜란드로 망명할 수밖에 없었다. 망명한 뒤에도 새로 왕위에 오른 제임스 2세가 로크를 체포해줄 것을 네덜란드 정부에 정식으로 요청하기에 이른다. 그는 수많은 가명을 사용하면서 숨어 지내야 하는 수배자 신세가 됐다. 로크는 미리 써놓은 『통치론』을 세계 최초의 시민혁명인 명예혁명 다음 해에 발표해 이 혁명을 사상적으로 강력하게 뒷받침했다.

1689년 로크는 익명으로 이 책을 출판했다. 『통치론』은 그때까지도 위험한 저작으로 취급받아 이름을 감추고 출간할 수밖에 없었다. 혁명의 성공에 힘입어 이 책은 정치 현실에 변화를 가져왔고, 영국 근대 정치철학의 교과서로 불렸다. 더 크게 보면 미국 독립과 프랑스혁명에 결정적인 추동력으로 작용했다. 미국 독립혁명에 끼친 로크의 영향력은 '독립선언서'가 『통치론』을 표절했다는 시비에 휘말린 사실에서도 드러난다. 선언서 전체의 내용이나 구성은 물론 구체적인 문장까지 너무 흡사했기 때문이다. 초안을 잡은 토머스 제퍼슨Thomas Jefferson, 1743~1826은 독립선언서를 작성하는 동안 어떤 책이나 팸플릿도 옆에 두고 참조하지 않았다고 해명했지만 『통치론』과 유사하다는 혐의를 벗지 못했다.

『통치론』은 볼테르의 『관용론』, 장 자크 루소의 『사회계약론』, 임마누엘 칸트의 『순수이성비판』 등에도 적지 않은 아이디어를 제공했다. 로크의 사상은 19~20세기 전체주의와 독재국가들에 맞서 '아래로부터의 저항'을 이끌어내고 정당화하는 데도 기여했다.

(위) 존 로크와 「통치론」
(아래) 미국 독립선언서

+   『통치론』을 표절한 혐의를 받는 미국 독립선언서 中 ㅡ

"우리는 다음과 같은 사실을 자명한 진리로 받아들인다. 즉 모든 사람은 평등하게 태어났고, 창조주는 몇 개의 양도할 수 없는 권리를 부여했으며, 그 권리 중에는 생명과 자유와 행복의 추구가 있다. 이 권리를 확보하기 위하여 인류는 정부를 조직했으며, 이 정부의 정당한 권력은 인민의 동의로부터 유래한다. 또 어떤 형태의 정부이든 이러한 목적을 파괴할 때에는 언제든지 정부를 개혁하거나 폐지하여 인민의 안전과 행복을 가장 효과적으로 가져올 수 있도록 한다. 그러한 원칙에 기초를 두고 새로운 정부를 조직하는 것은 인민의 권리이다 (중략) 대영국의 현재 국왕의 역사는 악행과 착취를 되풀이한 역사이며, 그 목적은 직접 이 땅에 절대 전제정치를 행하려는 데 있다."

한편 한계점도 드러났다. 로크는 사람들은 자연법을 알 수 있다고 전제하면서, 어떻게 알 수 있는지에 대해서는 설명하지 않았다. 이 때문에 많은 정치 이론가의 비판을 받았다. '치자治者와 피치자被治者의 일치'를 주장한 루소와는 달리 권력의 양도를 정치사회 결성의 전제로 삼은 사실도 약점으로 꼽힌다. 정치사회를 결성하는 주체를 사실상 유산자有産者로 제한하고 있는 점도 아쉬운 대목이다. 서구 예외주의도 발견된다. 『통치론』은 유럽인과 아메리카 원주민 사이에 존재하는 재산제도와 정치조직의 차이를 근거로 삼아 유럽의 식민주의를 정당화했다.

이러한 한계를 안고 있음에도 『통치론』은 '진보적 자유주의'의 출발점이라는 역사적 의의를 지닌다. "국가의 목적은 인민의 복지이며, 정치권력의 행사는 개인들의 동의에 기반을 둘 때 정당하다"는 로크의 견해는 불변의 진리다. 우리나라 헌법 제10조도 천부인권에 바탕을 두고 '모든 국민은 인간으로서의 존엄과 가치를 가지며, 행복을 추구할 권리를 가진다. 국가는 개인이 가지는 불가침의 기본적 인권을 확인하고 이를 보장할 의무를 진다'고 규정했다. 출간된 지 300년이 넘었지만 『통치론』은 민주주의를 표방하는 모든 나라의 헌법에 살아 숨 쉰다.

함께 읽으면 좋은 책
• 존 로크, 『관용에 관한 편지』, 공진성 옮김, 책세상, 2008.
• 존 로크, 『인간지성론』, 추영현 옮김, 동서문화사, 2011.
• 몽테스키외, 『법의 정신』, 이재형 옮김, 문예출판사, 2015.

불의한 권력과 싸우는 이들에게 보내는 응원

우리는 먼저 인간이어야 하고,
그 다음에 국민이어야 한다.

시민의 불복종

헨리 데이비드 소로
Henry David Thoreau, 1817~1862

정신분석학자이자 사회심리학 개척자인 에리히 프롬Erich Fromm, 1900~1980
은 인류 역사가 불복종 행위에서 시작됐다고 주장한다. 그는 한발 나
아가 불복종하는 능력이야말로 인류 문명의 종말을 막을 수 있다고
확언한다. 프롬은 『불복종에 관하여On Disobedience and Other Essays』란 역
작에서 '신화'를 동원해 자신의 논리를 풀어나간다.

"아담과 이브에 관한 히브리 신화와 마찬가지로 프로메테우스에
관한 그리스 신화는 인간의 모든 문명이 불복종 행위에서 시작됐음을
보여준다. 프로메테우스는 신에게서 불을 훔침으로써 인류의 진보를
위한 기초를 마련했다. 만약 프로메테우스의 범죄행위가 없었다면 인
류 역사 또한 존재하지 않았을 것이다. 아담과 이브와 마찬가지로 프
로메테우스도 불복종으로 인해 벌을 받았다. 그러나 프로메테우스는

후회하지도 용서를 빌지도 않았다. 오히려 자신 있게 말했다. '신들에게 복종하는 노예가 되느니 차라리 바위에 쇠사슬로 묶여 있겠다'고."

미국 시사 주간지 《타임Time》이 2011년 '올해의 인물'로 시위자protester를 선정한 걸 보며 프롬의 통찰이 그리 틀리지 않았음을 새삼 깨닫게 된다. 기존 체제에 불복종을 선언한 시위자들은 튀니지의 재스민혁명을 필두로 중동을 넘어 지구촌의 정치 질서를 다시 짜고 민중의 힘에 대한 정의도 새롭게 정립했다. 튀니지 국민은 "우리는 벤 알리 정권이 완전히 물러날 때까지 거리에서 시민 불복종civil disobedience 행동을 계속할 것"이라고 선언한 뒤 끝내 뜻을 이루어냈다.

이 같은 현대의 시민 불복종 운동은 19세기 미국 문필가이자 사상가인 헨리 데이비드 소로에게 많은 빚을 지고 있다. 『월든』과 더불어 소로의 대표작으로 꼽히는 『시민의 불복종』은 세계 역사를 격변시킨 선구적 저작으로 손색이 없다. 러시아 문호 레프 톨스토이, 인도 독립운동의 성자 마하트마 간디, 미국 흑인 민권운동의 영웅 마틴 루터 킹 목사의 멘토 역할까지 하게 된 한 권의 책은 역사의 거대한 물굽이마저 돌려놓았다.

소로는 6년 동안 인두세 납부를 거부하다 경찰에 붙잡혀 하루 동안 수감되었다. 그가 세금 납부를 거부한 것은 흑인 노예제도를 고수한 데다 멕시코 침략 전쟁까지 일으킨 당시 미국 정부에 항의하기 위해서였다. 그 뒤 소로는 개인의 자유와 대립하는 국가권력의 함의를 진중하게 성찰했다. 결과는 대중 강연으로 나타났다. 그는 이 강연문을 일부 고쳐 《미학Aesthetic Papers》지에 「시민 정부에 대한 저항Resistance to Civil Government」이라는 제목으로 발표했다. 이 글은 그가 세상을 떠난 뒤 『시민의 불복종』이란 제목의 책과 개념어로 더 널리 전파됐다.

이 책은 정당하지 못한 정부에 도덕적으로 반대하는 개인에게는 저항할 권리가 있다고 말한다. 소로는 정부가 불의를 행하는 하수인이 되라고 요구한다면 법을 어기라고 단호하게 충언한다. 이 책에는 핍박받는 이들의 피를 끓게 만드는 명구가 가득하다.

"사람을 부당하게 감옥에 가두는 정부 밑에서, 정의로운 사람이 있을 곳은 역시 감옥뿐이다."

"우리는 먼저 인간이어야 하고, 그 다음에 국민이어야 한다. 법에 대한 존경심보다는 먼저 정의에 대한 존경심을 기르는 것이 바람직하다."

"정부의 성격과 처사에 대해서 찬성하지 않으면서도 충성과 지지를 보내는 사람들은 의심할 나위 없이 정부의 가장 성실한 후원자들이고, 따라서 개혁에 가장 심각한 장애가 될 가능성이 크다."

이 책은 "나는 '가장 좋은 정부는 가장 적게 다스리는 정부'라는 표어를 진심으로 받아들이며 그것이 하루빨리 조직적으로 실현되기를 바라 마지않는다"는 문장으로 시작한다. '가장 좋은 정부는 가장 적게 다스리는 정부'라는 말은 미국의 독립선언문을 기초한 3대 대통령 토머스 제퍼슨의 이상이기도 하다.

이 책은 소로의 다른 저작이 그랬듯이 당대에는 별 영향을 미치지 못했다. 글에 담긴 메시지와 소로에 대한 평가가 턱없이 야박했던 탓이다. 그의 멘토였던 랠프 월도 에머슨Ralph Waldo Emerson, 1803~1882과의 불화, 멕시코 침략 전쟁으로 불거진 미국의 애국주의적 분위기 등이 결정적 요인이었다. 『세계를 뒤흔든 시민 불복종』의 저자 앤드류 커크는 이렇게 표현하고 있다. "예언자가 자기 나라에서는 영광을 누리지 못한다는 격언의 본보기를 찾는다면 소로만큼 딱 들어맞는 경우도 없으리라. 그때도 소로는 주로 자립적인 삶과 '자연으로의 회귀'를 옹호하는 낭만주의자로 알려져 있었다."

소로의 이념과 철학은 50년 뒤인 19세기 말 톨스토이의 눈에 띄어 획기적인 전환점을 맞는다. 그리고 20세기 초에는 남아프리카에서 인도의 독립 운동을 벌이던 간디에게 무한한 감동을 안겨주었다. 톨스토이는 "왜 당신네 미국인들은 돈 많은 사람들이나 군인들 말만 듣고 소로가 하는 말에는 귀를 기울이지 않는 거요?"라고 타박했을 만큼 소로를 우러러봤다.

소로가 세계 역사에 본격적인 영향을 미치기 시작한 것은 간디를 통해서였다. 간디는 이 책이 자신의 이념을 세워준 교과서 같은 저작이라며 소중히 여겼다. 간디는 "나는 한 분의 위대한 스승을 발견했으며 시민의 불복종에서 내가 추진하는 운동의 이름을 땄다"고 칭송했다. 산스크리트어로 '진실의 힘'이라는 의미를 담고 있는 '사탸그라하'는 비폭력 저항운동이었다. 간디는 1907년 자신이 편집, 발간하고 있던 《남아프리카에서의 인도인의 견해Indian Opinion》에 『시민의 불복종』 일부를 발췌해 싣기도 했다.

미국에서 '시민 불복종'이 정치사상과 법철학의 주제로 떠오르고, 일상적인 낱말로 자리 잡은 것은 1950년대부터다. 이 무렵 소로의 명성을 높이는 데 결정적 역할을 한 사람이 마틴 루터 킹 목사였다. 킹은 대학에서 『시민의 불복종』을 접하고 더없이 강렬한 인상을 받았다. 킹이 흑인 민권운동과 『시민의 불복종』의 관계를 인식한 것은 1955년 앨라배마 주 몽고메리에서 벌어진 버스 승차 거부 운동을 기

점으로 민권운동이 시작된 직후였다. 로자 파크스Rosa Parks, 1913~2005라
는 흑인 여성이 불을 붙인 투쟁이다.

킹이 저술과 연설에서 『시민의 불복종』을 자주 언급하면서 소로는
흑인 민권운동 나아가 1960년대의 반체제, 저항 문화와도 매우 밀접
하게 연계됐다. "악에 협조하지 않는 것은 선에 협조하는 것만큼이나
도덕적인 의무다. 소로만큼 이러한 사상을 유창하게 열정적으로 전파
한 사람은 어디서도 찾아볼 수 없다. 소로의 저술과 그가 몸소 보여준
행동 덕분에 우리는 창조적인 항의라는 유산을 물려받게 된 것이다."

1968년 5~6월 프랑스에서는 수백만 명이 시민 불복종 운동에 참
여했다. '68혁명'으로 불리는 사회변혁 운동 기간 동안 학생들은 학교
까지 폐쇄한 채 새로운 교육 양식을, 노동자들은 공장과 사무실을 점
거하고 새로운 생산양식을 요구했다. 영국에서는 철학자 버트런드 러
셀의 지도 아래 핵무장 반대 운동의 하나로 시민 불복종이 활용됐다.

이 밖에도 이 책은 영국의 노동운동가들, 나치 점령하의 레지스탕
스 대원들, 베트남전쟁 반대 운동가들과 톈안먼天安門 광장에서 민주화
운동을 벌이던 중국 대학생들, 부도덕한 정권을 무너뜨렸던 필리핀
국민 등 불의한 권력과 싸우는 세계의 수많은 사람을 격려하고 그들
에게 용기를 불어넣었다. 이제 미국과 유럽을 중심으로 한 반전 시위
대, 환경 운동가, 평화주의자, 무정부주의자, 나체주의자, 히피 등이 서
로 앞다퉈 소로를 자기 이념의 일원으로 내세우기에 이르렀다.

소로에게 따라붙는 '비폭력주의자'라는 호칭은 시민운동 진영에서
그를 자기편으로 끌어들이기 위해 만든 것이다. 소로가 살던 19세기
시민 불복종 운동에서 비폭력은 필수적인 요소가 아니었다. 이런 오

(위) 마틴 루터 킹
(아래) 로자 파크스

해 때문에 소로는 실제보다 간디와 킹 목사에 훨씬 더 가까운 인물로 묘사되곤 한다.

『시민의 불복종』은 『월든』만큼이나 소로의 명성에 일조했다. 1968년 판본은 통상적인 순서를 바꿔 『시민 불복종·월든』이라는 제목으로 나왔다. 1967년부터 1972년까지 미국에서는 신학자, 역사학자, 정치사상가, 법이론가, 연구원, 판사 들이 제목에 '시민 불복종'이 들어가는 책을 100여 권이나 출간했을 만큼 유행의 중심에 섰다. 『시민의 불복종』은 지금까지 미국에서만 수십 종의 판본이 출간되었을 뿐만 아니라 전 세계 학교의 커리큘럼에도 들어 있다.

한국에서도 2011년 이후 지금까지 이어져오는 강정마을 제주 해군기지 반대 투쟁, 2008~2014년 밀양 송전탑 건설 반대 투쟁, 2009년 용산 철거민 투쟁, 2008년 미국산 쇠고기 수입 반대 촛불 시위 등 크고 작은 시민운동이 '시민의 불복종' 정신을 이어받고 있다. 소로의 외침은 여전히 지구촌 곳곳에서 울리고 있다.

함께 읽으면 좋은 책
• 에리히 프롬, 『불복종에 관하여』, 문국주 옮김, 범우사, 1996.
• 클레이본 카슨 엮음, 『나에게는 꿈이 있습니다』, 이순희 옮김, 바다출판사, 2000.
• 간디, 『간디 자서전』, 함석헌 옮김, 한길사, 2002.
• 로자 파크스·짐 해스킨스, 『로자 파크스 나의 이야기』, 최성애 옮김, 문예춘추사, 2012.

함께 보면 좋은 영화
• 리처드 애튼버러 감독, 〈간디(Gandhi)〉, 1982.

미국 남북전쟁의
불씨

그보다 더 나쁘게 인간을 학대하는 방법이 있다.
그것은 노예제도다.

톰 아저씨의 오두막

해리엇 비처 스토
Harriet Beecher Stowe, 1811~1896

인간이 만든 가장 나쁜 제도 가운데 하나가 노예제도다. 노예제도는 역사 발전 단계에서 원시공동체가 해체되면서부터 나타났다. 성경에서도 노예제도를 '확립된 제도'라고 언급하고 있을 정도다. 고대 그리스의 아테네 인구 가운데 5분의 2가 노예였으며, 고대 로마 인구 중 4분의 1이 노예였던 것으로 추정된다. 중세에는 유럽 인구 열 명 중 한 명이 노예로 살았다. 우리나라를 포함한 동양도 예외가 아니었다.

노예제도 중에서도 역사상 최악으로 꼽히는 건 대서양을 넘나들며 이루어지던 아프리카 노예무역이다. 16세기부터 19세기에 이르는 동안 무려 1200만 명의 노예가 배에 실려 아프리카에서 아메리카로 팔려 갔다.

노예제도가 공식적으로 사라진 것은 대다수 사람이 찬성하지 않아서가 아니라 소수의 사람이 폐지를 위해 적극적으로 나섰기 때문이다. 장편소설 『톰 아저씨의 오두막Uncle Tom's Cabin』을 쓴 해리엇 비처 스토도 그중 한 사람이다. 흑인 노예의 잔혹상을 그린 『톰 아저씨의 오두막』은 노예해방의 전기가 된 미국 남북전쟁에 불쏘시개 역할을 했다. 확장하면 흑백 인종차별을 극복하고 세계 역사를 바꾸는 데 크게 공헌했다고 볼 수 있다. 한 편의 문학작품이 세상을 이처럼 단번에 바꾼 사례는 그리 많지 않다.

잔인하고 비정한 노예제의 실상을 폭로해 미국인의 양심을 울린 이 소설의 줄거리는 이렇다. 미국 켄터키 주의 지주 셸비는 노예들에게 마음씨 좋은 사람이었다. 그는 사업에 실패한 뒤 막대한 빚을 갚기 위해 어쩔 수 없이 자신에게 충직했던 노예 톰과 혼혈 노예 엘리자 사이에서 태어난 다섯 살짜리 아들 해리를 노예 상인에게 판다. 이 사실을 안 엘리자는 아들 해리를 데리고 목숨을 건 탈출을 한다. 엘리자는 우여곡절 끝에 한 퀘이커 교도의 도움으로 자유의 땅 캐나다에 안착하는 반면 톰은 하루아침에 가족과 생이별한 채 팔려 가던 도중 같은 배 승객인 에바의 생명을 구한다. 이 인연으로 톰은 에바의 아버지 오거스틴 세인트 클레어에게 팔려 한동안 행복하게 지낸다. 하지만 에바와 세인트 클레어가 잇달아 죽고 나서 냉혈한인 사이먼 리그리의 손으로 넘어간다. 톰은 리그리의 목화밭에서 혹사당하며 원주인의 아들이 다시 매수하려고 찾아오기 직전에 세상을 떠나고 만다.

소설에서 한결같이 독자의 가슴을 아프게 하는 건 노예들이 처한 비참한 상황이다. 노예들은 새벽 3시부터 밤 9시까지 혹사당하는 것은 물론 옥수수 가루로 연명하고 흙바닥에서 잠을 청한다. 나무에 묶

여 매질을 당하기 일쑤인 데다 돌멩이나 채찍으로 얻어맞으며 감금된
채 굶어 죽기도 한다. 노예 상인에게 자기 아이를 빼앗기지 않기 위해
한밤을 틈타 도망치는 엘리자, 노예 사냥꾼과 대치하며 자신이 자유
인임을 비장하게 역설하는 조지, 사랑하는 사람에게 버림받고 자식을
빼앗긴 뒤 그런 인생을 물려주지 않기 위해 갓난아기에게 아편을 먹
이는 캐시 같은 등장인물은 노예의 운명을 실감나게 증언한다. 혹사
당한 노예가 병에 걸리면 죽을 때까지 부려먹고 나서 새 노예를 사는
게 경제적이라고 말하는 리그리는 노예를 물건 취급하는 사악한 노예
주인을 대표한다.

　이처럼 극단적인 상황 설정이 설득력을 얻을 수 있었던 것은 당시 현
실과 거의 그대로 닮아 있었기 때문이다. 작가 스토는 "이 이야기를 구
성하는 개별적인 사건들은 거의 다 실화이며 노예제도의 실상을 생생
하게 밝혀 현실을 있는 그대로 드러내고자 이 소설을 썼다"고 말한다.

　이 소설에 등장하는 셸비 부부의 성격은 스토 부부와 비슷한 점이
많다. 흑인 하녀가 구원을 요청한다는 스토 부인의 말을 전해 들은 남
편과 스토 부인의 오빠 헨리 워드는 밤중에 이 하녀를 마차에 태워 오
하이오 오지의 농장주에게 데려가 추적이 끝날 때까지 감춰주었다.

　이 작품을 집필한 직접적인 계기는 1850년 반포된 도망노예법
Fugitive Slave Laws이었다. 이 법은 도망간 흑인 노예를 소유주에게 되돌
려주기 위해 1793년과 1850년 두 차례에 걸쳐 미국 의회가 통과시켰
다. 노예가 도망치도록 도와준 사람을 처벌할 수 있도록 한 이 법 때
문에 노예제를 막연하게 부정적으로 생각하고 있던 북부 사람들은 그
잔학상을 구체적으로 알게 됐다. 스토는 1850년부터 워싱턴 DC의 노

탈출(A Ride for Liberty – The Fugitive Slaves)
이스트먼 존슨, 1862, 브루클린 미술관

예제도 폐지 운동 기관지 《내셔널 이러National Era》에 이 소설을 연재하기 시작했다. 작가는 서문에서 이 소설의 의미를 명시했다.

"이 소설의 주된 목적은 우리 미국에서 살고 있는 아프리카 종족에 대한 동정심과 이해심을 일깨우려는 것이다. 그들에게 가해지는 학대와 그들의 슬픔을 묘사함으로써 이 제도가 얼마나 잔인하고 불공정한지를 보여주려 한다."

노예제에 대한 작가의 비판 의식은 통렬하기 그지없다. 소설의 2장 마지막 부분에는 이런 대목이 나온다. "아주 인도적인 한 법률학자가 이런 말을 했다. '인간을 최악으로 학대하는 방법은 그를 목매달아 죽이는 것이다.' 아니다. 그보다 더 나쁘게 인간을 학대하는 방법이 있다. 그것은 노예제도다."

노예제도가 분명 해악인데도 붕괴되지 않은 것은, 역설적이게도 노예제 아래에 있는 착한 농장주 때문이라고 작가는 말한다. 18세기 아일랜드 정치인 에드먼드 버크가 "악이 승리하는 데 필요한 조건이 있다면 그것은 선량한 사람들이 아무것도 하지 않는 것이다"라고 말했던 것과 상통한다. 이 소설은 노예제도 논쟁이 치열하던 1852년 출간돼 첫해 30만 부라는, 당시로선 놀라운 판매 기록을 남기며 남북전쟁의 불씨가 됐다. 북부에서는 출간 즉시 찬사가 이어졌으나 남부에서는 격렬한 반발을 불러왔다. 노예해방에 반대하던 미국 남부에서는 이 책을 금서로 지정했다.

1862년 11월 스토가 백악관을 방문했을 때 에이브러햄 링컨 대통령이 "당신이 이 엄청난 전쟁을 촉발한 책을 쓴 바로 그 조그마한 여인이로군요"라고 말했다는 일화는 유명하다. 이 책이 직접적으로 전쟁을 일으킨 것은 아닐지라도 중요한 문제는 아니다. 마지막 지푸라기 하나가 낙타의 등을 부러뜨리기도 하니 말이다.

시대를 초월해 가치를 인정받는 고전의 반열에 오른 이 소설은 마거릿 미첼의 『바람과 함께 사라지다』와 더불어 미국 최대 베스트셀러의 하나로 손꼽힌다. 19세기 후반 미국과 유럽에서 모두 300만 부 이상 팔린 공전空前의 베스트셀러다. 당시 성경 다음으로 많이 팔린 책으로 집계됐다고 한다. 뿐만 아니라 발표된 지 160여 년이 지난 지금도 여전히 세계 독자의 감동과 공분을 불러일으키고 있다. 수십 개국 언어로 번역된 것은 물론 연극으로도 각색돼 끊임없이 무대에 오른다. 우리나라에서는 '엉클 톰스 캐빈'으로 더 알려져 책 제목이 국어사전에 등재돼 있을 정도다.

스토는 실제로 노예해방운동에 참여했다. 1861년 남북전쟁이 발발하자 북부의 편에 서서 맹렬한 유세를 펼쳤고 아들 프레드릭도 북군 대위로 참전했다. 1863년, 마침내 미국에서 노예해방을 선언하기까지 이 소설이 수많은 사람의 인식을 바꿔놓고 보편적 합의를 이끌어낸 점은 널리 인정받고 있다.

일부 비평가들은 완성도가 낮은 구성과 기교, 눈물을 자아내는 신파조의 통속적인 내용을 단점으로 지적한다. 게다가 톰 아저씨가 흑인 사도 바울 정도로 격상되어 있어 비현실적인 느낌을 준다는 비판도 받는다. 한국에서는 한때 이 소설이 아동문학으로 잘못 인식되면서 가치를 제대로 평가받지 못했다.

사실 소설의 테크닉과 구성적 취약성은 1850년대 미국 문학이 세계 문학의 변방에 위치하고 있었다는 점을 감안하고 수용해야 하지

+ **유럽의 노예제도 폐지** – 영국에서는 국회의원인 윌리엄 윌버포스가 감리교 창시자이자 성공회 신부인 존 웨슬리의 지지를 받아 노예제도 폐지를 추진해 1807년 노예무역이 먼저 없어졌다. 1833년에는 대영제국 전체에서 노예제도가 폐지됐다. 다른 유럽 국가들도 1840~1850년대에 대부분 노예제도를 없앴다.

않을까 싶다. 미국 문학이 전반적으로 같은 시기의 유럽 문학과 비교하면 뒤떨어졌다는 걸 부인할 수 없다.

하지만 세계적인 문호들은 소설의 기교에 대한 비판은 아랑곳하지 않는다. 진실이 기교를 이긴다는 생각에서다. 레프 톨스토이는 "톰 아저씨의 오두막은 하느님과 인간의 사랑이 물처럼 흐르는 가장 고귀한 형태의 예술 작품"이라고 극찬했다. 독일 시인 하인리히 하이네도 "글도 제대로 읽지 못하는 톰 아저씨가 평생 학문을 연구해온 나보다 더 깊이 있게 신의 뜻을 이해하고 또 그것을 실천한 것을 보고, 나는 깊은 부끄러움을 느꼈다"고 평했다. 신학자 찰스 브릭스는 "『톰 아저씨의 오두막』에는 워싱턴 어빙이나 너대니얼 호손의 작품에서 볼 수 있는 언어의 정치精緻함도, 제임스 쿠퍼의 모험 로맨스에서 볼 수 있는 화려한 풍경 묘사도, 허먼 멜빌의 모험담에서 볼 수 있는 놀라울 만큼 감각적인 요소도 없다. 그러나 인도주의나 철학적 통찰을 다룬 사회소설류에서 발견할 수 있는 것보다 더 폭넓고 더 깊고 더 고결하고 더 성스러운 공명共鳴이 있다"고 평가했다.

공식적인 노예해방에도 불구하고 흑인의 진정한 자유는 오랫동안 미완성으로 남아 있었다. 1965년 흑백 격리 법률이 폐지되고서야 흑인은 비로소 참된 자유를 얻었다. 2008년 11월 버락 오바마가 미국 역사상 최초의 흑인 대통령으로 당선되면서 건국이념인 자유와 평등을 진정으로 갈구했던 노예 후손들의 숙원도 어느 정도 풀린 셈이다.

오늘날 우리는 노예제도의 잔인성과 노예해방의 의의를 곧잘 망각하고 살지만, 『톰 아저씨의 오두막』은 불행했던 역사를 기억 속에 살아남게 해준다.

함께 읽으면 좋은 책
- 장 메이에, 『흑인노예와 노예상인』, 지현 옮김, 시공사, 1998.
- 김형인, 『두 얼굴을 가진 하나님』, 살림, 2003.
- 마조리 간·재닛 윌렛, 『끝나지 않은 노예의 역사』, 전광철 옮김, 스마트주니어, 2012.
- 크리스티앙 들라캉파뉴, 『노예의 역사』, 하정희 옮김, 예지, 2015.

함께 보면 좋은 영화
- 스티브 맥퀸 감독, 〈노예 12년(12 Years a Slave)〉, 2013.

페미니즘의
성서

여성이 복종해야 할 대상은
아버지나 남성이 아니라 이성이다.

여성의 권리 옹호

메리 울스턴크래프트
Mary Wollstonecraft, 1759~1797

"여자란 머리카락은 길어도 사상은 짧은 동물이다."(쇼펜하우어)

"여자는 깊이 있는 척하는 껍데기다."(니체)

"여자가 위대한 업적을 이룬다면 우리는 그녀를 어떤 남자보다 우
러러볼 것이다. 왜냐하면 누구도 여자가 그런 업적을 이루리라 기
대하지 않기 때문이다."(키에르케고르)

"여자는 죽고 나서 석 달 뒤에 철이 든다."(라틴아메리카 원주민 속담)

"여자를 만든 것이 알라의 유일한 실수다."(이슬람 속담)

"여자와 북어는 사흘 걸러 때려야 한다."(한국 속담)

"여자와 소인은 길들이기 힘들다."(공자)

여성에 대한 야박한 평가는 동서고금을 가리지 않는다. 이쯤 되면 중세 말기에 등장한 유럽 최초의 여성 작가 크리스틴 드 피장Christine de Pisan, 1364~1430?이 한탄조로 던진 질문을 이해하고 남는다. "학식 있는 사람들을 비롯해 그토록 수많은 남자들이, 끝없이 긴 명단의 그 많은 철학자, 시인, 도덕론자 들이 어찌하여 그들의 논문과 저작에서 여성을 사악한 존재로 여기며 비난하는가?"

실망스러운 건 계몽 시대를 거친 근대 철학자들도 예외가 아니라는 점이다. "여자가 정부의 우두머리가 된다면 국가는 위험에 빠지게 된다. 왜냐하면 여자는 보편적 요구에 따라 행동하지 않고 일시적 기분과 우발적 의사에 따라 움직이기 때문이다."(헤겔)

우리를 더욱 절망에 빠뜨리는 건 프랑스혁명을 잉태한 계몽사상가 장 자크 루소다. "모든 인류는 평등하다. 그가 우리 프랑스인이든, 독일인이든, 국왕이든, 노예든, 학자든, 귀족이든, 평민이든. 저 미개한 아프리카 원주민조차 우리와 똑같은 천부인권을 가지고 있다. 단 하나, 여성은 예외다. 여성에게는 인권이 없다. 그러므로 교육할 필요도 없으며, 정치에 참여시켜서도 안 된다."

당대의 가장 진보적인 인물인 루소조차 이런 주장을 펼쳤을 무렵 '여성에게도 동등한 인격과 권리가 있다'고 용기 있게 선언하고 나선 여성이 있다. 불꽃처럼 살다가 38세에 요절한 최초의 페미니스트, 최초의 여권 옹호론자 메리 울스턴크래프트다. 급진주의 정치사상가인 울스턴크래프트는 1792년 불멸의 대표작 『여성의 권리 옹호 A Vindication of the Rights of Woman』에서 '여성도 남성과 동등한 이성을 갖고 있으며, 여성이 복종해야 할 대상은 아버지나 남성이 아니라 이성理性'

이라고 주창했다.

울스턴크래프트에게 '페미니즘의 어머니'라는 이름을 선사한 이 책은 프랑스혁명 후 탈레랑 의원이 삼부회에 제출한 교육 법안의 반론으로 쓰였다. 들여다보면 루소의 명저『에밀』비판에 절대적인 비중을 할애하고 있다. 울스턴크래프트는 한때 '나는 늘 그를 어느 정도 사랑했다'고 고백할 정도로 루소 사상에 심취했다. 루소의 천부인권, 자연법 사상에 깊이 공감했기 때문이다. 하지만 루소를 비롯한 계몽사상가들이 말하는 '인간'에는 남성만 있을 뿐 여성은 포함되지 않는다는 걸 울스턴크래프트가 깨닫는 데는 그리 많은 시간이 걸리지 않았다.

울스턴크래프트는 먼저 루소의 사상 가운데 잘못된 부분을 조목조목 열거한다. 예를 들면 이런 것들이다. '여성은 스스로 판단할 능력이 없으므로, 남편과 아버지의 결정을 교회의 결정만큼이나 확신을 가지고 따라야 한다.', '여성의 교육은 언제나 남성과 관련 있어야만 한다. 우리 남성들을 기쁘게 하고 우리에게 유익한 존재가 되는 것, 우리의 사랑과 존중을 받는 것, 우리가 어릴 때는 우리를 교육하고, 우리가 자라는 동안은 우리를 돌보고, 우리를 위로하고, 우리에게 충고해주고, 우리의 인생을 안락하고 기분 좋게 하는 것. 이것들은 언제나 여성의 의무이고, 그들이 어릴 때부터 받아야 하는 교육의 내용이다.', '여성이 한순간도 독립해 있다고 스스로 느껴서는 안 되며, 남성이 쉬고자 할 때는 언제나 유혹적인 욕망의 대상이자 그의 달콤한 동반자가 될 수 있도록 요염한 노예가 되어야 한다.' 루소의 생각은 한마디로 '남성이 여성을 지배하는 것은 자연법에 속하는 일이며, 여성은 남성에게 순종하도록 교육받아야 한다'는 것이다.

이에 대해 울스턴크래프트는 "우리에게 부드럽고 가정적인 짐승이 되기만을 충고하는 그들은 우리를 얼마나 지독하게 모독하는 것인가!"라며 루소를 비롯한 뭇 남성을 비판한다. 그리고 여성들에게도 권리를 나눠줄 것을 촉구한다. 그는 또 "여성을 자유롭게 하라. 그러면 그들은 즉시 남성처럼 현명하고 덕이 많은 존재가 될 것이다. 진보는 상호적인 것이어야 하고, 인류의 절반이 종속되기를 강요받는 불공평은 억압자에 대한 보복을 수반하기 때문에, 남성의 미덕은 그가 발아래에 기르는 벌레들에 의해 좀먹게 될 것"이라고 충고한다. 한발 더 나아가 "(프랑스)혁명이 여성들의 태도에까지 영향을 미쳐야 할 때다. 다시 말해 여성들이 잃어버린 권리를 찾아야 할 때다. 여성도 인간의 일원으로서 자신들을 개혁하고 세계를 개혁하기 위해 노력해야 한다"고 동료 여성들에게 호소하고 나선다.

그녀의 절박한 외침은 책 곳곳에서 발견할 수 있다. "동시대를 살아가는 이들이여, 편협한 편견을 뛰어넘도록 하자! (중략) 우리의 생각을 일상의 사소한 사건에만 국한하거나, 우리의 지식을 연인이나 남편의 마음을 알아내는 데 한정하지 말자. 우리의 지성을 증진하고 지금보다 고귀한 상태를 위해 우리의 마음을 다잡아 삶의 모든 의무를 다하자.", "사회는 보다 더 평등해져야 하고, 그렇지 않으면 이 사회는 도덕성을 획득할 수 없을 것이다. 만일 인류의 절반인 여성이 숙명적으로 바위 아래에 묶여 있다면 평등이 바위 위에 세워질지라도 결코 굳건하게 서 있지 못할 것이다."

울스턴크래프트는 역사상 처음으로 여성의 참정권도 요구한다. 물론 투표권까지는 바라지 않았다. 이 같은 주장이 얼마나 급진적이고

(위) 1917년 미국 뉴욕에서 열린 여성 참정권 행진
(아래) 여성 참정권을 반대하는 협회 본부

혁명적이었는지는 영국이 남성의 보통선거권을 수용한 게 1918년이며, 여성에게도 투표권이 돌아간 것이 1928년이라는 사실만 떠올려 봐도 알 만하다.

이 책은 출간 직후 프랑스어와 독일어 등으로 번역됐다. 문화사 전문가인 린 헌트는 "공화국 초기 미국 시립 도서관들에서 울스턴크래프트의 여성의 권리 옹호가 미국 혁명기의 베스트셀러로서 혁명을 추동한 토머스 페인의 인권보다 더 많이 눈에 띈다"고 말한다. 울스턴크래프트는 2년 앞선 저작인 『인간의 권리 옹호』에서 국민은 나쁜 군주를 제거할 권리가 있다고 주장하며 당대의 노예제도와 빈민들에 대한 시각이 비도덕적이라고 신랄하게 질타해 필명을 떨치기 시작한다.

그렇지만 울스턴크래프트가 제대로 인정받기까지는 무려 1세기가 넘게 걸렸다. 여성도 남성과 마찬가지로 이성을 가진 존재이며, 남성과 같은 교육을 받아야 한다는 울스턴크래프트의 주장은 당시로선 받아들일 수 없는 불온사상이었다. 『여성의 권리 옹호』는 혁명의 시대에 여성을 정치적 평등에서 제외할 것을 주장한 자유주의자들에겐 엄청난 충격이었다. 예상대로 여론은 급진주의자인 그에게 극도로 적대적이었다. 같은 여성인 한 어머니는 잡지에 보낸 기고문에서 "이 책 때문에 내 딸 네 명이 타락했다"고 헐뜯었다.

'여성의 욕망을 인정해야 한다'며 성적 자유를 주장하는 대목은 울스턴크래프트를 한층 더 곤경에 빠뜨렸다. 당시 신문은 그를 '철학적 바람둥이'라고 매도했다. 어떤 사회 평론가는 이 책이 나오자마자 그를 '페티코트를 입은 하이에나'라고 조롱했다. 그 뒤 세상은 오랫동안 그를 공상과학 소설의 효시가 된 『프랑켄슈타인』의 작가 메리 셸리의

어머니로만 기억할 뿐이었다. 그의 삶이 워낙 짧았던 데다 순탄치 못
한 결혼 생활로 말미암아 폄하된 탓도 컸다.

울스턴크래프트는 자신이 쓴 책의 신념을 그대로 실천하며 파란만
장하면서도 열정적으로 살았다. 여성이 독립적으로 살아가기 위해서
는 경제력과 교육이 필요하다는 사실을 깨닫고, 당시 여성으로서는
드물게 직업 활동을 하며 직접 생계를 꾸렸다. 여성 교육을 위해 학교
를 운영하는 모범도 보였다. "나는 새로운 종種의 시조가 될 것이다"
라고 선언하기도 했다.

오늘날의 관점에서 볼 때 울스턴크래프트는 온건한 중산층 여성운
동가에 불과하다. 성 역할 구분을 반대하면서도 책에서 남성을 표준
으로 정하고 있는 사실부터 한계로 꼽힌다. 또 예외적인 경우를 제외
하면 여성의 영역을 가사 관리와 육아로 한정하는 모순을 드러냈다.
19~20세기에 걸쳐 여성계의 가장 중요한 이슈였던 여성 참정권에 관
해서도 짧게만 언급했다. 게다가 여성의 지위 개선을 위한 구체적 방
안을 제시하지 않았다. '허드렛일을 하녀에게 맡기고'라는 표현이 상
징하듯 한 여성을 위해 다른 여성의 희생이 필요한 구조를 그대로 수
용하는 듯한 모습도 보인다.

그렇다고 몇 가지 아쉬운 점을 들어 이 책의 역사적 비중을 과소
평가할 수는 없다. 출간 당시 지나치게 앞서 나간 생각이라고 매도
당한 사실을 감안할 때 지금의 잣대를 들이대서는 곤란하다. 19세기
영국의 대표적인 여성 참정권론자인 밀리센트 포세트Millicent Fawcett,
1847~1929가 『여성의 권리 옹호』 출간 100주년을 기념하며 던진 한마
디가 이 책의 위상을 명징하게 대변한다. "근대 정치경제학이 애덤 스

+   메리 울스턴크래프트 못지않게 그의 딸 메리 셸리
(Mary Wollstonecraft Shelley, 1797~1851)도 작가로 유명하다.
셸리의 대표작 『프랑켄슈타인』은 최초의 공상과학 괴기소설로
오늘날 SF 소설의 선구가 됐다.

미스에게 기대고 있는 것처럼 모든 여성은 울스턴크래프트에게 빚을
지고 있다.”

『여성의 권리 옹호』는 오늘날 ‘페미니즘의 성서’, ‘페미니스트 선언
문’으로 불리는 저작이다. 이제 이 책은 여성운동뿐만 아니라 정치, 교
육 등 다양한 분야에까지 파급력을 미치고 있다.

함께 읽으면 좋은 책
• 아우구스트 베벨, 『여성과 사회』, 정윤진 옮김, 보성출판사, 1988.
• 글로리아 스타이넘, 『글로리아 스타이넘의 일상의 반란』, 양이현정 옮김, 현실문화연구, 2002.

함께 보면 좋은 영화
• 알레한드로 아메나바르 감독, 〈아고라(Agora)〉, 2009.

현대 여성해방운동의 기폭제

여성은 태어나는 것이 아니라
만들어지는 것이다.

제2의 성

시몬 드 보부아르
Simone de Beauvoir, 1908~1986

"공부와 운동은 물론 리더십에서도 남자에게 결코 뒤지지 않는다. 더 뛰어난 경우도 많다. 당연히 자신감, 자긍심, 열정이 넘친다. 진취적이고 도전 의식이 강하다. 성실하고 낙천적이면서 실용주의적이다. 관심 영역도 넓다. 개인주의 성향이 짙지만 평등주의와 이상주의를 추구한다."

미국 하버드 대학교 아동심리학과 댄 킨들런 교수가 2007년 제시한 신조어 '알파걸'의 특성이다. 미국 10대 엘리트 소녀들을 의미하는 알파걸은 '최상', '으뜸'이라는 의미로 쓰이는 그리스어 첫 자모 알파^{a}와 걸^{girl}을 결합한 낱말이다. '혁명의 딸들'이라는 별칭이 붙은 알파걸은 여성해방운동가들의 딸이나 손녀뻘이다. 은수저가 아닌, 페미니스트의 눈물 어린 투쟁의 과실을 물고 태어난 첫 세대다.

킨들런 교수는 알파걸의 탄생은 시몬 드 보부아르가 『제2의 성^{Le}

Deuxieme Sexe』이라는 책에서 예견한 바라고 설명한다. 보부아르는 이 책에서 경제적, 사회적 평등 의식이 확산되면서 가능성이 무한한 여성들이 태어나게 될 것이라고 예측했다. 킨들런 교수가 말했듯이 보부아르의 『제2의 성』은 지금까지 헤아릴 수 없이 많은 여성의 잠재의식을 일깨우고, 이후 세대에게 길을 터줬다. 알파걸을 포함해 모든 현대 여성이 이룩한 수많은 변혁이 그녀에게 빚지고 있다고 해도 무리가 아니다.

책에서 가장 상징적인 문장은 "여성은 태어나는 것이 아니라 만들어지는 것이다"이다. 이 말은 이미 1800년대에 여성 참정권을 외친 여성해방의 선구자 메리 울스턴크래프트가 약간 다른 표현으로 언급한 적이 있다. 고대 그리스 델포이의 아폴론 신전 현관 기둥에 새겨졌다는 경구 '너 자신을 알라'가 소크라테스의 말로 더 유명해진 것과 흡사하다. 보부아르는 서양 문화권에서 '여자가 된다'는 것이 무엇을 뜻하는지 넓고도 깊게 천착했다.

책의 줄거리는 이렇다. 여성과 남성의 관계는 모든 분야에서 비대칭적이다. 여성은 남성에게 종속돼 있고 자유롭지 못하다. 여자와 남자가 신체적 조건에 차이가 있는 건 분명하다. 하지만 신체적 차이는 남자가 여자보다 우월하다는 증거가 될 수 없다. 태어나는 순간부터 여자아이가 남자아이와 다른 환경 속에서 자라기 시작하는 데서 모든 문제가 발생한다. 여자아이는 사회, 문화적 환경 때문에 남자의 종속물이나 다름없이 길든다.

여자는 성장해가면서 사회의 강요와 구속을 한층 더 노골적으로 받는다. 그럴수록 여성은 스스로 '여자다움'이란 굴레를 쓰게 된다. 여성적인 것은 '다른 것'이다. '다른 것'은 정상을 벗어나는 것이다. 여성은 스스로 정의 내리지 못하고 남성의 시각과 가치를 통해 규정된다. 남성이 지배하는 문화는 여성을 경제적, 정치적, 육체적, 정신적, 법적, 역사적으로 억압받는 존재로 만들었다.

여성이 독창적인 삶을 개척해야 한다고 일깨워주는 남성은 물론 여성도 없다. 여성은 관습에 얽매이면서 남성의 보호나 사랑을 받으며 안주한다. 사랑의 의미도 남녀에 따라 하늘과 땅만큼 큰 차이가 난다. 사랑이 남자에게는 일시적인 관계이며 생활의 일부에 지나지 않는 반면 여자에겐 인생 자체다. 사랑의 결실인 결혼도 여성에게는 구속력을 지니지만, 남성에겐 남성 우위 사회를 떠받치는 버팀목으로 작용한다. 결혼이 여성의 자유를 구속하는 현실에서는 결혼은 부정돼야 한다. 남자들은 그동안 남녀의 역할이 다르다는 핑계로 차별 장치를 만들어두고 이것을 '평등'이라고 미화해왔다. 이제 남녀가 조화롭게 살아가려면 '성 차이'를 인정하면서 진정한 '평등'을 모색해야 할 때다.

보부아르 자신도 실존주의 철학자 장 폴 사르트르Jean Paul Sartre, 1905~1980와의 계약 결혼으로 세계적인 이목을 끌었다. 이 계약 결혼은 1931년 2년간 시한부 동거로 시작됐으나 1980년 사르트르가 죽을 때까지 50년간의 '평생 계약'으로 끝났다.

보부아르는 여성 문제의 근원을 경제력에서 찾았다. 그는 여자가 남자와 동등한 권리를 누리기 위해서는 노동을 통한 경제적 자립부터 확보해야 한다고 외쳤다. 그가 사회주의 운동이라는 도구로 여성해방을 추구한 것도 이 때문이다. 보부아르는 출산이 여성의 경제적 자립을 위태롭게 한다는 이유로 모성애까지 부정하는 과격성을 드러냈다.

보부아르는 '미국의 흑인 문제가 따지고 보면 백인 문제이듯 여성 문제도 실상은 남성 문제'라는 시각으로 접근했다. 물론 남녀 차별 문제의 화살을 남성 쪽으로만 돌리지는 않았다. 여성 스스로 차별을 부르는 각종 신화를 만드는 데 일조했음을 시인한다. "여자들이 스스로 쟁취한 것이라곤 아무것도 없다. 단지 남자들이 베푸는 것만 받아왔을 뿐이다. 여성들은 단 한 번도 독립된 계급을 형성하지 못하고 그냥 운명에 체념해왔을 뿐이다."

보부아르가 다른 여성운동가들과 비교해 높이 평가받는 까닭은 단순히 남성들을 비판하는 데 그치지 않았기 때문이다. 그는 처음으로 생물학, 정신분석학, 사회학, 신학, 철학 등 폭넓은 영역을 바탕으로 여성의 권리를 보장해야 하는 이유를 밝혔다.

1949년 이 책이 출간되자 프랑스 사회는 벌집을 쑤셔놓은 듯했다. 우선 남자 지성인들이 일제히 들고일어났다. 작가 알베르 카뮈는 즉각 "프랑스 남성을 조롱했다"고 개인 성명까지 발표하며 격렬하게 비난했다. 가톨릭 신자였던 작가 프랑수아 모리아크는 '포르노'라고 쏘아붙였다. 바티칸 교황청은 곧바로 금서 목록에 올렸다. "성경의 이념도 남성이 여성을 억압하는 데 적지 않게 기여했다"는 대목이 결정적으로 교황청을 자극한 것이다. 프랑스 공산당을 비롯한 좌파 진영마저 싸늘하게 대했다. 여성해방은 계급해방을 통해서만 가능하다는 게 좌파의 주장이었다. 이 책이 나온 1949년은 프랑스에서 여성이 참정권을 얻은 지 5년밖에 되지 않은 때였다.

이와 달리 당대 여성들은 열렬한 호응으로 화답했다. 출간 1주일 만에 2만 부가 팔려 나갈 정도였다. 1953년에 나온 영역본은 200만 부

이상 팔렸다. 미국 독자들로부터 엄청난 호평을 받은 뒤 프랑스에서 재조명되기에 이르렀다. 이 책은 20세기의 가장 영향력 있는 페미니즘 저서이자 현대 여성해방운동의 교과서로 불린다. 시사 주간지《타임》은 1998년 '인간의 삶과 정신을 바꿔놓은 20세기 10대 논픽션'의 하나로『제2의 성』을 꼽았다. 한국에서는 1973년 처음 번역돼 가부장적 전통을 무너뜨리는 일등 공신이 됐다. 여성주의적인 시각으로 쓰인 책 가운데 최초로 한국 사회에 소개된 것이다.

1986년 보부아르가 세상을 떠나자 각계의 추도사에는 '페미니즘의 성서', '페미니즘의 어머니', '여성운동의 최고 사제' 같은 숭앙의 언어들이 쏟아져 나왔다. 2006년 파리의 센 강에 서른일곱 번째 다리가 개통됐을 때 '시몬 드 보부아르교'란 이름이 붙여진 것도『제2의 성』을 기리는 뜻이 담겼다고 한다. 파리의 다리에 여성 이름을 붙인 것은 처음 있는 일이었다.

『제2의 성』은 20세기 전반 여성 참정권 획득 이후 다소 쇠퇴의 길을 걷던 서구 여성운동(제1의 물결)을 20세기 후반 여성해방운동(제2의 물결)으로 끌어올리는 결정적 계기를 마련했다는 평가를 받는다. 결집력이 부족했던 여성운동에 새로운 지평을 열어줬기 때문이다. 생물학적 성Sex과 사회, 문화적 성Gender을 구분하는 현대 여성주의 운동은 보부아르부터 본격적으로 시작된 것이나 다름없다.『여성의 신비』라는 저작으로 미국 여성운동의 기치를 높이든 베티 프리단Betty Friedan, 1921~2006을 비롯한 전 세계의 여성운동가들은 보부아르의 이 책을 읽고 무한한 용기를 얻었다고 회고했다.

현대 여성학자들은 보부아르가 여성의 수동성, 성적 무지, 결혼에

(위) 파리 센 강의 시몬 드 보부아르교
(아래) 사르트르와 보부아르

서의 역할 등을 대부분 19세기의 상황에 맞춰 서술했다는 사실을 이 책의 취약점으로 지적한다. 그렇지만 성과 관련된 계몽사상에 관한 한 선진 유럽 국가에서조차 1950년대 초까지 사실상 19세기의 사고에 머물러 있었기 때문에 이를 감안하지 않고 평가하는 것은 무리라는 반론도 있다.

보부아르는 이 책에서 여성이 열등하게 평가된다는 것을 비판하는 데 중점을 뒀다. 그렇지만 현대 여성학자들은 보부아르가 서구 문화의 지배적인 사고방식을 포괄적으로 비판하는 데 초점을 맞췄어야 한다고 아쉬워한다. 이를테면 유럽 남성들이 남성/여성, 문화/자연, 이성/감성 등으로 나눠 차등하는 위계적 이분법이나 이항 대립 문화에 공격의 화살을 집중적으로 퍼부었어야 한다는 의미다.

여성에게 참정권이 주어지고 사회에 진출한다고 해서 여성이 남성과 똑같은 삶을 누린다고 단정 짓기는 힘들다. 심지어 일부 지역에서는 여성의 지위가 퇴보하고 있다. 이슬람 극단주의 무장 단체 '이슬람국가IS, Islamic State'는 여성 인권 유린을 잔인무도하게 자행하고 있다. 이들은 "아이를 낳는 것이 여성의 존재 목적이다. 집 밖에서 일하는 여성은 종교를 멀리하고 타락한 사고방식에 빠진다"는 내용의 지침서를 발간했을 정도다. 이러한 상황에서 보부아르의 메시지는 여전히 유의미하며 상당한 설득력을 지닌다.

함께 읽으면 좋은 책
• 베티 프리단, 『여성의 신비』, 김현우 옮김, 이매진, 2005.
• 댄 킨들런, 『알파걸』, 최정숙 옮김, 미래의창, 2007.

함께 보면 좋은 영화
• 리들리 스콧 감독, 〈델마와 루이스(Thelma & Louise)〉, 1991.

정치철학과
국제 질서를 세우다

현실주의 정치사상의 등장

힘이 없는 선은
악보다 못하다.

군주론

니콜로 마키아벨리
Niccolò Machiavelli, 1469~1527

"니콜로 마키아벨리는 눈을 뜨고 이 세상에 태어났다. 소크라테스처럼, 볼테르처럼, 갈릴레오처럼, 칸트처럼……."

100세를 맞을 때까지 명석한 두뇌를 유지했던 이탈리아 작가 주세페 프레촐리니Giuseppe Prezzolini, 1882~1982는 그의 저서 『니콜로 마키아벨리의 생애』를 이렇게 시작한다. 500여 년 전의 마키아벨리를 서슴없이 '나의 친구'라고 부르는 베스트셀러 작가 시오노 나나미는 여기에 그치지 않았다.

"그러나 그 당시 눈을 뜨고 태어난 것은 마키아벨리 한 사람만이 아니었다. 그리고 후세는 그 시대 유럽의 다른 나라들을 중세라고 부르는 것과 구별해 같은 시대의 이탈리아를 르네상스라고 부르게 된다."

정치를 윤리와 도덕에서 분리한 마키아벨리의 혁명적인 사색이 신에서 인간을 독립시킨 르네상스와 무관하지 않음을 적확하게 꿰뚫은 통찰이다. 플라톤과 아리스토텔레스 이래 정치는 곧 윤리나 도덕과 같은 것이었다. 플라톤이 설파한 '철인정치'가 최선의 정치형태로 신봉되는 시대였다. 중세에 접어들어 토마스 아퀴나스 같은 철학자들이 기독교적 견해까지 덧붙이자 정치는 점점 더 하늘에 떠 있는 이상주의로 변해갔다. 마키아벨리와 동시대인인 토머스 모어조차 "정치란 인간의 본성에 뿌리박힌 덕virtus의 문제"라고 했을 정도다. 공자와 맹자 이래 동양 사회도 정치를 도덕 아래에 두긴 마찬가지였다. 보다 더 도덕적인 사회를 만드는 것이 정치의 요체이자 사명이라고 여겼기 때문이다. 군주의 최고 미덕은 덕치였고, 누구나 너그럽고 어진 왕을 이상적으로 묘사했다.

이러한 사회 분위기 속에서 '정치 행위가 윤리적 가치나 종교적 규율로부터 결별해야 한다'며 반기를 들고 나온 이가 마키아벨리다. 그의 대표작 『군주론Il Principe』은 냉혹한 현실에 바탕을 둔 정치를 역설하며 근대 정치학의 문을 연 저작으로 꼽힌다. 마키아벨리가 현실주의 정치사상의 아버지로 불리는 것도 바로 『군주론』 때문이다. 이상적인 군주는 착하고 어진 군주가 아니라 때로는 냉혹하고, 필요하다면 약속을 어기기도 해야 한다는 점을 마키아벨리는 부각했다. 이 때문에 그는 '권모술수의 화신'이라는 달갑잖은 별명을 얻었다. 동양에서는 '서양의 한비자'란 별칭도 따라다닌다.

『군주론』에서 가장 유명한 문장은 '군주는 여우의 지혜와 사자의 힘을 동시에 갖춰야 한다'일 것이다. 널리 알려진 18장의 핵심은 이 대목이다.

"나는 야수 중에도 여우와 사자에 주목해야 한다고 생각한다. 사자만으로는 덫으로부터 몸을 지킬 수 없고, 여우만으로는 이리로부터 몸을 지킬 수 없으나, 여우의 꾀로 덫을 피할 수 있고, 사자의 힘으로 이리를 쫓아버릴 수 있기 때문이다. 다만 여우적인 성질은 교묘히 사용해야 한다. 은밀히 속에 감추어놓은 채 시치미를 뚝 떼고 의뭉스럽게 행사할 필요가 있다."

마키아벨리는 국민에게 사랑받는 것보다 두려운 존재로 여겨지는 편이 군주로서 안전한 선택이라고 권한다. 인간은 무서워하는 사람보다는 사랑하는 사람을 사정없이 해치는 성향이 있기 때문이란다. 냉혹한 지도자는 엄격하게 법을 적용하고, 사랑받는 지도자는 국민 정서를 좇아 인기를 얻고자 한다. 마키아벨리는 군주가 엄중하게 경계해야 할 일은 경멸당하거나 얕보이는 것이라고 말한다. 기억해둘 만한 부분을 몇 가지만 더 살펴보자.

군주가 되고자 하는 사람은 좋은 성질을 다 가질 필요는 없다. 그러나 사람들에게 그런 여러 덕목을 가진 것처럼 보일 필요는 있다. 온정이 넘치고, 신의를 존중하고, 인간성이 훌륭하고, 공명정대하고, 신앙심이 두터운 것처럼 보이게 하는 것이 중요하다. 그러면서도 그것을 버려야 할 때는 완전히 돌아설 수 있는 능력을 갖추고 있어야 한다. 지도자는 지옥으로 가는 길을 잘 알고 있어야 대중을 천국으로 이끌 수 있다. 나라를 지키기 위해서는 신의에 어긋나는 행위도 해야 하는 경우가 있고, 자비심을 버려야 할 때도 있다. 인간성을 한쪽에 밀쳐놓고, 깊은 신앙심도 부득이 잊어야 하는 경우가 많은 법이다.

'좋은 일을 하면 사람들의 질투심도 자연히 사라지겠지' 하고 바라면 안 된다. 사악한 마음은 아무리 선물을 많이 해도 바뀌지 않기 때문이다. 측근이 유능하고 성실하면 그 군주도 총명하다고 할 수 있다. 신중하기보다는 과감한 편이 낫다. 운명의 신은 여신이라 주도권을 쥐려면 난폭하게 다룰 필요가 있기 때문이다.

민중은 쉽게 동요한다. 그래서 그들의 지지를 얻는 것은 그리 힘든 일이 아니나 그 지지를 유지하는 것은 대단히 어렵다. 특권층의 지지는 서민층의 지지보다 약하다. 오로지 선의만 가지고서는 결코 백성들을 다스릴 수 없다는 사실을 명심해야 한다. 힘이 없는 선은 악보다 못하다.

세심하게 따져보면 마키아벨리가 군주에게 요구하는 건 냉혹함과 잔인함이 아니라 확실한 권력이었다. 인간의 심성, 군중심리의 본질, 조직의 성격, 리더십, 통치 기술 등에 걸쳐 핵심을 꿰뚫는 마키아벨리의 통찰력은 비범하다. 중요한 사실은 이 같은 지혜가 추상적인 사유가 아니라 경험에서 나왔다는 점이다.

사실 마키아벨리는 메디치가※에 잘 보여 관직에 다시 진출하기 위해『군주론』을 썼다. 책에 붙은 '니콜로 마키아벨리가 로렌초 데 메디치 전하께 올리는 글'이라는 헌정사가 이를 증명한다. 불행하게도 로렌초 데 메디치Lorenzo de Medici, 1449~1492는『군주론』을 들춰보지도 않았다고 전해진다.

마키아벨리의 처세를 보면 '마키아벨리스트'와는 거리가 한참 멀다. 그는 책 헌정사에서 다소 비루하다는 생각이 들 정도로 아부한다. "최근 일어난 사건들에 대한 지속적 경험과 꾸준한 고대사 공부로 배운, 위대한 인물들의 행위에 대한 지식을 작은 책자로 만들어 전하께

복종의 표시로 바치려 한다"고 썼다. 당시 교황청 대사였던 프란체스코 베토리에게 보낸 편지는 더 노골적이다. "이 책을 바치고자 하는 이유는 제가 곤궁한 처지에 봉착해 있기 때문입니다. 현재의 상황이 오래 지속되면 빈궁함으로 인해서 경멸받을 처지에 놓이게 될 것입니다. 또한 메디치 군주들이 돌을 굴리는 일(아주 사소한 일)부터 시키더라도 저를 채용하기를 바랍니다." 그는 평생 타인의 손에 좌지우지되는 삶을 받아들여야 했고, 정치적 이상을 실현할 위치에 있지도 못했다.

물론 마키아벨리에게 공직 추방이라는 불행이 덮치지 않았던들 『군주론』은 빛을 보지 못했을 게 틀림없다. 단테에게 추방이 없었더라면 『신곡』은 탄생하지 않았을 것이고, 사마천이 궁형을 받지 않았으면 『사기』를 쓰지 못했을 것이며, 정약용이 유배 생활을 하지 않았으면 『목민심서』 같은 대작을 쓰기 어려웠을 것이라는 가정과 맥을 같이한다. 마키아벨리는 '피렌체 서기관'에 불과했지만, 스스로 역사가이자 작가라고 했을 만큼 글솜씨가 탁월했다. 그가 쓴 희곡 〈만드라골라〉는 당시 윌리엄 셰익스피어의 작품보다 인기가 높았다고 한다.

『군주론』만큼 오해를 많이 산 책도 드물다. 500여 년 동안 마키아벨리파와 반反마키아벨리파 사이에 논쟁이 끊이지 않고 있다. 이 책은 수없이 해석되고 반박되면서 역사를 바꿨다. 그 과정에서 수난도 숱하게 겪었다. 교황 바오로 5세는 1559년 『군주론』을 포함해 마키아벨리의 모든 저작을 금서로 지정한다. 선량한 기독교도에게 해로운 내용이라는 이유에서다. 바티칸이 이 책을 금지한 진짜 이유는 치밀하게 서술된 지배자의 어두운 이면이 알려지는 것이 두려웠기 때문이라는 해석도 나온다. 모든 금서가 그러하듯 금서 조치는 도리어 『군주론』과 마키아벨리의 이름을 드높여주었다.

엘리자베스 1세 여왕 시대 영국의 극장에서는 '마키아벨리주의자'를 그 간계를 당할 수 없는 악당의 총합으로 그렸다. 계몽 군주로 유명한 프로이센의 프리드리히 대왕Friedrich II, 1712~1786은 "마키아벨리는 틀렸다. 국가보다는 국민의 행복이 중요하다"며 스스로 『반마키아벨리론』이라는 책을 쓰기도 했다. 하지만 그는 즉위 20년이 지나 경험이 쌓이자 "마키아벨리가 옳다는 점을 인정하지 않을 수 없다"고 고백했다고 한다. 비판론자들은 『군주론』에 담긴 사상을 '권력 확대라는 목적을 위해서는 수단과 방법을 가리지 않는 정치술'로 해석하고, 마키아벨리즘이라는 정치 용어까지 만들어 붙였다. 이들은 무솔리니, 히틀러, 스탈린, 카스트로, 레닌 같은 독재자가 『군주론』의 광적인 애독자였으며, 나폴레옹이 이 책을 침대 옆에 놓고 잤다는 소문을 한층 부풀려 부정적인 이미지를 씌우기도 했다.

18세기 무렵부터는 긍정적인 평가를 받았다. 계몽사상가 장 자크 루소는 "군주론은 공화파의 보전寶典"이라고 했다. 마키아벨리가 『군주론』을 양면의 거울로 삼아 군주를 가르치는 체하면서 인민에게 중대한 교훈을 주려 했다고 본 것이다. 독일 역사학자 프리드리히 마이네케는 마키아벨리가 국가이성의 본질을 최초로 발견한 인물이라고 호평했다. 이탈리아 공산당 창립 멤버인 안토니오 그람시는 수감 생활 도중 『군주론』에서 사회주의 정당이 가져야 할 모습을 발견하고 「마키아벨리에 관한 주석」을 남겼다. "성경 대신 『군주론』을 품고 다닌다"는 비판을 받았던 프랑스의 리슐리외 추기경은 마키아벨리가 강조한 국가이성을 왕국의 통치 이념으로 확립하려 했다.

+ **국가이성** – 국가를 유지, 강화해가는 데 필요한 규범을 의미한다. 프랑스어 'Raison d'État'를 번역한 용어다. 국가이성의 세 가지 측면은 다음과 같다.
①국가의 발전을 위해 권력이 법, 윤리, 종교보다도 우선해야 한다.
②권력 자체에 높은 목적 합리성을 인정한다.
③국가는 그 존재 이유를 국가 자체 내에서 찾아야 한다.
신의 질서가 권력을 독점하던 중세에 대항해 근대국가가 통일을 실현하는 과정에서 절대주의가 만들어낸 관념이다. 이것을 현실 정치와 정치학에 도입한 이가 마키아벨리다.

『군주론』은 오늘날에 와서 국제정치와 기업 경영에 활용되는 경향이 짙어졌다. 조지 W. 부시 행정부는 외교정책에서 『군주론』의 현실주의 정치 노선을 철저히 추종했다는 평가를 받았다. 『군주론』은 선거에서 유권자의 지지를 얻어야 하는 국내 정치 영역보다 무한 경쟁이 지배하는 경영 일선에서 널리 응용되곤 한다. 그뿐만 아니라 처세서로도 부쩍 주목받고 있다.

함께 읽으면 좋은 책
- 로베르토 리돌피, 『마키아벨리 평전』, 곽차섭 옮김, 아카넷, 2000.
- 시오노 나나미, 『체사레 보르자 혹은 우아한 냉혹』, 오정환 옮김, 한길사, 2001.
- 시오노 나나미, 『나의 친구 마키아벨리』, 오정환 옮김, 한길사, 2002.
- 퀜틴 스키너, 『마키아벨리의 네 얼굴』, 강정인·김현아 옮김, 한겨레출판, 2010.

함께 보면 좋은 영화
- 프랜시스 포드 코폴라 감독, 〈대부(Mario Puzo's The Godfather)〉, 1972.

법치 리더십의
원조

덕을 베풀어 백성을 감화해야 한다는
주장은 환상이다.

한비자

한비
韓非, BC 280?~233

고려 제4대 왕 광종은 중앙집권적 국가 체제와 왕권 강화를 위해 과감한 개혁 정책을 펼친 '피의 군주'로 평가받는다. 태조 왕건이 후삼국을 통일해 고려를 건국할 때 호족의 힘을 빌렸지만 3,200명에 이르는 호족 개국공신은 왕권을 위협하는 존재가 된다. 광종은 이들을 제어하고 왕의 권위를 확고하게 세우는 방법이 없을까 고민했다. 이때 유신성劉新城이라는 신하가 중국 고전 『한비자韓非子』를 권한다. 광종은 '제왕학의 성전'으로 불리는 이 책을 읽고 감탄사를 연발했다. 이 때문인지 그는 재위 중반 '노비안검법'을 시행할 때부터 피를 부르는 숙청을 단행하며 공신들과 왕족들을 제압하고 왕권 수성에 나섰다.

노무현 전 대통령은 16대 대통령 선거에서 승리한 뒤 이상수 민주당 사무총장으로부터 『한비자』의 한 대목을 유념하라는 충언을 듣는다. "한비자에는 군주가 인사권을 남에게 이양하면 안 되며, 끝까지 인사비밀을 지켜야 신하들이 자기 세력을 구축하는 행위를 막을 수 있다는 내용이 담겨 있습니다."

이렇듯 『한비자』는 니콜로 마키아벨리의 『군주론』과 더불어 통치술의 명저로 꼽힌다. 저자 한비는 제대로 된 군주라면 법法·술術·세勢라는 세 가지 통치 도구를 모두 갖춰야 한다고 말한다. '법'은 누구에게나 공평하게 적용되는 규칙이며, '술'은 소통 능력, '세'는 시대를 관통하는 흐름을 일컫는다.

제자백가의 한 갈래인 법가法家에는 한비가 나오기 전 세 무리의 큰 학파가 있었다. 법을 강조한 상앙商鞅, ?~BC 338, 술을 강조한 신불해申不害, ?~BC 337?, 세를 강조한 신도愼到, BC 395?~315?가 그들이다. '법'은 백성들의 사익 추구를 막고 나라의 이익을 우선시하는 원칙을 뜻한다. '술'은 신하들을 잘 조종해 군주의 자리를 굳게 다지는 인사 정책이다. '세'는 배타적이고 유일한 군주의 권세를 의미한다.

『한비자』는 군주의 권력 유지를 위한 법치 리더십의 원조 격이다. 군주가 공포한 법은 지위에 상관없이 모든 사람이 따라야 하는 행위 준칙이나 군주는 예외다. '예는 일반 백성에게 미치지 않고, 형벌은 대부에게 적용되지 않는다'는 유가儒家의 견해보다 한발 더 나간다. 이 책은 법을 이렇게 정의한다. "거울은 맑음을 지키는 데 아무런 제약을 받지 않아야 아름다움과 추함을 있는 그대로 비출 수 있고, 저울은 균형을 지키는 데 아무런 제약을 받지 않아야 가벼움과 무거움을 있는 그대로 달 수 있다. 거울이 움직인다면 대상을 밝게 비출 수 없고, 저울이 움직인다면 대상을 바르게 달 수 없다. 법이 바로 이런 것이다."

『한비자』의 법치주의는 신상필벌信賞必罰로 요약할 수 있다. 상벌 권한을 함께 구사해야 명실상부한 군주로 군림할 수 있다고 한비는 강조한다. "작은 신의를 얻으면 큰 신의 또한 따라온다. 그러므로 밝은 군주는 신의를 지키어 쌓는다. 상벌을 행함에 신의가 없으면 금지나 명령이 통하지 않을 것이다."『한비자』는 덕을 베풀어 백성을 감화해야 한다는 주장은 환상이며, 오로지 권력 체계를 빈틈없이 정비하는 길이 통치의 요체라고 일깨운다.

『한비자』는 신하를 다루는 세 가지 책략을 제시했다. 독단독람獨斷獨攬은 왕이 모든 권력을 독점하고 신하에게는 단지 간언만 허락할 뿐 어떠한 권한도 나누어주지 않는 것을 뜻한다. 심장불노心藏不露는 왕이 자기의 견해나 감정을 감춰서 남이 도무지 그의 생각을 알지 못하도록 만드는 것이다. 참험고찰參驗考察은 신하들의 과거와 현재, 성격의 특징과 심리 상태를 분석해 미래를 예측하는 것을 말한다.

『한비자』는 "시대가 다르면 일도 다르다"며 시대의 변화에 따라 방책도 달라져야 한다고 설파한다. 박근혜 대통령이 "약속은 반드시 지켜야 한다"며 즐겨 인용하는 '증자曾子의 돼지' 이야기도『한비자』에 나온다. 공자의 제자인 증자의 아내가 장을 보러 가려고 하자 아이가 울면서 따라가겠다고 보챘다. 아내가 "돌아와서 돼지를 잡아줄 테니 집에 있으라"고 달래자 아이는 말을 들었다. 아내가 시장에서 돌아오자 증자는 돼지를 잡으려 했다. 아내가 깜짝 놀라 "아이를 달래려 한 말인데 정말 잡으면 어떡하느냐"고 언성을 높였다. 그러나 증자는 "아이에게 속임수를 가르치려고 하느냐. 어미가 자식을 속이면 자식이 어미를 믿지 않게 된다"며 돼지를 잡았다는 일화다.

+   군주가 경계해야 할 팔간(八姦) – 팔간은 나쁜 신하가 군주에게 저지르는 여덟 가지 간사한 행동을 뜻한다.

①잠자리를 같이하는 자를 이용하는 동상(同床)

②군주를 가까이 모시는 측근을 이용하는 재방(在傍)

③뇌물 청탁의 대상이 되는 친·인척을 이용하는 부형(父兄)

④백성의 노동력을 착취하고 과중한 세금을 걷어 군주의 욕망을 충족해주면서 자신의 사익을 취하는 양앙(養殃)

⑤국가 재산을 허투루 쓰면서 민중을 이용하는 민맹(民萌)

⑥교묘한 언설로 군주의 판단을 흐리는 유행(流行)

⑦위세를 빌려 권력을 휘두르는 위강(威强)

⑧외세를 이용하는 사방(四方)

+   군주가 저지를 수 있는 열 가지 과오(十過) – 작은 충성을 바라는 것, 작은 이익을 좇는 것, 행실이 편협한 것, 음악에 빠지는 것, 탐욕스럽고 괴팍한 것, 여색을 탐하는 것, 궁궐을 떠나 멀리 유람하는 것, 충신의 간언에 귀 기울이지 않는 것, 다른 사람의 힘에 의지하는 것, 작고 힘없는 나라가 예의를 지키지 않는 것이다.

춘추전국시대 약소국이었던 한나라 출신 한비는 자신을 몰라주는 군왕과 세상에 대한 울분을 『한비자』에 담았다. 한비는 조국을 부강하게 하기 위해 여러 차례 왕에게 글로 간언했지만 발탁되지 못했다. 16세기 이탈리아의 작은 도시국가 피렌체 출신인 마키아벨리가 『군주론』을 쓴 것과 흡사하다. 한비는 말재주가 없었지만 문장력은 뛰어나 설화와 우화 등을 두루 인용해 감동을 이끌어내는 책을 완성했다.

『한비자』를 알아본 이는 한나라 왕이 아니라 진나라 시황제였다.

"과인이 이 사람과 만나 함께 이야기를 나눌 수 있다면 죽어도 여한이 없겠구나!" 중국을 처음으로 통일하기 전 진시황은 『한비자』를 읽고 이렇게 말했다고 전해진다. 후한後漢의 철학자인 왕충王充은 『논형論衡』 이라는 책에서 한비의 조국 한나라가 망하고 적국인 진나라가 천하를 통일하게 된 것은 한비 주장의 수용 여부에서 비롯된 차이라고 분석했다.

한비는 진나라에 사신으로 갔다가 동문수학했던 친구 이사의 모함으로 옥중에서 독살됐다. 불운하게 삶을 마감했지만 그가 남긴 책은 역사를 바꾸어놓는다. 『한비자』는 중국 최초의 중앙집권제 통일국가인 진나라의 탄생에 이론적인 근거를 제공하고, 그 뒤를 이은 역대 중국 왕조의 현실 정치에 결정적인 영향을 미쳤다. 삼국시대 촉나라 제갈량諸葛亮. 181~234이 죽으면서 유비의 아들 유선에게 반드시 숙독할 것을 권한 책이기도 하다. "난세에는 형벌을 최우선으로 한다"고 천명한 조조鼂錯, "안정된 국가는 예로 통치하고, 혼란한 국가는 법으로 통치한다"고 말한 전진 시대의 왕맹王猛, "죄를 지은 자는 마땅히 벌한다"는 철학으로 통치한 북송의 포증包拯도 『한비자』를 따랐다. 청나라 건륭제乾隆帝는 이 책을 탐독한 대표적인 군주다.

『한비자』는 현대에 와서도 중국 지도자의 서가에서 빠지지 않는다. 마오쩌둥이 열독했고, 시진핑 국가주석은 『한비자』를 거푸 인용하며 법치주의 국정 운영 방침을 내걸었다. 마키아벨리의 『군주론』보다 1,800년이나 앞서 『한비자』가 표방한 법치주의는 유교의 덕치주의와 더불어 동북아시아를 움직여온 정치사상이다.

『한비자』는 군주의 통치를 위한 책으로 『한비자』의 법치 사상과 근대 서양의 법치주의 사이에는 엄청난 간극이 존재한다. 한비의 사상은 '법에 의한 통치'라기보다 '법에 의한 통제'에 가깝다. 반면 서양의 법치주의는 왕권에 대항해 왕권을 약화하는 기능을 했다.『한비자』는 인간의 본성과 권력의 본질을 분석하고, 군주의 권력을 유지할 수 있는 책략을 제시해 제왕들의 대환영을 받은 것이다. 마키아벨리가 그랬던 것처럼 말이다. 고대 중국에선 한동안『한비자』를 악의 책으로 규정하기도 했다.

오늘날에는 조직 관리를 위한 리더십에도 적용된다. '현대 경영학의 창시자'로 불리는 피터 드러커도 현대의 기업 관리에『한비자』가 유용하다고 평가했다. 수많은 기업들이 임원들에게『한비자』를 권장하는 것도 이 때문이다.

함께 읽으면 좋은 책
- 상앙, 『상군서』, 김영식 옮김, 홍익출판사, 2000.
- 왕리췬, 『진시황 강의』, 홍순도·홍광훈 옮김, 김영사, 2013.
- 니콜로 마키아벨리, 『마키아벨리 군주론』, 신동준 옮김, 인간사랑, 2014.

함께 보면 좋은 영화
- 류하오쉐 감독, 〈진시황(The First Emperor of China)〉, 1989.

인류 최초의
정의론

정의로운 다스림의 본질은
다스림을 받는 자들을 이롭게 하는 것이다.

국가론

플라톤
Plato, BC 427?~347?

"모든 서양철학의 전통은 플라톤에 대한 각주에 불과하다." 그리스 철학자 플라톤을 이보다 더 명쾌하게 총평하는 말도 없다. 저명한 영국 철학자이자 수학자인 앨프리드 노스 화이트헤드Alfred North Whitehead, 1861~1947의 명언이다. 미국 철학자 랠프 월도 에머슨이 내놓은 단평의 무게도 그 못지않다. "철학은 플라톤이고, 플라톤은 철학이다." 서양 사상에 미친 플라톤의 영향은 그만큼 지대하다.

플라톤은 기원전 4~5세기에 살았으면서도 30편이 넘는 저작을 남긴 보기 드문 인물이다. 그가 직접 쓴 것으로 확인된 것만 25편에 달한다. 수많은 저술 가운데 대표작으로 꼽히는 건 단연 『국가론Politiea』이다. 이 책은 플라톤의 이상국가론과 정의관이 담겨 있는 정수精髓다. 『국가론』은 형이상학, 정치학, 심리학, 윤리학, 예술에 이르기까지 서양 사상의 모든 분야에 가지를 뻗고 있다. 인류 공동 생활체를 사상 처음 정리한 책으로 평가받는다. '어떻게 모여 살아가는 게 인간에게 좋은가'를 인도해준 최초의 책인 셈이다.

플라톤은 현상의 세계는 선善이 아니라고 봤다. 이 때문에 오직 이데아를 바탕으로 한 이성적인 인간이 돼야 한다고 강조했다. 이데아는 '변하지 않는 진리'라는 뜻이다. '플라토닉 러브'라는 개념도 이데아론을 바탕으로 만들어졌다. 육체를 멀리하고 이성적인 물음을 통해 진정한 사랑에 도달해야 한다는 게 그의 생각이었다.

플라톤의 이데아론을 요약하면 이렇다. 사물에는 각기 이데아가 있다. 사물의 수만큼 이데아도 다양하다. 삼각형에는 삼각형의 이데아가 있고, 아름다움에는 아름다움의 이데아가 있다. 이데아는 모두 완전하고 좋은 것이어서 모든 이데아는 '선의 이데아'로 귀결된다. 이데아는 육체의 눈으로는 인식할 수 없고, 마음의 눈 즉 순수한 이성적 사유를 통해서만 인식할 수 있다. '선의 이데아'는 플라톤 철학의 핵심이다.

플라톤은 '선의 이데아'를 도식적으로 설명하는 대신 유명한 '동굴의 비유'로 설명한다. 동굴 안은 가시적인 현상의 세계를, 동굴 밖은 지성에 의해서만 알 수 있는 실재의 세계를 각기 비유한 것이다. 동굴 속 죄수는 등 뒤에 있는 불빛으로 인해 앞면 벽에 비치는 사람이나 동물의 그림자를 실재라고 여긴다. 죄수는 석방된 뒤에 불빛에 의해서 생겼던 그림자의 본체를 보게 되더라도 여전히 그림자 쪽을 진실이라고 생각한다. 죄수란 욕심에 절어 동굴 밖으로 나갈 생각은 하지 않고 눈앞의 이익에만 목을 매는 사람을 의미한다.

플라톤은 이 책에서 이상적인 국가를 실현하려면 이데아를 직관할 수 있는 철학자가 나라를 다스려야 한다고 설파한다. 이른바 '철인정치'다. 그는 국가 구성원을 사람의 몸 가운데 머리, 가슴, 배로 비유했다. 머리는 통치자, 가슴은 용기와 기개를 상징하는 군인, 배는 절제가 필요한 생산자다. 머리는 이성을 추구하고, 가슴은 감정 표현을 원하며, 배는 욕구가 채워지기를 희구한다. 국가나 사람도 세 가지가 잘 충족되고 조화를 이룰 때 가장 이상적인 상태, 정의로운 상태라고 플라톤은 말한다.

플라톤은 국가를 구성하는 국민을 지혜를 사랑하는 자, 이득을 사랑하는 자, 명예를 사랑하는 자로 나누었다. 국가가 몰락할 때 그들이 취하는 반응은 각기 다르다. "이득을 사랑하는 자는 자신의 이로움을 위해 침략자에게 붙을 것이고, 지혜를 사랑하는 자는 자신의 개인적 능력이나 취향에 젖어 수수방관할 것이다. 반면에 명예를 사랑하는 자는 오로지 '백일청천 아래 부끄러움이 없는가'를 가장 귀한 가치로 삼아 목숨을 돌보지 않고 싸울 것이다."

플라톤은 이상적인 국가의 조건으로 통치자와 그를 돕는 수호자 집단의 사유재산 금지를 주장했다. 공동소유 대상에 아내와 자녀를 포함할 만큼 극단적인 생각이었다. 탐욕의 원천인 사유재산과 사적 인연이 국가를 타락시킨다고 여겼기 때문이다. 전 세계가 혁명의 열병을 앓게 만든 공산주의도 사상적 기원은 『국가론』에 있다고 학자들은 말한다. 공유재산제를 바탕으로 정의로운 사회 공동체를 꿈꾼 토머스 모어의 『유토피아』 역시 플라톤의 『국가론』이 모델인 셈이다.

『국가론』은 인류 최초로 '정의란 무엇인가'를 규정한 책이기도 하다. 『국가론』의 원제는 '정의에 관하여Peri Dikaiou'였다. 사실 『국가론』이

+ 『국가론』은 모든 청소년에게 수학, 수사학, 철학 등을 가르치기에 앞서 시가(詩歌)와 체육을 기본으로 교육할 것을 주창한다. 체육은 신체를 강하게 만들어 용맹의 덕을, 음악은 감정을 길들여 절제의 덕을 배우도록 해준다고 생각했다. 또한 시가와 체육을 고루 교육하도록 권면한다. 편향된 지식과 감성이 가져올 위험성을 염려했기 때문이다. 이에 따라 생긴 공공 교육 기관이 김나시온이다. 훗날 체육관(gymnasium)의 어원이 된 김나시온은 체육 수업을 매우 중요시하는 서양의 교육제도에 중대한 영향을 미쳤다. 널리 알려지지 않았으나 플라톤은 레슬링 선수였다. 올림픽과 더불어 그리스 4대 제전이었던 이스트미아 경기에 출전해 두 차례나 우승했다고 한다. 할아버지의 이름을 딴 본명 아리스토클레스에서 '떡 벌어진 어깨'를 뜻하는 플라톤으로 이름이 바뀐 것도 이 때문이다.

라는 제목도 '정체政體'라고 옮겨야 맞다. 일본에서 『국가론』이라고 번역한 걸 우리가 그대로 받아들이는 바람에 잘못 굳어졌다.

『국가론』맨 앞쪽에는 소크라테스Socrates, BC 470?~399가 정의의 개념을 놓고 소피스트들과 토론하는 장면이 나온다. 집주인 폴레마르코스가 말한다. "선한 자를 이롭게 하고 악한 자를 해롭게 하는 게 정의입니다." 그러자 소크라테스가 반론을 제기한다. "대상이 악하다고 해서 누군가를 해롭게 하는 것이 과연 정의일까?" 그때 소피스트인 트라시마코스가 나서서 논점을 흐린다. "정의는 다스리는 자의 이익입니다. 다스리는 자가 옳다고 정한 규칙을 따르면 그것이 결국 옳은 것이 되기 때문입니다." 다시 소크라테스가 나선다.

"정의로운 다스림의 본질은 다스림을 받는 자들을 이롭게 하는 것

+ **플라톤의 아카데미아** – 플라톤이 42세에 세운 교육 기관 아카데미아 정문에는 '기하학을 모르는 자는 들어오지 말라'고 쓰인 현판이 걸려 있었다. 플라톤은 지혜를 얻기 위해 필요한 지식은 허상이 아니어야 한다고 생각했다. 이 때문에 허상의 세계를 실재 세계로 인도해주는 학문인 수학을 중시했다. 아카데미아는 이후 1,000년이나 지속되다 유스티니아누스 황제에 의해 서기 529년에 문을 닫는다.

이네. 또한 다스림으로 이익을 얻는다면 올바른 다스림이라고 볼 수는 없지. 정의란 각자의 소임을 다하는 것이고 이는 국가와 개인에게 동일하다는 것이지. 제화공은 구두 만드는 일에, 목수는 집 짓는 일에 최선을 다하는 것이 정의네. 하지만 정의란 외면적인 일과 관련된 것이 아니라 인간의 내면적인 것과 관련돼 있네. 다시 말해 자신의 내면을 잘 조절하고 지배와 복종, 협력을 마치 조화로운 음정을 통해 아름다운 선율을 이끌어내듯이 변주해내는 일이지."

2,400년 전에 벌어진 이 토론은 마이클 샌델의 베스트셀러 『정의란 무엇인가』를 연상케 한다. 샌델의 '정의'는 『국가론』의 연장선상에 있다.

정치가를 꿈꾼 플라톤은 스승인 소크라테스가 직접민주주의의 중우衆愚정치 때문에 독배를 받아 사형당하는 모습을 지켜본 뒤 현실 정치를 포기하고 철학 정립과 후학 양성의 뜻을 세웠다. 플라톤은 진정으로 훌륭한 정치가 뭔지 보여주겠다는 생각에서 『국가론』을 썼다. 이 책을 소크라테스의 입을 빌려 대화 형식으로 구성한 것도 스승에 대한 존경심의 표현이다. 대화체는 그가 선보인 독창적 저서 기법이기

(위) 소크라테스의 죽음(The Death of Socrates)
자크 루이 다비드, 1787, 메트로폴리탄 미술관

(아래) 플라톤의 심포지엄(Plato's Symposium)
안젤름 포이어바흐, 1873, 베를린 구 국립미술관

도 하다.

세계를 이데아의 세계와 현상의 세계로 보는 이분법과 철인정치론 때문에 플라톤은 아리스토텔레스 이후 지금까지 숱한 학자에게 비판을 받았다. 하지만 그가 던진 국가와 인간에 대한 근본적인 사유는 여전히 넘을 수 없는 거대한 산맥으로 남아 있다.

『국가론』은 한때 극작가를 꿈꾸기도 했던 플라톤의 유려한 글솜씨를 엿볼 수 있는 저작이다. 프랑스 작가 프랑수아 라블레는 『가르강튀아와 팡타그뤼엘』이라는 책에서 "그리스어에서는 플라톤을 모방하고, 라틴어에서는 키케로를 모방해 자기 문체를 만들어내기를 바란다"고 권장한다. 그만큼 플라톤은 글쓰기에서도 탁월했다.

『국가론』은 여전히 동서를 막론하고 국가 지도층이 따라야 할 보편적 원칙으로 받아들여진다. 철학자 에머슨이 "도서관은 불타도 좋으나 플라톤의 국가론이 불타서는 안 된다"고 했던 말도 이 책의 위상을 잘 보여준다.

함께 읽으면 좋은 책
• 플라톤, 『소크라테스의 변명』, 황문수 옮김, 문예출판사, 1999.
• 플라톤, 『플라톤의 대화편』, 최명관 옮김, 창, 2008.
• 박홍규, 『플라톤 다시 보기』, 필맥, 2009.

함께 보면 좋은 영화
• 앤디 워쇼스키·라나 워쇼스키 감독, 〈매트릭스(The Matrix)〉, 1999.

동아시아 사상의
기초

예가 아니면 보지 말고, 듣지도 말고,
말하지도 말고, 행동하지도 말라.

논어

공자
孔子, BC 551~479

"신臣에게 논어 한 권이 있사온데 그 반으로 폐하(송나라를 세운 태조를
지칭)를 도와 천하를 도모할 수 있었고, 그 반으로 폐하(태종을 지칭)를
도와 천하를 다스릴 수 있었습니다." 송나라 재상 조보趙普, 922~ 992가
임종할 무렵 황제 태종에게 아뢰었다는 말이다. 이 말은 훗날 "논어를
절반만 읽으셔도 천하를 다스립니다"라는 말로 단장취의斷章取義 문장에
서 필요한 부분만 인용하거나 자기 본위로 해석하여 쓰는 것되기도 했다. 이처럼 공자의
언행록인『논어』는 오랫동안 동아시아에서 지배 계층의 성전聖典으로
통했다.

논어의 핵심 개념은 인仁이다. 공자는 인간이 인을 실천하는 이유는
누구나 정직한 마음을 가졌기 때문이라고 한다. 가장 신임했던 제자
안회顔回, BC 521~490?가 '인이 무엇이냐'고 묻자 공자는 '극기복례克己復禮'

라고 답한다. 사사로운 욕망을 극복해 예로 돌아간다는 의미다. 돌아
가야 할 예는 주나라의 전통적인 질서와 문화다. 공자는 사회의 여러
계층을 하나로 결속하는 원리가 인이라고 여겼다.

공자는 사회가 안정을 유지하려면 각자 자신의 위치에 맞는 예법
을 잘 지켜야 한다고 말한다. "임금은 임금답고 신하는 신하답고 아버
지는 아버지답고 자식은 자식다워야 한다." 이는 각자의 신분과 지위
를 넘어서지 말아야 한다는 뜻이다. 무엇보다 위정자와 지식층이 선
왕 대대로 전하는 예를 실천해야 한다고 강조한다.『논어』「안연」편
첫 장에 이런 말이 나온다. "예가 아니면 보지 말고, 듣지도 말고, 말하
지도 말고, 행동하지도 말라." 이를 '사물四勿의 가르침'이라고 한다.

『논어』에서 가장 중요하게 여기는 것은 인과 더불어 군자君子다. 두
단어가 각각 109번, 107번이나 언급된다. 공자의 이상적 인간관인
'군자'는 인과 떼려야 뗄 수 없는 관계다.『논어』가 군자들에게 내리는
생활 지침이라는 해석이 나오는 것도 이 때문이다.

『군자』는 논어의 첫 구절과 마지막 구절에 나올 만큼 의미가 크다.
"배우고 때로 익히면 또한 기쁘지 아니한가. 벗이 먼 곳에서 찾아오면
또한 즐겁지 아니한가. 남이 나를 알아주지 않아도 서운해하지 않으니
또한 군자가 아니겠는가.", "천명을 알지 못하면 군자가 될 수 없고, 예
를 알지 못하면 설 수 없으며, 말을 알지 못하면 사람을 알 수 없다."

군자는 곧잘 소인小人과 대비된다. "군자는 의리에 밝고 소인은 잇
속에 밝다. 군자는 큰 덕을 생각하고 소인은 안온한 삶의 터를 생각한
다. 군자는 두루 적용되는 법을 생각하고 소인은 작은 혜택을 생각한
다. 군자는 두루 마음 쓰고 편당 짓지 아니하며, 소인은 편당 짓고 두

루 마음 쓰지 아니한다. 군자는 태연하되 교만하지 않고 소인은 교만
하면서 태연하지 못하다. 군자는 자기에게 구하고 소인은 남에게서
구한다."

『논어』에는 '소인'이란 말이 스물네 번 나온다. 평소에는 군자와 소
인의 차이가 잘 드러나지 않지만 어려운 때가 오면 군자의 진면목이
드러난다는 것을 비유한 대목도 있다. "날씨가 추워진 뒤에야 소나무
와 잣나무가 늦게 시든다는 것을 안다."

공자는 군자가 경계해야 할 것으로 세 가지를 든다. "젊어서는 여
색에 지나치게 빠지지 않도록 경계해야 하고, 장성해서는 다툼이 나
지 않도록 경계하며, 늙어서는 재물에 대한 탐욕이 생기지 않도록 경
계해야 한다."

공자는 '정치란 바르게 행하는 것'이라고 정의한다. "윗사람의 몸
가짐이 바르면 명령하지 않아도 백성은 행하고, 그 몸가짐이 부정하
면 호령하여도 백성은 따르지 않는다. 법령으로 지도하고 형벌로써
질서를 유지하면, 백성은 법망을 뚫고 형을 피함을 수치로 여기지 않
는다. 도덕으로 지도하고 예법으로 질서를 유지하면, 백성은 부정을
수치로 알고 정의를 찾게 된다."

공자는 중용中庸을 '넘치지도 않고 모자라지도 않은 적당한 상태'라
고 정의하고, 항상 중용을 유지할 것을 역설했다. 공자는 '중용의 덕'
을 최고의 덕이라고 가르친다. 『논어』는 인간의 참 본성이 정직이라고
주장한다. 정직은 올바른 이념을 실현하기 위해 때로는 목숨을 거는
일을 말한다. "임금을 속이지 않으며, 임금의 안색을 거스를지라도 바
른말을 해야 한다." 『논어』가 강조한 것은 한마디로 안으로 성인이 되

는 것과 밖으로 왕도王道를 실천하는 일이다.

『논어』에는 세상 사는 이치나 정치, 문화, 교육 등에 관한 제자들과의 문답, 제자들끼리 나눈 이야기, 공자의 혼잣말, 당대 정치가나 평범한 마을 사람들과 나눈 이야기 등이 다채롭게 펼쳐진다. 공자의 풍모와 성격이 곳곳에 배어 있을 뿐만 아니라, 공자와 제자들이 이야기하던 분위기와 말투까지 그대로 살아 있는 듯하다.

유교 문화권에서 『논어』의 지위는 서양의 성경이나 다름없었다. 2,000여 년간 『논어』는 아무나 함부로 해석할 수 없었다. 성경을 마음대로 해석하면 이단 취급을 받는 것과 흡사하다. 심지어 송나라 주희朱熹의 『논어』 주석본 『논어집주』는 원나라 이후 과거 시험의 모범적 교재로 채택돼 다른 학파의 책들과 차별되는 지위에 올랐다. 조선 시대에는 주희의 말도 함부로 해석할 수 없었다. 조선 후기 윤휴는 『논어』를 주희와 다르게 해석하다가 사문난적斯文亂賊으로 몰려 사형당했다. 이렇다 보니 『논어』는 체제를 유지하는 이데올로기나 기득권층의 이익을 옹호하는 철학으로 인식되기도 했다. 중국이나 우리나라에서는 『논어』의 자구 하나로 중요한 정치적 판단을 내리기도 했다.

『논어』는 다른 고전과는 달리 읽는 이에 따라 같은 문장을 전혀 다른 의미로 해석하기도 한다. 이는 『논어』 자체가 갖는 함축성에서 기인한다. 이 때문에 수많은 주석서가 나올 수밖에 없다. 주석서로는 하안何晏의 『논어집해』와 주희의 『논어집주』가 가장 큰 영향력을 지녔다. 우리나라에서는 다산 정약용이 『논어집해』부터 일본 학자의 설까지 참고해 『논어고금주』라는 새로운 주석서를 편찬했다.

동양에서 『논어』는 그저 한 권의 책이 아니다. 중국과 동아시아 문명에서 공자와 『논어』가 차지하는 위상은 서양 문명에서 예수와 『성경』, 플라톤과 『대화록』과 같다고 말하기도 한다. '서양철학사는 플라톤의 각주에 불과하다'는 철학자 앨프리드 노스 화이트헤드의 말을 빌려 '동아시아 사상사는 논어 다시 읽기의 역사'라는 표현도 나왔다. 『논어』는 특히 중국의 혼을 형성하는 데 지대한 영향을 미쳤다. 기원전 136년 한나라 무제가 유학을 국정의 지침으로 삼은 이후 1911년 신해혁명으로 청나라가 망할 때까지 공자와 『논어』는 지고의 가치로 숭배됐다.

서양의 인권 혁명을 태동시킨 계몽주의 사상의 보이지 않는 어머니가 『논어』였다는 견해도 있다. 미국 최고의 동양 고전 전문가로 평가받는 H. G. 크릴은 저서 『공자: 인간과 신화』에서 '공자는 18세기 계몽주의의 수호자였다'고 평했다. 시카고 대학교 교수를 지낸 크릴은 미적분을 창시한 수학자 라이프니츠와 프랑스 계몽사상가 볼테르도 공자의 철학이 매우 진보적인 사상이며, 프랑스혁명에도 영향을 미쳤다고 평가한 적이 있다고 썼다. 그는 미국 독립선언도 공자 철학 사상의 영향을 받았다고 주장했다. 17~18세기 유럽 사상사와 공자 철학의 족적을 탐사해온 황태연 동국대학교 정치외교학과 교수도 2015년 출간한 『공자, 잠든 유럽을 깨우다』란 저서에서 논어가 종교에 속박돼 있던 유럽인들의 계몽주의를 불러왔다고 썼다. 논어를 비롯한 유교 경전은 16세기 예수회 선교사들에 의해 서양의 언어로 번역되기 시작했다.

공자와 『논어』는 신해혁명 이후 우위吳虞, 1872~1949와 루쉰魯迅, 1881~1936 등의 지식인에 의해 중국의 봉건적 누습의 근원이라고 공격당하는 수

+ **비림비공(批林批孔) 운동** – 1970년대 초반 중국에서 린뱌오(林彪)와 공자의 사상을 공격하던 운동을 일컫는다. 비림정풍(批林整風) 운동과 비공(批孔) 투쟁을 결합한 용어다. 공자의 '극기복례'는 노예제도를 복귀시키려는 것이고, 문화대혁명을 주도한 린뱌오의 '반혁명 수정주의 노선' 역시 극기복례를 통해 '지주, 자산계급의 전제(專制)'를 복귀시키려는 것이라고 공격했다. 계급투쟁과 유물론을 혁명의 기치로 삼은 마오쩌둥(毛澤東, 1893~1976)은 반혁명적인 '유심론'의 우두머리인 공자를 신중국에서 타도 대상 1호로 삼았다. 당시 중국에서는 초등학생부터 노인에 이르기까지 무작정 공자를 비판하는 흐름이 형성되었다.

모를 겪기도 했다. 이런 풍조는 1949년 중화인민공화국의 수립 이후 이른바 '비림비공 운동' 때 절정에 이르렀다. 현대사회와 다소 맞지 않는 가치관으로 비판받기도 했다. 공자가 내린 소인의 정의에는 성적·계급적 편견이 어느 정도 담겨 있다는 게 고문헌·고고학의 대가인 리링李零 베이징 대학교 교수의 생각이다. 다음과 같은 문장은 특히 그렇다. "여자와 소인은 다루기가 어렵다. 가까이하면 불손해지고 멀리하면 원망한다."

우리나라에서도 IMF 외환 위기 직후 한때 『공자가 죽어야 나라가 산다』는 책이 베스트셀러로 부상하고, 공자 사상을 극복해야 한다는 주장이 득세했다. 저자는 한국 사회가 처한 위기의 본질에는 공자로 대표되는 유교 이데올로기가 있다고 비판했다. 기득권층인 보수 집단 배후에는 유교의 사농공상적 신분 질서 관념이 있으며, 토론이 부재한 사회 분위기는 유교의 가부장적 의식과 군사독재의 권위주의가 도

(위) 베이징올림픽 개막식에서 죽간(竹簡)을 들고 행진하는 사람들
(아래) 문화대혁명 시기 발간된 책자 「비공과 노선투쟁」

+　　　　역사상 공자 사상처럼 부침을 반복한 것은 찾아보기 어렵다. 공자 사상은 진나라 시황제의 분서갱유 때 처음 죽었다. 그 뒤 한나라 유학자 동중서(董仲舒, BC 179~104)가 공자를 하늘처럼 떠받들면서 다시 살아났다. 하지만 중국 개화기와 공산주의 혁명을 거칠 때는 거리의 쓰레기처럼 발길에 차였다. 그러다가 최근 들어 중국과 전 세계에서 공자 붐이 크게 일어나고 있다.

사리고 있다는 지적이었다.

최근 중국에서 『논어』가 수백만 권이 팔리는 등 다시금 선풍을 불러일으키고 있다. 이는 체제 안정과 질서 유지가 중요하다고 여기는 중국공산당 지도부가 공자를 떠받드는 흐름과 같이한다. 중국의 급속한 경제 발전 과정에서 빈부 격차를 비롯한 각종 사회 불만을 잠재우기 위해서는 국가와 정부에 대한 충성심이 절실하다고 집권층이 판단했기 때문이다. 2008년 베이징올림픽 개막식에서 3,000명에 달하는 공자의 제자들이 대나무 막대기에 적힌 『논어』 구절을 낭독한 퍼포먼스도 이를 잘 보여준다. 공자와 『논어』는 이제 중국을 대표하는 문화 아이콘으로 자리 잡았다.

중국 정부가 자국의 언어와 문화 등 소프트파워를 전 세계에 전파할 목적으로 각국의 대학을 중심으로 설치하고 있는 교육기관의 이름을 '공자학원'으로 지은 것도 매우 상징적이다. 공자학원이 유교 사상을 직접 가르치는 것은 아니지만, 중국이 내세우는 최고의 문화 상품이 공자와 『논어』임을 드러낸다. 2014년 기준으로 전 세계에 480개가 넘는 공자학원이 세워졌다.

『논어』는 한국에서도 최고 경영자와 학생에 이르기까지 필독서로 꼽힌다. 중국에서의 부상과 더불어 서양에서도 『논어』가 더욱 새롭게 부각되고 있다.

함께 읽으면 좋은 책
- H. G. 크릴, 『공자: 인간과 신화』, 이성규 옮김, 지식산업사, 1983.
- 김경일, 『공자가 죽어야 나라가 산다』, 바다출판사, 2005.
- 황태연·김종록, 『공자, 잠든 유럽을 깨우다』, 김영사, 2015.

함께 보면 좋은 영화
- 무페이 감독, 〈공자(孔子)〉, 2010.

미국 해양력의
이론적 바탕

바다를 지배하는 자가
세계를 지배한다.

해양력이 역사에 미치는 영향

앨프리드 세이어 머핸
Alfred Thayer Mahan, 1840~1914

중국의 첫 항공모함 '랴오닝'이 2012년 9월 25일에 정식 취역한 일은
21세기 국제정치 질서에 중대한 변화를 가져온 계기 가운데 하나다.
시진핑 국가주석이 직접 승선해 "강대한 인민 해군 건설에 공헌하라"
고 독려할 정도로 이 항공모함에 대한 중국의 관심은 뜨겁다. 2015년
에는 랴오닝호의 함재기 '젠-15'가 이착륙하는 영상을 중국 관영
CCTV가 사상 처음으로 방영해 위용을 세계에 과시했다. 6만 7500톤
급의 랴오닝호는 작전 반경이 1,000킬로미터에 달한다. 랴오닝호는
한국과 중국의 이해관계가 직결되는 황해(서해)는 물론 동중국해, 남
중국해를 비롯한 서태평양 지역을 누빈다. 중국은 2020년까지 최다
다섯 척의 항공모함을 포함해 400척의 함정을 보유한다는 계획을 세
워놓았다. 중국 국가해양국은 2010년 '중국해양발전보고'에서 해양

력 구축은 21세기 중국의 역사적 책무이며, 향후 10년은 이 임무를 실현하는 역사적 단계가 될 것이라고 천명했다.

인도는 2012년 4월 러시아제 신형 핵잠수함 'INS 차크라'를 진수해 핵잠수함을 운용하는 세계 여섯 번째 나라가 됐다. 기존의 해양 초강대국인 미국은 이에 대응해 태평양 함대의 전진 배치와 강화에 나섰다. 미국도 2020년까지 해군력의 60퍼센트를 아시아 태평양 지역에 배치하겠다고 발표했다. 일본 역시 중국의 급속한 해양력 팽창에 맞서 헬기 항공모함과 잠수함 건조 등으로 해군력 증강에 박차를 가하고 있다. '바다를 지배하는 자가 세계를 지배한다'는 국제정치의 격언이 새삼스럽게 다가오는 현상들이다. 이 격언은 "바다를 지배하는 자가 무역을 지배하고, 세계의 무역을 지배하는 자가 세계의 부를 지배하며, 마침내 세계 그 자체를 지배한다"고 했던 영국의 군인 출신 탐험가 월터 롤리Walter Raleigh, 1552?~1618의 명언을 축약한 것이다.

이 격언을 누구보다 강조하며 미국을 오늘날의 초강대국으로 올려놓은 주역 가운데 한 사람이 미 해군 제독과 해군대학 교장을 역임한 앨프리드 세이어 머핸이다. 그가 1890년 출간한 명저 『해양력이 역사에 미치는 영향The Influence of Sea Power upon History』은 말 그대로 세계 역사를 바꿔놓았다. 이 책은 해양 역사와 전략을 입체적이고 명쾌하게 추적해, 오늘날 세계 어느 곳이라도 지켜낼 수 있는 미국 해양력의 이론적 바탕이 됐다. 일반인에겐 그의 이름과 이 책이 다소 생소할지 모르지만 국제정치와 현대사에 미친 영향은 실로 어마어마하다.

이 책은 1660년부터 1783년까지 일어난 일곱 번의 전쟁과 30여 차례 해전을 치밀하면서도 생생하게 분석했다. 대서양 연안의 유럽

4대 해양 강국(영국, 프랑스, 네덜란드, 스페인)과 독립전쟁 당시의 미국 해양사를 꼼꼼하게 해부했다. 머핸은 특히 '대영제국'이 어떻게 건설됐는지를 되짚으며 미국도 바다로 눈을 돌려 해양력을 새롭게 인식하기를 간절히 희망했다. 프랑스가 영국에 결정적으로 뒤지기 시작하는 과정을 현미경처럼 들여다본 대목이 매우 인상적이다.

"프랑스인은 영국인과 네덜란드인처럼 정열적으로 바다로 나서지 않았으며 나간다 하더라도 그리 성공적이지 못했다. 그렇게 된 중요한 이유 가운데 하나는 자연 조건에서 찾아볼 수 있는데, 프랑스 기후가 매우 쾌적했으며 또한 필요 이상으로 생산성이 우수한 비옥한 토지가 많았다는 점이었다. 반면에 영국은 자연으로부터 얻을 것이 거의 없었고, 제조업이 발달하기 전까지는 수출할 만한 것도 변변치 않았다. 그처럼 부족한 것이 많았기 때문에 영국인은 해외로 눈을 돌리게 되었다. 부지런한 국민성과 해양 활동에 적합한 다른 조건들도 뒷받침되었다."

또 태양왕이란 별명을 지닌 루이 14세Louis XIV, 1638~1715가 허영과 오만으로 잘못된 해양 정책을 취한 것을 날카롭게 꼬집는다. 루이 14세의 통치 후반기는 해양력 약화가 무역 침체를 초래하고 이것이 국부에 영향을 미쳐 또다시 해양력을 쇠퇴시킨다는 점을 명징하게 보여준다고 머핸은 지적한다. 당시 한 프랑스 해군 장교의 촌평이 이를 증언한다. "해군이 보여주었던 경이감이나 위대한 업적은 이미 잊혀버렸다. 누구도 이제 더는 해군의 가치를 믿지 않는다. 그 대신 국민과 훨씬 가까이 접촉하고 있던 육군이 국민의 호감과 동정을 받았다. 프랑스의 흥망성쇠가 라인 강 유역에 달려 있다는 잘못된 생각이 널리 퍼졌으며, 해군에 대한 반감은 영국을 강국으로 우리나라를 약소국으로 만들었다."

프랑스는 1672년 대륙 확장 노선을 선택했다. "프랑스 정부는 국민이 개인적인 노력으로 바다를 다시 차지하려고 애쓰던 바로 그 순간에 바다를 포기해버렸다"는 말이 한층 아프게 다가온다. 영국 왕 조지 2세가 직접 지휘해 프랑스군을 물리친 1743년 데팅겐 전투 이후 20년 동안 영국 함대 대신 프랑스 함대가 인도 주변, 인도와 유럽 사이의 바다를 지배했더라면 역사가 달라졌을 것이다. 프랑스는 멀리 떨어진 지역에서 해양력을 행사하는 데 실패함으로써 인도와 캐나다를 잃었다.

프랑스를 비롯한 다른 나라와 달리 영국은 한동안 경쟁자 없이 해군 함정으로 대양의 통상로를 지배했다. 이 점을 머핸은 눈여겨봤다. 영국의 막강한 해군력은 거리에 구애받지 않고 어떤 나라도 통제할 수 있게 했다. 이 힘은 아우크스부르크 동맹전쟁 바로 직전 형성되기 시작해 스페인 왕위 계승 전쟁 동안에 완성됐다. 이때부터 영국 군함은 세계의 어떤 분쟁 지역에서도 활동할 수 있는 확고하고 강력한 기지를 갖게 됐다.

네덜란드를 풍전등화의 위험에서 구한 것도 바로 해양력이었다. 영국과 프랑스보다 인구가 적은 네덜란드는 이 두 나라의 단독 공격과 2년간 계속된 두 나라의 연합 공격 속에서도 파멸하지 않았을 뿐 아니라 유럽에서의 지위도 잃지 않았다. 머핸은 이에 대해 놀랍다고 찬탄한다. 그러나 네덜란드 정부의 정책은 해양력을 꾸준히 뒷받침해주지 못했다고 비판한다.

지브롤터 포위 작전(The Siege and Relief of Gibraltar)
존 싱글턴 코플리, 1783년?, 테이트 브리튼

한때 무적함대로 불리던 스페인이 지브롤터를 잃음으로써 지브롤터 해협에 대한 통제력을 빼앗겼고, 스페인의 지중해 함대와 대서양 함대도 합동작전을 쉽게 수행할 수 없게 됐다고 머핸은 애석해한다. 이 책은 근대 세계에서 힘깨나 쓰던 나라는 세계의 바다를 장악하고 해상무역으로 부를 축적했음을 증언한다.

머핸은 당시 미국도 바다에 등을 돌려왔다면서 멀리 있는 국가까지는 미칠 수 없다고 하더라도 최소한 자국의 주요 출입로를 지켜줄 수 있는 해군을 건설하기 위해 정부가 영향력을 발휘해야 한다고 촉구했다. 미국 독립전쟁 당시에도 프랑스 해군의 지원이 없었더라면, 아메리카 식민지군은 승리할 수 없었을 것이며 조지 워싱턴의 능력과 전문성도 무위로 돌아갔을 것이라고 머핸은 단언한다.

이 책은 제26대 미국 대통령 루스벨트Theodore Roosevelt, 1858~1919에게 가장 큰 영향을 미쳤다. 해군부 차관보 시절 이 책을 읽은 루스벨트는 머핸에게 편지를 보냈다. "지난 이틀간 저는 정말 바쁜 와중에도 귀하의 책을 읽는 데 절반의 시간을 소비했습니다. (중략) 아주 훌륭하고 경탄할 만한 책입니다. 만일 이 책이 해군의 고전이 되지 않는다면 큰 실수라고 생각합니다." 루스벨트는 머핸의 생각에 감탄하며 해군력 증강에 온 힘을 쏟았다. 그는 세계 굴지의 경제력에 비해 형편없는 미국 해군력을 늘 개탄하며, 해양 세력으로 거듭나야 번영할 수 있다고 굳게 믿었다. 오늘날 세계를 지배하는 미국 해양력은 머핸의 철학을 바탕으로 루스벨트가 초석을 다졌다고 해도 무리가 아니다. 이 책은 당시 폐교 직전까지 몰렸던 미국 해군대학을 존속하는 데도 결정적으로 기여했다.

이 책은 제국주의 국가들에 큰 자극제가 됐다. 머핸 역시 제국주의자에다 인종차별주의자였다. 중동Middle East이란 용어도 그가 만들어냈다. 영국, 독일, 프랑스, 일본은 미국보다 먼저 머핸의 이론을 받아들여 세계적인 해군으로 발전할 수 있었다. 독일의 경우 머핸의 사상에 따라 1898년부터 6년 동안 여덟 척의 전함을 만들었으며, 1900년에는 엄청난 규모의 해군을 양성했다. 독일 황제 빌헬름 2세는 "나는 그의 저서를 읽는 것이 아니라 먹고 있다"고 썼다고 한다. 영국에서도 엄청난 반응이 나왔다. 찰스 베레스포드 대령은 1891년 1월 이런 글을 머핸에게 보내왔다. "만일 저에게 힘이 있다면, 저는 귀하의 책을 영국 본토와 식민지 모든 가정의 식탁에 놓아두도록 명령할 것입니다. 또한 저는 우리의 해양력이 웅대한 제국의 기초를 어떻게 닦아나갔는지 모든 국민에게 가르치도록 지시할 것입니다." 독일 해군의 헤르베르트 로진스키는 머핸의 초상화를 그려 걸어놓아야 한다고까지 주장했다.

일본은 머핸의 이론을 따른 대표적인 나라다. 아키야마 사네유키秋山眞之, 1868~1918와 사토 데쓰타로佐藤鐵太郎, 1866~1942 같은 국수주의자들이 머핸의 철학을 적극 수용했다. 쓰시마 해전에서 러시아 발틱 함대 격파 계획을 수립한 일본 연합 함대 사령관 도고 헤이하치로東鄕平八郎, 1848~1934의 참모 아키야마 사네유키 중령은 미국으로 유학을 가 머핸에게 직접 배웠을 정도다. 이 책은 출간과 거의 동시에 일본어로 번역돼 일본 군사, 해군 교육기관의 교과서로 채택됐다. 오늘날 일본 해상자위대 간부 학교에서도 머핸의 이론에 관한 강의를 빼놓지 않는다고 한다.

머핸이 세상을 떠났을 때 실린 부음 기사에도 그의 위상이 한눈에 드러난다. 프랑스 《피가로Le Figaro》지는 "머핸은 자신이 살았던 시대의 역사를 생전에 바쳤다. (중략) 이 지극한 역사학자이자 전략의 대가가 새 시대 도래의 기틀을 마련했다. 그가 만든 공식은 새로운 역사 시대를 도입하는 입법의 기초였다"고 평가했다. 영국, 일본, 이탈리아, 스페인, 네덜란드, 스칸디나비아의 주요 신문들도 이와 비슷한 내용의 기사를 실었다고 한다.

이 책이 한국 해군 장교들의 필독서가 된 것은 더 말할 것도 없다. 우리의 전략과 정책 수립에도 많은 시사점을 주기 때문이다. 하지만 한국의 실상을 보면 이 책의 교훈을 제대로 살리지 못하는 듯하다. 현재 패권국 미국과 미래 패권국 중국의 가운데서 어지러운 줄타기를 해야 하는 게 우리의 처지다. 임진왜란을 겪은 뒤에도 조선의 지배 계층은 정신을 차리지 못했고, 지금도 해양 대국은커녕 몇 척에 불과한 함정 건조를 둘러싼 부실 논란과 해군 참모총장들의 잇단 부정부패를 목격해야 하는 게 한국의 현실이다.

이 책을 읽고 나서 먼저 떠오른 것은 600여 년 전의 중국 명나라 정화鄭和 함대다. 2만 7000여 명의 선원과 약 1,500톤 급의 함선을 거느린 62척의 대선단이 인도, 페르시아, 동아프리카까지 일곱 차례에 걸쳐 해양 원정을 했다는 사실은 지금 생각해도 놀랍다. 그보다 100년 가까이 늦은 콜럼버스나 바스코 다 가마의 서양 선단이 230~700톤 급 배 서너 척과 100여 명의 선원으로 대항해를 한 것과는 비교할 수 없을 정도다. 이 사실은 최근에야 서양에 알려졌으므로 당시 머핸은 정화 함대의 존재를 몰랐을 것이다.

정화가 죽은 뒤 명나라는 내부 보수화로 인해 해양 개척을 막고 정화 함대의 항해 기록까지 불태워버렸다. 더 이상 원정 항해를 못 하게 하기 위해서였다. 명나라 황제들은 해양력의 발전으로 장거리 무역이 늘면서 생겨나는 창조적 파괴 정신이 왕조의 존립을 위협할 것이라고 판단했다. 그러나 바다를 무시하고 중원에 안주하면서 후속 왕조인 청나라의 쇠퇴가 시작되었다. 잘못된 정책은 영국과 아편전쟁을 치르고 홍콩과 마카오를 조차지로 내주는 등 온갖 굴욕을 초래하는 원인이 되고 말았다.

함께 읽으면 좋은 책

· 신웬어우, 『정화의 배와 항해』, 김성준·최운봉·허일 옮김, 심산, 2005.
· 주경철, 『대항해 시대』, 서울대학교출판부, 2008.
· 개빈 멘지스, 『1434: 중국의 정화 대함대, 이탈리아 르네상스의 불을 지피다』, 박수철 옮김, 21세기북스, 2010.

함께 보면 좋은 영화

· 리들리 스콧 감독, 〈1492 콜럼버스(1492: The Conquest Of Paradise)〉, 1992.
· 김한민 감독, 〈명량〉, 2014.

인류 최고의
병법서

적을 알고 나를 알면
백 번 싸워도 위태롭지 않다.

손자병법

손무
孫武, BC 545?~470?

"손자병법을 천 번 읽으면 신과 통하는 경지에 이른다"는 말이 있다.
성공한 기업가 중에는 실제로 『손자병법』을 천 번 이상 읽은 사람이
있다는 소문도 떠돈다.

　『손자병법』은 중국 춘추전국시대의 전략가 손무가 오나라 왕 합려
闔閭, ?~BC 496의 초빙을 받아 전쟁에서 승리하는 방법을 강론한 열세 편
의 병법서다. 합려는 이 책을 읽고 3만의 군사로 30만 초나라 군대를
대파하는 등 수많은 전쟁에서 승리한다. 손자는 손무를 높여 부르는
칭호다.

　합려가 손무의 실력을 검증한 뒤 기용한 일화는 매우 흥미롭다. 손
무의 명성을 익히 들었던 합려는 병서 강의가 아니라 현장 지휘 능력
을 보고 싶었다. 이때 손무는 궁녀들을 대상으로 병법의 효과를 증명

했다. 군사훈련을 받아본 적이 없는 궁녀들을 데리고 지휘하겠다니 합려와 주변에서는 당연히 실패할 것이라고 여겼다.

손무는 궁녀 180명을 두 편으로 나눴다. 그중 왕의 총애를 받는 두 사람을 지휘자로 임명했다. 손무는 궁녀들에게 좌향좌, 우향우 같은 기본적인 제식동작을 가르치고 명령대로 따라 하라고 지시했다. 사전에 동작 요령을 알려주고 복종하지 않을 때는 도끼로 처형한다는 규칙을 충분히 설명했다. 궁녀들은 키득키득 웃기만 할 뿐 명령을 따르지 않았다. 손무는 다시 설명하고 명령을 내렸다. 그래도 궁녀들은 움직이지 않았다. 그러자 손무는 '명령이 불명확할 때는 장수가 책임을 지지만 반복해 명확히 설명했는데도 명령이 지켜지지 않을 때는 지휘자가 책임을 진다'면서 두 지휘자의 목을 쳤다. 그 후 다른 두 사람을 새 지휘자로 임명하고 명령을 내렸더니 궁녀들은 군소리 없이 일사불란하게 움직였다.

『손자병법』은 인류 최고의 병법서로 통한다. 이 책에서 가장 유명한 구절은 '적을 알고 나를 알면 백 번 싸워도 위태롭지 않다知彼知己 百戰不殆'는 대목이다. 중국 혁명가 마오쩌둥이 가장 좋아한 구절이기도 하다. 그는 공산당 정부를 수립한 뒤 글을 쓸 때 이 구절을 가장 많이 인용했다.

『손자병법』은 싸우지 않고 이기는 법이 가장 중요하다고 역설한다. "전쟁은 나라의 대사이다. 전쟁에서 최하책은 성을 공격하는 것이고, 최상책은 모략으로 이기는 것이다."

이 책은 전쟁에서 이기는 법을 다섯 가지로 명쾌하게 제시한다. 첫째, 싸움을 할 수 있는 경우와 싸울 수 없는 경우를 잘 분간해야 한다.

둘째, 적을 공격할 때 병력을 얼마큼 동원할지 정확하게 헤아려야 한다. 셋째, 윗사람과 아랫사람의 마음이 맞아야 한다. 넷째, 치밀한 계획을 세워야 한다. 다섯째, 지휘관이 풍부한 지식을 갖춰야 한다.

지휘관인 장수는 지혜, 믿음, 어짊, 용기, 엄격함 같은 자질을 갖춰야 한다고 강조한다. 현대의 리더가 갖추어야 하는 덕목과 일맥상통한다. 장수는 용장勇將, 지장智將, 덕장德將, 복장福將 네 부류로 나누었는데 장수에 대한 평가가 특히 흥미롭다. 용장은 지장을 이기지 못하고, 지장은 덕장보다 한 수 아래이며, 덕장도 복장에게는 어쩔 도리가 없다는 것이다. 복이 많은 복장은 운수가 좋은 운장運將을 뜻한다.

손무는 군사학에 뛰어난 것은 물론 지리, 재정, 경제 같은 분야에도 탁월했다. 뿐만 아니라 전쟁에는 엄청난 자금이 필요하다는 점을 간파하고, 그것이 국가 경제와 국민 생활에 어떤 부정적 파급 효과를 낳는지 매우 치밀하게 계산하여 전쟁과 경제의 상관관계를 정확하게 파악했다. 그는 이를 토대로 전쟁 개시 시점, 전장, 전투 유형, 전쟁 기간, 종전 시점을 결정할 때 최선의 방안을 선택했다.

『손자병법』열세 편 가운데 마지막은 간첩을 어떻게 활용할 것인지를 다룬「용간用間」편이다. 엄청난 인적, 물적 자원을 쏟아붓는 전쟁을 치르면서 장수가 적에 대해 모른다면 군사를 사지로 몰아넣을 수 있기 때문에 장수 자격이 없다고 단언한다. 적을 제대로 알기 위해 간첩의 필요성을 강조한 것이다.

간첩은 현지 민간인 첩자인 인간因間, 적의 관료를 첩자로 쓰는 내간內間, 적의 간첩을 역이용하는 이중간첩인 반간反間, 적에게 죽임을 당할 각오로 거짓 정보를 흘리는 사간死間, 적진에서 살아 돌아와 보고하는 파견 간첩인 생간生間 등 다섯으로 나뉜다. 손무가 이 가운데 가장 중시한 것은 반간이다. 반간을 통해 인간·내간을 얻을 수 있고, 사간 작전도 벌일 수 있으며, 생간의 안전한 생환도 보장할 수 있기 때문이다. "지도자에게 탁월한 지혜가 없으면 간첩을 쓸 수 없고, 백성에 대한 사랑과 정의로운 목적이 없으면 간첩을 부릴 수 없으며, 세밀한 판단력이 없으면 첩보에서 참된 정보를 얻어낼 수 없다."

장수가 부당하다고 판단하면 군주의 명이라도 따르지 않아야 한다는 주장도 인상 깊다. 또한 이 책의 허허실실虛虛實實 조항은 본받아야 할 지혜로 가득 찼다. '가기 좋은 길은 도리어 나쁜 길이다. 예상을 뒤엎어 공격하고 수비하라. 전쟁에서 한 번 승리한 계책은 되풀이하지 말고 끊임없이 변화시켜 형세에 대응해야 한다. 전쟁을 잘하는 장수는 적을 끌어들이지 적에게 끌려가지 않는다.' 이 시대의 지도자들도 가슴에 새겨야 할 명언이다.

오늘날 우리가 『손자병법』을 읽을 수 있는 것은 '삼국지의 영웅' 조조曹操, 155~220가 남긴 책 덕분이라고 한다. 조조는 이 책에서 중복되는 부분을 정리하고 나름의 해석을 붙인 다음 유산으로 남겼다. 조조는 『손자약해』 서문에서 "내가 병서와 전쟁 계책을 많이 보았지만 손무가 쓴 책이 가장 깊이 있다. 자세히 계획하고, 신중하게 행동하며, 분명하게 꾀해야 한다고 했는데 거짓말이 아니었다"고 썼다.

중국 고문헌·고고학의 대가 리링 교수는 2,000여 년 전 조조가 해설한 대목 가운데 손자 13편이 압권이라고 평한다. 불멸의 명저 『사기』를 쓴 사마천도 "세상에서 병서를 이야기하는 사람들은 하나같이 손자 13편을 들먹인다"고 했다. 중국에서는 공자를 문성文聖, 손자를

+　　　　역관초시(譯官初試) - 조선 시대 역관은 중국, 왜, 몽골, 여진과의 외교에서 주로 통역의 임무를 담당하던 관리다. 역관이 되기 위해서는 과거 시험 가운데 잡과(雜科)에 속하는 역과(譯科) 시험을 통과해야 한다. 초시(初試)와 복시(覆試) 2단계로 시험을 치러 합격자를 선발했는데『손자병법』이 초시 교재로 쓰였다고 한다.

무성武聖으로 꼽아 문무 양대 산맥으로 기린다.

『손자병법』이 얼마나 유명했는지는 중국 공산혁명을 성공시킨 마오쩌둥의 사례에서 찾을 수 있다. 1936년 장제스가 이끄는 국민당의 추격으로 시골 오지인 옌안까지 쫓겨 간 마오쩌둥은 동지이자 참모였던 예젠잉을 화급히 불렀다. 그의 명령 가운데는『손자병법』을 구하라는 것도 있었다.

중국 해군에서는 현대 해상 분쟁에 대처하는 방법의 하나로『손자병법』을 가르친다고 한다. 난세의 영웅 조조, 당 태종, 명대 유학자 왕양명 등도 이 책을 탐독했다. 한국에서도 예부터 많은 무신이 이를 지침으로 삼았고, 조선 시대에는 역관초시의 교재로 썼다.

『손자병법』은 서기 717년 일본에 전해져 왕실의 비서秘書로 전해오다가 300년 후부터 본격적으로 연구되기 시작했다. 특히 무예를 숭상했던 일본 문화에서『손자병법』이 차지하는 비중은 적지 않다.

『손자병법』은 동양뿐 아니라 서양에서도 가장 많이 읽힌 병서 가운데 하나다. 전쟁 영웅 나폴레옹을 비롯해 제1차 세계대전에서 패한 독일 빌헬름 황제가 이 병서를 읽은 후 "10년 전에 이 책을 읽었더라면"

하고 술회한 적이 있다고 한다. 미국이 1990년대 초 이라크와의 걸프 전 지상전에 참여하는 해병대 장병들에게 90쪽짜리『손자병법』을 필독서로 제공했다는 뉴스가 화제를 모았다.

　『손자병법』은 6,200여 자에 불과하지만 간결한 단어에 승패의 변화 원리를 놀랍도록 정확하게 압축한 전쟁의 고전이다. 단순히 전쟁의 지혜를 넘어 인간 심리에 대한 날카로운 통찰을 전해준다. 이 책은 전쟁 준비에 관해서만 여섯 편을 할애하고 있다. 전체가 열세 편임을 고려하면, 절반에 가까운 분량이 전쟁 준비에 관한 내용이어서 경영 현장에서도 얻을 지혜가 숱하다.

　재일 교포 기업인인 손정의 소프트뱅크 회장은『손자병법』을 머리 맡에 두고 경영전략서로 활용한다고 한다. 마쓰시타 전기 창업자인 마쓰시타 고노스케는 직원들에게 반드시『손자병법』을 읽도록 했다는 일화가 전해진다.『손자병법』은 과거엔 전쟁의 역사와 국가의 운명을 바꿔놓았지만, 현대에 들어서는 기업과 경영, 조직 관리의 보감寶鑑 노릇도 톡톡히 하고 있다.

함께 읽으면 좋은 책
• 오기,『오자병법』, 김경현 옮김, 홍익출판사, 1998.
• 미야모토 무사시,『미야모토 무사시의 오륜서』, 안수경 옮김, 사과나무, 2004.
• 카를 폰 클라우제비츠,『전쟁론』, 김만수 옮김, 갈무리, 2006.

함께 보면 좋은 영화
• 오우삼 감독, 〈적벽대전(赤壁: Red Cliff)〉, 2008.

전쟁의 본질을 밝힌
미완의 대작

전쟁은 적에게 우리의 의지를
실행하도록 강요하는 폭력 행위다.

전쟁론

카를 폰 클라우제비츠
Carl von Clausewitz, 1780~1831

저 묘지에서 우는 사람은 누구입니까 / 저 파괴된 건물에서 나오는
사람은 누구입니까 / 검은 바다에서 연기처럼 꺼진 것은 무엇입니
까 / 인간의 내부에서 사멸된 것은 무엇입니까 / 일 년이 끝나고 그
다음에 시작되는 것은 무엇입니까 / 전쟁이 뺏어간 나의 친우는 어
데서 만날 수 있습니까 / 슬픔 대신에 나에게 죽음을 주시오 / 인간
을 대신하여 세상을 풍설風雪로 뒤덮어주시오 / 건물과 창백한 묘지
있던 자리에 / 꽃이 피지 않도록 // 하루의 일 년의 전쟁의 처참한
추억은 / 검은 신이여 / 그것은 당신의 주제일 것입니다.

대표적 모더니스트 박인환 시인은 「검은 신神이여」에서 6·25전쟁
이 남긴 절망감을 절규하듯 토한다. "인류가 존재하는 한 전쟁은 사

라지지 않는다"고 갈파한 아인슈타인의 말처럼 전쟁의 검은 신은 지구촌에서 떠날 줄 모른다. 프로이센의 천재 군인이었던 카를 폰 클라우제비츠는 이런 전쟁의 본질을 '단지 다른 수단에 의한 정책(정치)의 연속'이라는 함축적 표현으로 풀어냈다. 전쟁에 관한 최고의 고전으로 평가받는 클라우제비츠의 『전쟁론Vom Kriege』에서 가장 유명한 이 표현은 국가의 정치적 목적, 정책 목표가 전쟁 수행을 통제한다는 메시지를 준다. 여기서 '정책'과 '정치'가 함께 등장하는 것은 독일어에서 'politik'이라는 낱말이 두 가지 뜻을 모두 내포하기 때문이다.

정치적 목적 달성을 위한 수단으로서의 전쟁은 모든 현대 국가에 적용된다. 클라우제비츠는 이와 관련하여 이렇게 말했다. "전쟁은 외교문서를 작성하는 대신에 전투로 하는 정치다. 전쟁은 반드시 정치의 성격을 지녀야 하며 정치의 척도로 재야 한다."

'전쟁과 함께 정치적인 교류는 끊어지고 전쟁 상태는 그 자체의 법칙에 따른다'는 게 19세기 초까지의 일반적인 생각이었다. 클라우제비츠는 이런 기존의 사고를 정면으로 뒤집었다. "전쟁은 그 자신의 문법은 가지고 있으나 스스로의 논리를 가지고 있지는 않다." 이 같은 논리를 제공하는 것이 전쟁을 지배하는 정치다.

군사적 관점에서도 지금까지 가장 인정받는 전쟁에 관한 본질적 설명은 클라우제비츠가 『전쟁론』에서 규정한 정의다. "전쟁은 적에게 우리의 의지를 실행하도록 강요하는 폭력 행위다."

다른 사회현상과 구별되는 전쟁의 중요한 특성 가운데 하나가 '폭력성'이다. 이 정의에는 그가 전쟁의 세 가지 요소로 지목한 수단, 목표, 목적이 모두 포함돼 있다. 물리적 폭력이 전쟁의 수단이라면, 적에

+ 『전쟁론』은 나폴레옹 보나파르트와 불가분의 관계
가 있다. 1796년 이탈리아 원정에서부터 1815년 워털루 전투 때
까지 나폴레옹이 벌인 거의 모든 전쟁이 사례로 등장한다. 특히
나폴레옹의 1812년 러시아 원정은 다각도에서 집중적으로 분석
했다. "이전의 모든 평범한 전쟁 수단은 보나파르트의 승리와 대
담성으로 쓸모없어지고 말았다. 강대국들이 보나파르트의 단 한
번의 타격으로 무너지고 말았다." 나폴레옹은 전쟁의 개념을 국
민 전체가 참여하는 국민 전쟁으로 바꿔놓았다.

게 나의 의지를 강요해 관철하는 것이 전쟁의 목적이며, 그 목적을 확
실히 달성하기 위해 적이 저항할 수 없도록 굴복시키는 것이 전쟁의
목표다. 클라우제비츠의 전쟁에 관한 정의는 전쟁광 아돌프 히틀러에
게 명분을 제공했다는 비판도 있다.

정치적인 전쟁 개념은 이 책에서 삼위일체 전쟁 이론으로 나타난다.
삼위일체론은 폭력성과 우연성, 합리성의 균형을 의미한다. "전쟁은
카멜레온 같다. 전쟁은 각각의 구체적인 경우마다 자신의 특성을 조금
씩 바꾸기 때문이다. 또한 전쟁은 전체적인 상황과 경향에 따라 기묘한
삼중성을 띠기도 한다. 첫째, 전쟁의 요소인 증오와 적대감이 내재한
원초적 폭력성이다. 이는 맹목적 본능과 같다. 둘째, 개연성과 우연의
도박이다. 이 때문에 전쟁은 정신이 자유롭게 활동하는 공간이 된다.
셋째, 정치적 도구라는 종속성이다. 이로 말미암아 전쟁은 순수한 이성
의 영역에 속한다."

여기서 폭력성은 국민의 열정으로 표출된다. 우연성은 군대의 전
략으로 나타난다. 합리성은 정부의 정책으로 드러난다. 삼위일체론

워털루 전투(The Battle of Waterloo)
윌리엄 새들러

은 국민, 군대, 정부의 3요소가 잘 조화된 전쟁 이론으로서 어느 하나라도 균형을 잃으면 와해되고 만다. 삼위일체로 구성된 전쟁의 본질은 바뀌지 않지만 세 가지 중 어떤 것이 큰 영향을 주느냐에 따라 전쟁의 양상은 바뀔 수 있다. 조르주 클레망소Georges Benjamin Clemenceau, 1841~1929 전 프랑스 총리가 "전쟁은 군인들에게 맡겨놓기엔 너무나 심각한 문제다. 전투는 군인이 하지만 전쟁은 정치인이 한다"고 말한 것도 『전쟁론』에서 단서를 얻은 듯하다.

클라우제비츠는 우연성이 많은 전쟁의 불확실성에 대해 이렇게 썼다. "전쟁이란 따지고 보면 대부분 불확실성의 영역에 속한다. 군사행동의 기초를 형성하는 것 중 4분의 3은 지극히 애매하고 불확실한 구름에 잠겨 있다. 전쟁은 우연의 영역에 속하는 것이다." 전쟁 상태에 관한 정보가 항상 불완전하며 빈번히 부정확하다는 점을 클라우제비츠는 '전쟁의 안개'라는 비유적 표현으로 설명한다. 이 표현은 전쟁이 내재하는 수많은 가능성은 통제가 안 된다는 것을 의미한다.

클라우제비츠가 말하는 전쟁의 불확실성에는 '마찰' 개념도 더불어 작용한다. 전쟁에서 마찰은 '전쟁의 안개'란 개념과 쌍벽을 이룬다. 마찰이란 개념은 '머피의 법칙'과 흡사하다. 잘못될 수 있는 부분은 결국 모두 잘못될 것이며, 최악의 순간에 그렇게 될 것이라는 의미다.

그는 전쟁의 정신적 요소를 강조한 것으로도 유명하다. 전쟁이란 살아 있는 사람이 하는 것이어서 인간의 심리적 상태가 전쟁의 방향을 결정하는 중요한 요소가 된다는 뜻이다.

클라우제비츠는 "전쟁은 위대한 영웅과 위대한 서사시가 아니라 욕심과 자만에서 탄생하며, 눈물과 고통, 피만 남기는 것임을 우리는 깨달아야 한다"는 교훈도 빼놓지 않았다. 『전쟁론』의 마지막 문장도 마치 경고문 같다. "불가능한 것을 얻으려고 지금 얻을 수 있는 것을 놓치는 사람은 바보다."

이 책은 고대 중국 병법서인 『손자병법』과 비교되곤 한다. 『전쟁론』은 군사이론을 넘어 정치 이론에까지 큰 영향을 끼친 일종의 정치철학서로 헤겔과 칸트 같은 계몽주의 시대 철학자의 사상이 책 속에 녹아들어 있기도 하다. 물론 지휘관으로서 갖춰야 할 면모와 태도를 일깨워주고, 위기의 순간에 직관적으로 올바른 판단을 내리는 데 도움을 주는 내용이 주를 이루지만 기본적으로는 전쟁의 본질에 대해 성찰하고 있다. 반면에 『손자병법』은 전쟁의 대비, 수행, 통제에 관한 내용이 많아 군의 일선 지휘관들에게 활용도가 높은 편이다.

『전쟁론』은 클라우제비츠가 죽은 뒤 1년여 만에 아내 마리가 초고 상태의 유고遺稿를 정리해 발간한 미완의 대작인 데다 다소 난해한 편이다. 19세기의 군사학자 콜마르 폰 데어 골츠는 클라우제비츠의 『전쟁론』을 평가하며 흥미로운 비유를 들었다. "클라우제비츠 이후에 전쟁을 논하려는 군사이론가는 마치 괴테 이후에 파우스트를 쓰거나 셰익스피어 이후에 햄릿을 쓰려는 작가처럼 모험을 무릅쓰는 것과 같다." 미국 최초의 흑인 합참의장과 국무장관을 지낸 콜린 파월 장군은 『전쟁론』에 대해 "직업군인인 내가 클라우제비츠에게서 구한 가장 큰 교훈은, 군인이 아무리 애국심과 용기와 전문성을 지녔더라도 그는 단지 삼각대의 다리 하나에 불과하다는 점이다. 군대와 정부와 국민이라는 세 개의 다리가 더불어 받쳐주지 않는다면, 전쟁이라는 과업을 제대로 수행할 수 없다"고 털어놓았다.

블라디미르 레닌을 비롯한 구소련 지도자들이 클라우제비츠를 받아들인 것은 그의 전쟁 철학이 전체주의적 정부에도 얼마나 매력적인지를 방증한다. 카를 마르크스조차 "클라우제비츠의 상식은 지혜의 경지에 이른다"고 극찬했다. 마오쩌둥, 체 게바라 같은 혁명가들도 이 책을 탐독한 것으로 알려져 있다. 오늘날 북한, 중국을 비롯한 공산주의 국가들이 군을 당의 통제 아래 두는 것도 클라우제비츠의 사상에 기초한 것으로 볼 수 있다.

『전쟁론』의 가장 큰 영향 가운데 하나는 현대 국가에서 국방의 '문민 통제' 가치를 일깨워준 점이다. 6·25전쟁 당시 더글러스 맥아더 장군이 중공군의 참전을 계기로 중국 본토의 봉쇄와 폭격을 승인해줄 것을 요청하자 확전을 염려한 해리 트루먼 미국 대통령이 맥아더를 해임한 게 실례다. 클라우제비츠가 지적한 미국 정부의 정치적 목적이 전장 지휘관인 맥아더와 달랐기 때문이다. 미국을 비롯한 주요 국가들이 국방장관을 민간인 출신으로 임명하는 것도 같은 맥락이다. 애덤 스미스가 근대 국민국가의 경제학을 창설했듯이, 클라우제비츠가 근대 국민국가의 전쟁 이론을 창안했다는 평가를 받기도 한다.

함께 읽으면 좋은 책

· 프라이탁 로링호벤, 『전쟁과 리더십』, 정토웅 옮김, 황금알, 2006.
· 손무, 『손자병법』, 김원중 옮김, 글항아리, 2011.
· 휴 스트레이천, 『전쟁론 이펙트』, 허남성 옮김, 세종서적, 2013.

생각의 혁명을
일으키다

인간중심주의를 무너뜨린 사상사적 전환점

자아는 자신의 집에서
주인이 아니다.

꿈의 해석

지그문트 프로이트
Sigmund Freud, 1856~1939

중세 이후 서양에서는 오랫동안 인간의 정신을 이성의 산물로 믿어왔다. 적어도 19세기까지는 과학과 합리성이라는 프레임으로 세계를 인식하려 했다. 서양철학은 인간의 가장 탁월한 특성으로 성찰하는 능력과 합리성을 꼽았다. 명징한 '의식'이야말로 지식과 판단력의 주인이라고 계몽철학자들은 설파했다. 꿈에 대한 인식도 과학적 관점이나 종교적인 시각을 크게 벗어나지 못했다. 인간 내면에 '무의식'이라는 게 존재한다고는 꿈에도 생각하지 못했기 때문이다. 의사나 과학자들조차 꿈을 신비한 예언의 영역으로 이해했다. 꿈을 꾼 사람의 정념이나 미래에 일어날 일을 미리 보여주는 하나의 이야기로 여겼다. 종교개혁가 마르틴 루터는 "꿈은 기껏해야 꿈을 꾼 이에게 그가 지은 죄를 보여줄 뿐"이라고 가르쳤다.

19세기 말 혜성처럼 등장한 정신분석학자 지그문트 프로이트는 이런 서구 지성계를 단번에 뒤집어놓았다. 『꿈의 해석Die Traumdeutung』은 가히 혁명이었다. 그가 이 책에서 선언한 '무의식'의 발견은 인간이 우주의 중심이라는 인간중심주의를 일거에 무너뜨린 사상사적 전환점이 됐다. '무의식'이 존재한다는 것은 인간이 스스로를 통제할 수 없는 '무의식의 노예'라는 뜻이기 때문이다. 무의식은 꿈이나 최면, 정신분석 등에 의하지 않고선 의식할 수 없는 상태를 뜻한다. 프로이트는 '무의식은 의식의 작은 세계를 품는 더 큰 세계'라고 표현했다.

프로이트는 『꿈의 해석』을 통해 성적性的이고 무의식적인 쾌락의 원리와 의식적인 현실의 원리를 보여준다. 그는 신경증 환자들이 들려준 1,000개 이상의 꿈을 해석한 뒤, 표출되는 생각을 두 가지로 나눈다. 하나는 도덕적이고 합리적인 '자아'에 동조하는 생각이고, 다른 하나는 그 자아에 의해 억압된 이드id의 욕망에 관한 생각이다. 정상인은 두 정신이 조화를 이루지만, 신경증 환자는 두 정신 간의 조화가 무너진 인간이라고 프로이트는 진단한다.

그 유명한 '오이디푸스 콤플렉스'는 프로이트가 『꿈의 해석』에서 처음 도입한 개념이다. 오이디푸스 콤플렉스는 아들이 아버지를 시기하고 어머니에게 성적인 사랑의 감정을 품는 것을 말한다. 프로이트는 자신과 다른 사람들의 꿈을 인용하면서 모든 사람에게 있는 무의식적 소망과 오이디푸스 신화를 연결했다. 그는 인간은 오이디푸스 콤플렉스 같은 성적인 정념의 지배를 받고 있으며, 의식은 이런 정념을 아주 희미하게만 알 뿐이라고 주장했다. 그런 성적 활동의 기본 동력을 리비도libido라고 불렀다.

리비도는 생체 에너지의 하나인 성적 에너지로, 꿈이라는 폐쇄된 지각에 투영된다. 야한 꿈을 꾸면 몽정으로 나타나는 것도 리비도의 발현이다. 불안한 꿈은 성적인 내용을 가진 꿈이므로 그에 속해 있는 리비도가 불안으로 변화한 것이라고 프로이트는 분석했다. 프로이트는 오이디푸스 콤플렉스야말로 역사 발전의 원동력이라고 여겼다. 아들이 아버지를 넘어서지 않으면 아들은 아버지의 세계에 머물고 말기 때문이다.

프로이트는 성인의 꿈 대부분이 사실은 성적인 내용을 담고 있다고 봤다. 예를 들어, 언니의 외아들이 관 속에 누워 있는 광경을 본 여자의 꿈은 그녀가 어린 조카의 죽음을 바라는 것이 아니라, 오랫동안 만나지 못한 연인과의 재회를 소망하는 것에 지나지 않는다. 꿈에 등장하는 사물과 행위를 성적인 의미와 연결한 해석의 결과다. 지팡이·나무줄기·우산처럼 기다랗게 생긴 것이나 칼·단도·창 같이 길고 뾰족한 무기는 남자의 성기를 나타낸다. 반면 작은 궤, 상자, 긴 옷자락, 난로, 동굴, 배, 그릇은 여체의 상징으로 쓰인다. 층계, 사다리, 발판이나 그런 곳을 올라갔다 내려갔다 하는 동작은 성행위의 상징적인 표현이다. 몸에 걸치는 것 가운데 여성의 모자는 남자의 성기를 상징한다. 이 외에도 그가 제시한 상징은 무수히 많다.

꿈의 동기는 소망이며, 꿈의 내용은 소망 충족이라고 프로이트는 주장한다. 갈증이 날 때 물을 마시는 꿈, 아침에 일어나기 싫을 때 직장에 가 있는 꿈을 꾸는 것을 생각해보면 이해가 간다. '꿈은 억눌린 소원의 성취'란 주장이야말로 프로이트의 꿈 해석을 다른 해석과 다르게 만든다.

꿈은 미래가 아닌 과거를 알려준다. 우리는 흔히 돼지꿈을 꾸면 돈이 들어오고, 이가 깨지는 꿈을 꾸면 지인에게 큰일이 생긴다고 말한다. 하지만 꿈은 미래를 직접적으로 점치지 않는다. 최소한 현재의 심리 상태까지만 반영한다. 집에 도둑이 들어 아무것도 못하고 다 털린다거나, 누군가에게 끔찍하게 살해당하는 꿈을 꾼다는 것은 지금 자신이 극도로 불안한 심리 상태에 있음을 입증한다.

프로이트는 꿈의 힘을 발견한 것이 자기 인생에서 가장 의미 있는 일이라고 뿌듯해했다. 그만큼 이 책에 대한 자부심이 강했다. "꿈의 해석은 마음 속의 무의식적인 내용을 알아내기 위한 대도大道이다"라고 쓴 대목에서 프로이트의 생각을 읽어낼 수 있다. 프로이트는 인간의 마음을 이해하는 길이 꿈의 분석에 있다고 믿는다. 1900년에 초판이 나온 뒤 1929년 여덟 차례 개정판을 낸 이 책은 프로이트가 자신의 작품 가운데 가장 중요하게 생각했던 저작이다.

이 책은 제목처럼 '꿈의 해석'에 목적이 있지 않다. 꿈을 통해 인간의 내면을 투시하는 데 있다. 어제 꾼 꿈이 어떤 의미를 가지며 이를 어떻게 해석해야 하느냐는 그만의 주 관심사가 아니다. 꿈의 발현에 무의식이 작용한다고 하는 것도 그만의 독특한 주장은 아니었다. 이 책은 심리분석 이론과 실제 적용에 대한 기본적 특징들을 제시해준다. 예를 들면 꿈의 성적 특성, 오이디푸스 콤플렉스, 리비도, 소원 충족 이론, 자아와 무의식으로 분열된 심리, 노이로제(신경증), 상징적 암호화, 억압 이론과 실제 증세, 의식화 방법 같은 것들이다.

그는 "꿈에 의해 전의식과 무의식 사이에 검열이 있다는 것을 알 수 있다"고 했다. 전의식계와 무의식계 사이에는 선별 기능을 하는 관문이 존재한다는 것이다. 어린이의 꿈이 덜 왜곡되는 것은 어린아이에게는 전의식과 무의식 사이의 분리나 검열 기능이 아직 형성되지 않았거나 서서히 만들어지고 있기 때문이라고 한다. 전의식은 의식과 무의식 사이에 있는 정신 체계이며, 프로이트는 전의식과 의식 사이에도 검열 기능이 작용한다고 본다.

이 책의 출간은 정신분석이 독립적인 분과 학문으로 자리 잡게 해 준 분기점이 된다. 『꿈의 해석』은 두말할 나위 없이 『정신분석학 입문』과 함께 프로이트의 정신분석학을 대표하는 저술이다.

프로이트의 주장은 모든 혁명적 이론이 그렇듯 처음에는 격렬한 저항에 부딪혔다. 그때까지 학계에서 도외시하던 무지, 무의식, 비합리성, 섹스에 주목했기 때문이다. 프로이트는 한 문장으로 자신의 주장을 정리했다. '자아는 자신의 집에서 주인이 아니다.' 이는 빙산의 일각인 의식이 아니라 그 아래의 거대한 무의식이야말로 인간의 사고와 감정을 규정하는 본질이라는 뜻이다. 인간이 만물의 영장이 아닌 것은 물론 자기 자신의 주인도 아니라는 것이다. 이 같은 과격한 주장이 반발을 불러일으키지 않는 게 도리어 이상한 일이다.

『꿈의 해석』은 출간 직후 일반인에겐 주목받지 못했다. 1년 동안 초판 600부 가운데 불과 123부만 팔렸고, 소진되기까지 8년이나 걸렸다. 그럼에도 프로이트는 "이러한 통찰은 인생에서 단 한 번밖에 얻을 수 없다"며 스스로 감격했다. 대조적으로 권위 있는 학술지에 열 편의 서평이 실릴 만큼 학계의 반응은 폭발적이었다.

이 책을 통해 그가 제시한 정신분석은 20세기를 지배했다고 해도 무리가 아니다. 무의식의 발견을 니콜라우스 코페르니쿠스의 지동설과 찰스 다윈의 진화론과 견주기도 한다. 지동설이 인류를 우주의 중심에서 끌어내렸다면, 진화론은 인류에게서 불가침의 신성神性을 추락시켰다. 그리고 『꿈의 해석』은 인간이 스스로를 통제할 수 없는 무의식의 노예임을 만천하에 선포했다. 프랑스 철학자 루이 알튀세르는 "코페르니쿠스 이후 우리는 우주의 중심이 아니었고, 마르크스 이후 우리는 역사의 중심이 아니었다. 프로이트는 우리가 그 인간의 중심조차 아님을 보여주었다"는 명언으로 극찬했다.

시사 주간지 《타임》은 20세기에 영향을 끼친 인물 50명 가운데 맨 앞자리에 프로이트를 올려놓았다. 무의식의 발견은 서구 문명사와 사상사는 물론 현대인의 생활 전체에 엄청난 영향을 끼쳤기 때문이다. 그의 정신분석 이론이 인문학, 사회과학의 여러 이론에 미친 충격은 실로 깊고 크다. 지지자든 비판자든 프로이트 이후의 인간 이해는 정신분석이 설정한 인간관으로부터 결코 자유롭지 못하다. 시간이 흘러 그의 이론은 대중에게 당연한 것으로 인식됐고, 이를 바탕으로 한 문화 상품은 대중을 사로잡았다.

예를 들면 서스펜스의 대가, 스릴러 영화의 거장으로 불리는 앨프리드 히치콕Alfred Hitchcock, 1899~1980 감독의 등장 이래 영화, 소설, 〈심슨 가족〉 같은 애니메이션에 이르기까지 프로이트 이론의 영향을 받지 않은 것을 찾기 어렵다. 히치콕의 〈사이코〉, 〈현기증〉 같은 영화를 설명할 때 '낯익은 두려움uncanny'이란 용어가 심심찮게 등장한다. '낯익은 두려움'이란 말은 프로이트가 '친숙함이야말로 심리적인 공포를 제공하는 가장 중요한 요인'이라고 설명하며 사용했던 표현이다. 애니메이션 〈심슨 가족〉에서 마지 심슨이 비행공포증을 치료하기 위해

정신분석학의 영향으로 무의식의 세계를 즐겨 그렸던
살바도르 달리의 작품

정신분석가를 찾아가는 것도 프로이트를 떠올리게 한다. 아버지가 비행사인 줄만 알고 있었던 어린 시절 심슨은 어느 날 아버지가 기내 승무원이라는 사실을 알게 된다. 너무 실망한 나머지 심슨은 비행공포증이 생기게 되는데, 이는 굴욕감을 지우기 위한 심리적 요인으로 해석된다.

무의식과 정신분석 이론을 둘러싼 논란은 여전히 진행형이다. 프로이트 심리분석 이론을 혹평하는 이들은 그것이 당초 목표로 내세웠던 과학성과 거리가 한참 멀다고 말한다. 실증주의 학자들은 『꿈의 해석』과 정신분석을 '무가치한 사이비 과학'이라고 매도한다. 오이디푸스 콤플렉스를 문학적 상상력의 허구로 폄훼하기도 한다. 심지어 '정신분석은 그 자체가 치유할 수 없는 정신 질환'이라는 독설까지 나왔다. 프로이트에 대한 비판의 핵심은 '말로 하는 프로이트식 치료가 효과적이라는 것을 증명할 수 없다'는 것이다. 그의 이론을 역사, 종교, 미술, 도덕, 정치 등 사회 전 분야로 확대 적용했기 때문에 일반화의 오류를 범하고 있다는 부분도 논쟁의 대상이다.

프로이트는 페미니스트로부터도 환영받지 못했다. 여성의 여러 신경 증상이 성적 감정이나 충동과 이에 대한 정신적 방어 사이의 갈등에서 비롯됐다는 주장이 프로이트의 편견을 반영한다는 것이다. 이는 여성을 본질적으로 불행할 수밖에 없는 존재로 규정하는 것이나 다름없다. 저명한 심리학자 카렌 호나이는 여성에 대한 프로이트의 이론이 남성의 환상에 불과하다면서 심리학의 틀 안에서 프로이트의 이론을 비판적으로 검증했다. 생물학자들의 평가는 한층 더 냉혹하다. 세계 학계에서 프로이트 이론은 오래전에 과학의 영역에서 쫓겨나 임상에서도 자리를 잃어가고 있다.

그럼에도 『꿈의 해석』은 심리학, 철학, 사회학, 교육학, 신학, 문예학 같은 다양한 학문 영역에서 새로운 패러다임을 여는 인식 도구로 따뜻한 대접을 받는다. 인문학자들은 프로이트 이론의 사상사적 가치에 주목해야 한다고 받아친다. 지난날 인류는 의식의 세계에 국한해서만 인간을 이해할 수 있었다. 그런데 프로이트의 등장으로 진정한 무의식의 모습을 깨닫게 된 것만 해도 엄청난 진전임을 부인할 수 없다는 것이다. 프랑스 철학자이자 정신분석학자인 자크 라캉이 '프로이트에게로 돌아가자'며 그의 명예 회복을 선언했을 정도다.

함께 읽으면 좋은 책
• 카를 구스타프 융, 『카를 융: 기억 꿈 사상』, 조성기 옮김, 김영사, 2007.
• 지그문트 프로이트, 『정신분석 입문』, 우리글발전소 옮김, 오늘의책, 2015.

함께 보면 좋은 영화
• 구스 반 산트 감독, 〈굿 윌 헌팅(Good will Hunting)〉, 1997.
• 제임스 L. 브룩스 감독, 〈이보다 더 좋을 순 없다(As Good As It Gets)〉, 1997.
• 데이비드 크로넌버그 감독, 〈데인저러스 메소드(A Dangerous Method)〉, 2011.

과학계의
뉴 패러다임

경쟁하는 패러다임은
양립이 불가능하다.

과학혁명의 구조

토머스 쿤
Thomas Samuel Kuhn, 1922~1996

여성해방의 공은 페미니스트가 아니라 세탁기, 냉장고, 가스레인지, 진공청소기를 발명한 과학자들에게 돌아가야 한다는 주장이 때로는 솔깃하게 들린다. 4대 가사 발명품 덕분에 여성의 손일이 몰라보게 줄었다. 물론 이제 가사는 여성만의 전유물도 아니다. 불과 몇십 년 전까지만 해도 막연히 상상만 했던 일이다. 자동차가 보편화되자 사람들은 마차나 인력거 시대가 있었는지 궁금해하지도 않는다. 20년 전만 해도 잘 모르는 것이 있으면 백과사전을 들춰 봤지만 이젠 백과사전을 출판해봐야 아무도 사지 않는다. 인터넷 포털 사이트를 검색하면 돈 한 푼 들이지 않고도 순식간에 온갖 정보를 알아낼 수 있기 때문이다. 사람들은 이런 변화를 너무나 당연하게 받아들인다. 새로운 패러다임paradigm이 전개되고 있다.

이처럼 사람의 인식과 사고 체계가 바뀌는 것을 우리는 '패러다임의 전환'이라고 한다. '패러다임을 바꿔야 한다', '패러다임이 다르다'는 말을 이젠 누구나 할 정도로 패러다임은 일상에 완전히 자리를 잡았다. 패러다임이라는 학술 용어가 친숙해진 건 꼭 50년 전 출간된 한 권의 책, 『과학혁명의 구조The Structure of Scientific Revolutions』 덕분이다.

수줍음을 많이 타면서도 재치 있는 유머를 구사하는 하버드 대학교 물리학과 최우등 졸업생이 있었다. 훤칠한 키에 수재라는 칭찬을 당연하게 들어온 젊은이가 세계 지성사를 흔들어놓을 것이라고 내다본 이는 별로 없었다. 토머스 쿤은 한 권의 책으로 지구촌 자연과학계는 말할 것도 없고 사회과학계, 아니 모든 지식 분야에 새로운 금자탑을 세웠다. 그가 세상을 바꾸고 주목받는 데는 낱말 하나로 충분했다. 『과학혁명의 구조』의 화두인 '패러다임'이다. 패러다임은 쿤의 이름과 늘 짝지어 다닌다.

패러다임은 한마디로 딱 잘라 설명하기 어려운 개념이다. 과학사의 특정한 시기에는 언제나 개인이 아니라 전체 과학자 집단에 의해 공식적으로 인정되는 모범적인 틀이 있다. 이 모범적인 틀이 패러다임이다. 쿤은 패러다임을 '과학 공동체 구성원이 공유하는 신념 또는 가치의 전체적인 집합체'라고 정의한다. 세상을 바라보는 창, 틀, 얼개 정도로 이해하면 쉽다.

패러다임이라는 용어를 쿤이 만들어낸 것은 아니다. 고대 그리스어 파라데이그마paradeigma에서 유래한다. 플라톤 철학의 핵심적인 술어인 이 말은 아리스토텔레스의 논리학에도 나온다. 현대어에서는 언어 학습의 표본exemplar이라는 뜻으로 사용됐고, 쿤은 여기서 패러다임이란 용어와 개념을 따왔다.

하버드 대학교 물리학 박사과정 중 첫 강의를 맡은 쿤은 아리스토 텔레스의 『물리학』을 원문으로 읽었다. 그는 현인賢人의 반열에 오른 아리스토텔레스가 왜 이처럼 황당한 이론을 전개했는지 납득할 수 없었다. 그러던 어느 여름날 불현듯 떠오르는 생각이 있었다. 운동이나 물질에 대한 아리스토텔레스의 생각이 뉴턴의 것과 근본적으로 다르다는 사실이었다. 아리스토텔레스에게 운동은 '상태의 변화'였으며, 뉴턴에게는 '상태'를 뜻했다. 아리스토텔레스가 '틀린' 것이 아니라 뉴턴과 '다른' 것이었다. 쿤은 근대 물리학이 만든 패러다임을 버리고 아리스토텔레스의 패러다임으로 세상을 바라본다면 아리스토텔레스의 설명이 합리적일 수 있다는 걸 깨닫는다. 생각의 틀을 바꾸면 세상이 달리 보인다는 지혜다. 이 깨달음은 쿤이 패러다임에 초점을 맞춰 과학사를 구조적으로 설명하는 계기가 됐다.

쿤은 패러다임에도 일생이 있다고 설명한다. 특정 패러다임은 한창 명성을 올리다가도 위기를 맞고 이윽고 새 패러다임으로 교체된다. 이 과정을 쿤은 '과학혁명'이라고 한다. 과학혁명이라는 단어도 쿤이 만든 것은 아니다. 프랑스 철학자 알렉상드르 쿠아레Alexandre Koyre, 1892~1964가 1939년 처음 사용한 것으로 알려져 있다. 일반적으로 과학혁명은 아리스토텔레스 과학에서 뉴턴 과학으로 전환한 격변을 말한다. 쿤은 과학혁명이 '정상 과학normal science→위기→혁명→새로운 정상 과학'이라는 흐름으로 진행된다고 주장한다. 과학 발전이 자연에 대한 진리를 축적하는 방식으로 이뤄지는 게 아니라 과학자 사회가 수용한 패러다임을 정교하게 만드는 정상 과학과 이런 정상 과학이 위기를 맞으면서 다른 정상 과학으로 바뀌는 급격한 과학혁명이 이어지는 방식으로 이뤄진다는 해석이다. 쿤은 과학자들이 통상적으로 수행하는 안정된 과학 활동을 정상 과학이라고 규정했다. 과학혁명은 정상 과학이 심각한 이상 현상의 빈번한 출현에 따라 위기에 부딪혀 붕괴할 때 일어나는 현상이다. 그 결과는 새로운 정상 과학의 출현을 가져온다.

그의 과학혁명 개념은 정치혁명과 흡사하다. 쿤은 니콜라우스 코페르니쿠스, 아이작 뉴턴, 앙투안 라부아지에, 찰스 다윈, 알베르트 아인슈타인처럼 패러다임의 변화를 가져온 과학자를 정치혁명가와 같은 맥락에서 바라본다. "정치혁명의 목적이 기존 제도의 파괴이기 때문에 기존 정치에 의존하는 것이 불가능하듯이, 과학혁명에서도 경쟁하는 패러다임은 양립이 불가능하다." 과학 발전은 기존 이론이 조금씩 개량되거나 진전되어 이뤄지기보다 하나의 패러다임이 다른 패러다임을 누르고 비약하는 방식으로 이뤄지는 게 일반적이라는 의미다. 쿤은 이를 '게슈탈트 전환'이나 종교의 개종에 비유한다. '게슈탈트 전환'은 이미지나 형태가 그 자체로는 전혀 변하지 않고 있음에도 보는 이의 시각에 따라 바뀌어 보이는 것을 일컫는다. 쿤은 이와는 반대로 하나의 패러다임 영향권 안에 있는 한 다른 패러다임으로의 비약은 불가능하다고 여긴다.

쿤은 새로운 패러다임과 낡은 패러다임은 같은 기준으로 가늠할 수 없다고 말한다. 서로 다른 패러다임의 장단점을 비교하거나 어느 쪽이 우월한지 판단할 수 있는 논리적인 방법은 없다는 얘기다. 새로운 패러다임은 옛 패러다임에 비해 정확하거나 타당하고 보다 진리에 가까운 게 아니라 보다 유용한 것일 뿐이라는 견해다.

그는 과학적인 진리에 관해서도 물리학자 막스 플랑크의 말을 빌려 흥미롭게 설명한다. "새로운 과학적 진리는 그 반대자들을 이해시킴으로써 승리를 거두는 것이 아니다. 그 반대자들이 죽고 새로운 진리를 신봉하는 세대가 주류가 되기 때문에 승리하게 되는 것이다."

쿤의 패러다임 개념은 이 책이 나오자마자 격렬한 비판의 대상이 됐다. 모호성 탓이다. 언어학자 마거릿 매스터먼Margaret Masterman, 1910~1986은 쿤이 '패러다임'을 무려 22가지의 다른 의미로 사용했다고 꼬집었다. 패러다임이 여러 가지 개념을 잡다하게 담는 보자기 같은 역할을 한 것은 부인할 수 없다. 자연스레 숱한 반론과 논쟁이 이어졌다. 1965년 7월 영국에서 열린 토론회에서 『열린 사회와 그 적들』로 명성 높은 칼 포퍼Karl Raimund Popper, 1902~1994와 쿤이 맞붙었다. 이 토론은 제2차 세계대전 직후의 가장 유명한 과학철학 논쟁으로 꼽힌다. 쿤은 과학 탐구가 기존 패러다임 안에서 이뤄져야 한다고 설파했다. 이론과 맞지 않은 변칙 사례가 나올 때마다 패러다임을 폐기한다면 연구 자체가 불가능하다는 의견이었다. 이에 맞서 포퍼는 어떤 패러다임이나 이론이라도 문제가 있다면 주저 없이 대안을 모색해야 한다고 반박했다. 쿤이 패러다임의 안정성에 초점을 맞춘 반면 포퍼는 패러다임을 극복의 대상으로 여겼다. 어떤 과학철학자는 쿤이 과학을 '군중심리'로 격하했다고 분노 어린 비난을 퍼붓기도 했다. 하지만 갖가지 논란은 쿤의 위상을 떨어뜨리기는커녕 외려 명성과 권위를 한결 공고하게 만들었다.

『과학혁명의 구조』는 출간 자체로 혁명이었다. 당시 과학철학은 지

+ 과학철학 – 과학적 인식의 기초와 본질에 관심을 갖는 철학의 한 분야다. 전문적이고 추상적인 과학을 일반인들이 이해할 수 있도록 알기 쉽게 설명하거나 과학기술과 관련된 사상의 전개와 이에 대한 가치 평가 등을 다룬다. 프랑스 과학철학자 도미니크 르쿠르는 20세기 이후의 과학철학을 분석적 과학철학, 역사적 과학철학, 비판적 과학철학으로 나눈다. 분석적 과학철학은 20세기 초 오스트리아 빈학파에 의해 제창된 논리실증주의에서 출발했으며 현재까지 영미권의 주류를 형성하고 있다. 프랑스권의 역사적 과학철학은 과학사를 구체적으로 접근하는 것을 특징으로 한다. 칼 포퍼의 영향을 받은 비판적 과학철학은 과학의 발전에 대한 통시적 관점을 다룬다.

식 축적을 통해 진보한다는 논리실증주의가 지배하고 있었다. 실증주의는 과학 활동이 인간의 인식, 가치, 마음 등과 분리돼 자연에 독자적으로 존재하는 사물을 직접 관찰하고 체계화하는 것이라고 믿는다. 패러다임에 바탕을 둔 쿤의 독창적인 이론은 과학 이론의 논리적인 분석이 아니라 실제 과학자들의 활동과 과학사를 근거로 했기 때문에 폭넓은 지지를 끌어낼 수 있었다.

이 책은 과학철학을 넘어 인문학, 사회과학, 예술에 이르기까지 거의 모든 분야에 엄청난 영향을 미쳤다. 박수 소리가 더 크게 들려온 곳은 과학계가 아니라 비과학계였다. 과학을 보는 사람의 관점도 송두리째 바꿔놓았다. 이 책은 과학을 하늘에서 땅으로 끌어내렸으며 과학을 둘러싼 신비의 그림자를 걷어냈다는 평가를 받는다. 덕분에 과학은 신이 만든 자연법칙을 찾아내는 활동이 아니라 과학자라는 사

+ 포스트모더니즘과 토머스 쿤─포스트모더니즘은 서구를 지배해온 모더니즘적 세계관에 대한 반동으로 나타난 사조다. 경직된 절대주의보다 유연한 상대주의, 엘리트주의보다 대중주의, 순수 문화보다는 잡종 문화, 귀족 문화보다는 대중문화에 더 주목하는 사상적 흐름이다. 패러다임의 장단점을 비교하거나 어느 쪽이 우월한지 판단할 수 있는 논리적인 방법이 없다며, 과학 체계의 절대성을 비판한 쿤의 이론은 포스트모더니즘과 맥락을 같이한다. 이 때문에 본의 아니게 오도된 포스트모던적 경향이 나타나기도 했다. 일부 사이비 과학이나 대체 의술 등이 포스트모더니즘에 편승해 마치 대안 과학인 양 나서면서 쿤은 포스트모더니즘이 제기한 과학 전쟁의 주동자라고 매도당하기도 한다.

람이 복잡한 자연을 이해하기 위해 노력하는 과정이자 그 결과로 이해되기 시작했다.

쿤의 '다름' 이론은 포스트모더니즘, 문화적 상대주의, 다문화주의, 다양한 학파의 평화적인 공존에도 긍정적인 영향을 미쳤다. 쿤이 창조설은 과학이 아니라고 했음에도 창조설을 주장하는 일부 학자들은 이 책을 근거로 자신들을 정당화하는 웃지 못할 현상도 빚어졌다. 창조설이 진화론과 다를 뿐 틀린 과학은 아니라는 논리를 이 책으로 합리화했기 때문이다.

이 책은 어려운 학문 서적임에도 치열한 논쟁을 불러일으키면서 20개 이상의 언어로 번역돼 100만 권 이상 팔려 나갔다. 이 책을 읽지 않은 사람이라도 패러다임이라는 말을 들으면 자동적으로 쿤의 이름을 떠올리기에 이르렀다. 한국에서는 대입 논술 시험 덕분에 쿤과

『과학혁명의 구조』라는 책 이름을 들어보지 못하고 대학에 입학하는 학생이 그리 많지 않을 정도다. 또한 '여행의 뉴 패러다임'이라는 광고 카피가 등장할 만큼 패러다임이라는 말은 친숙해졌다.

함께 읽으면 좋은 책
• 토머스 쿤·칼 포퍼·임레 라카토슈, 『현대과학철학 논쟁』, 조승옥·김동식 옮김, 아르케, 2002.
• 웨슬리 샤록, 『토머스 쿤』, 김해진 옮김, 사이언스북스, 2005.

한국의 민주화를 앞당긴
역사학 입문서

역사란 과거와 현재의
끊임없는 대화다.

역사란 무엇인가

E. H. 카
Edward Hallett Carr, 1892~1982

영화 〈변호인〉에는 영국 역사학자 에드워드 핼릿 카의 명저 『역사란 무엇인가What is history?』가 불온서적인지를 놓고 검찰과 변호인이 공방을 벌이는 장면이 나온다. 검사는 부림사건 피고인들이 소지한 책이 불온서적이라고 주장하며 치안 연구소 연구원을 '전문가' 증인으로 부른다. 이 증인은 "책의 전반적 흐름이 유물사관을 띠고 있으며 저자인 카는 소련에 장기 체류한 공산주의자였다"고 진술한다.

변호사는 "대한민국 최고의 대학인 서울대학교에서도 이 책을 필독 권장 도서로 지정했다. 게다가 카는 영국 외교관으로 소련에 체류했을 뿐이다"며 검사를 몰아세운다. 이어 "영국은 카가 나라를 대표하는 외교관이자 자랑스러운 학자라고 생각하며, 대한민국의 많은 국민도 역사란 무엇인가를 읽어보기 바란다"는 영국 외교부 답변서를 낭

+　　　**역사철학**－역사 과정과 역사 인식을 다루는 철학의
한 분야다. 1769년 볼테르가 처음 사용한 용어다. J. G. 헤르더,
G. W. F. 헤겔 등이 정착시켰다. 역사 과정의 전개 원리를 추구
하는 역사존재론(넓은 의미의 역사 형이상학)과 역사 인식의 성
립 근거와 역사학의 방법론을 추구하는 역사인식론으로 구분된
다. 사변적 역사철학과 비판적 역사철학으로 나누기도 한다. 사
변적 역사철학은 표면적으로 나타난 개별적 사건보다 그 사건
의 과정 속에 담겨 있는 역사적 의미나 목적을 고찰한다. 비판
적 역사철학은 역사학의 자세나 역사적 설명의 논리 등에 대한
철학적 반성을 시도한다.

독한다. 영화 흥행의 부수적인 효과로 군사독재 시절 대학가의 필독
서였던 『역사란 무엇인가』도 다시 주목을 받았다. 이 책에서 가장 유
명한 표현은 "역사란 과거와 현재의 끊임없는 대화"다.

"역사가는 '사실'의 비천한 노예도 아니고 난폭한 지배자도 아니
다. 역사가와 사실의 관계는 평등한 관계, 주고받는 관계다. (중략) 역
사가는 자신의 해석에 맞추어 사실을 만들어내고 또한 자신의 사실에
맞추어 해석을 만들어내는 끊임없는 과정에 종사한다. 둘 중 어느 한
쪽에 우위를 둔다는 것은 불가능하다. (중략) 역사가와 역사적 사실은
서로에게 필수적이다. 자신의 사실을 갖지 못한 역사가는 뿌리가 없
는 쓸데없는 존재다. 자신의 역사가를 갖지 못한 사실은 죽은 것이며
무의미하다. 따라서 역사란 무엇인가라는 질문에 대한 나의 첫 번째
대답은, 역사란 역사가와 그의 사실들의 지속적인 상호작용의 과정,
현재와 과거의 끊임없는 대화라는 것이다."

이 명제는 '역사는 역사가의 해석'이라는 의미를 담고 있다. 역사가

의 해석이 있어야만 역사적 사실이 성립한다는 말과 같다. 역사가의 해석은 자신의 현재 입장과 가치관의 반영이다. 이러한 시각은 '근대 역사학의 아버지'라 불리는 독일 역사가 레오폴트 폰 랑케Leopold von Ranke, 1795~1886의 실증 사학에 반기를 드는 것이다. 랑케의 역사철학은 '역사가의 과제는 단지 사실을 있는 그대로 보여주는 것'이었다. 역사적 자료에 충실하면서 선입관에 사로잡히지 않고 끝까지 객관적으로 저술하는 게 랑케의 지론이다.

랑케가 '사실이 스스로 말하게 하는 게 역사가의 임무'라고 한 데 반해, 카는 "사실은 스스로 말하는 게 아니라 역사가가 말을 걸 때만 말한다"고 반론을 편다. 카는 사료를 골라내 가위로 잘라내고 그 부분을 풀로 붙여내는 것과 같은 '가위와 풀의 역사'에 반대한다.

동시에 현재의 목적을 위해 과거 사실을 주관적으로 왜곡하는 오류도 피해야 한다고 강조한다. 카는 실증주의 역사학의 사실 숭배를 비판하는 의미에서 '가위와 풀의 역사'라고 불렀지만, 역사 연구의 기초적인 과정을 무시하거나 오롯이 부정하려는 뜻은 아니다. '가위와 풀'은 역사 연구의 기본이 되는 도구이기 때문이다.

카는 중심을 과거에 두는 역사관과 현재에 두는 역사관의 중간 입장을 따른다. 사실과 주관이 함께 있어야 하며, 역사가가 중요하다고 생각하는 사건을 뽑아서 기록하는 것이 중요하다고 주장한다. 현재의 시각에서 과거 사실을 해석할 때 사실은 사라지고 해석만 남게 되는 허무주의적 결론도 경계했다.

카는 역사가를 흥미롭게 비유한다. "역사가란 높은 절벽 위의 독수리나 사열대에 앉은 귀빈처럼 행진하는 대열을 초연하게 바라보는 이

사실(事實)에 대한 순수한 사랑이 역사가의 기본적인 자질이라고
강조한 랑케

가 아니라 단지 행진자 중의 한 사람으로서 묵묵히 걸어가는 희미한 존재일 뿐이다." 역사학이란 역사의 일부일 뿐이어서 역사학의 변화는 역사적 사실의 변화를 반영한다는 뜻이다.

저자가 진정으로 하고 싶었던 말은 마지막 부분에 있었던 게 아닌가 싶다. "역사는 점진적인 개선을 추구한 사람들이 아닌 기존 질서에 근본적인 도전을 감행했던 사람들에 의해 진보했다."

그는 19세기식 단선적 진보주의자는 결코 아니다. 그는 "진보는 만인에게 평등하고 동시적인 진보를 의미하지 않으며 또 그러한 의미를 가질 수도 없다"며 비연속적인 진보를 주장한다. 카가 연 새로운 역사관은 역사가에게 미래에 대한 통찰력을 요구하는 동시에 역사에 대한 인간의 책임을 묻는다. 그는 "역사에서 절대자는 과거나 현재에 있는 것이 아니라 우리가 향해 가고 있는 미래에 있다"고 말한다.

이 책의 테제로는 '역사는 진보한다'와 '역사는 과학이다'를 꼽을 수 있다. 역사가들이 연구 과정에서 사용하는 가설의 지위와 과학자들이 사용하는 가설의 지위는 유사성이 크다고 한다. 카가 역사를 과학이라고 보는 것은 이 때문이다. '과학'과 '진보'는 근대의 거대 담론이 됐다. 그는 또 '역사를 연구하기에 앞서 우선 역사가를 연구하라. 역사가를 연구하기에 앞서 우선 그의 역사적, 사회적 환경을 연구하라'고 주문한다. 역사가는 개인인 동시에 역사와 사회의 산물이라는 이유에서다.

카는 '왜 역사는 영웅만을 기억하는가'라는 문제에도 혜안을 제시했다. 영웅을 하나의 사회현상이자 한 시대를 보여주는 대변자로 봐야 한다는 것이다. "위대한 인물이란 특출한 개인이면서 동시에 일정한 사회 세력을 대표하는 사람이다. 위대한 인물은 현존하는 세력의 대표자이거나 그렇지 않으면 기존 권위에 도전하고 새로운 가치를 창조하는 세력의 대표자일 것이다." 영웅을 추앙하기 위해서 기억하는 것이라기보다 그 시대를 이해하기 위한 하나의 사회현상이자 대변자로 해석해야 한다는 그의 견해는 많은 역사가의 동의를 얻어냈다. 영웅 한 사람이 역사를 바꾼다는 영웅주의 논리는 자연스레 힘을 잃기 시작했다.

이 책은 카가 1961년 케임브리지 대학교에서 여섯 차례 연속으로 진행한 강연을 엮은 것이다. 당시 유럽의 역사학은 회의와 불신의 늪에 빠져 있었다. 제1·2차 세계대전, 아시아·아프리카 식민지의 독립, 러시아와 중국의 공산혁명, 미·소 냉전 등의 사건을 겪은 후 유럽은 자신들이 세계사의 주도권을 잃었다고 느꼈던 탓이다. 진보에 대한 신념 역시 흔들렸다.

역사의 본질을 묻는 역사철학서인 『역사란 무엇인가』가 나오자 20세기 역사학은 새로운 국면을 맞았다. 이 책은 영국과 미국의 역사학·국제정치학 분야에서 커다란 족적을 남겼다. 역사학계뿐 아니라 역사에 대한 책임감을 잊지 않으려는 지식인들에게 본보기가 됐다. 전 세계적으로 가장 많이 팔리는 역사학 이론서로 자리 잡았음은 물론이다. 새로운 패러다임을 장착한 이 책은 1960~1980년대 세계 각국에서 번역, 출판돼 전 세계 젊은이들에게 지대한 영향을 끼쳤다.

가장 큰 파장을 낳은 곳은 저자의 모국인 영국과 유럽이 아니라 한국이었다. 1970년대 유신 체제와 1980년대 군부독재 체제를 거치면서 사회 변혁 운동에 온몸을 던진 청년들에게는 이 책이 카타르시스를 안겨주는 한여름의 소낙비와 같았다. 당시 386세대(지금은 586세대 또는 86세대라 부른다)를 키운 공로자 가운데 하나가 『역사란 무엇인가』다. 이 책은 독재 체제를 무너뜨리고 한국의 민주화를 앞당기는 데 기여했다. 이 책에서 강조한 철저한 사회과학적 접근법과 역사적 필연성, 진보에 대한 확신, 역사를 실천해나가는 인간 주체성 등이 당시 한국의 젊은 세대의 세계관을 자극했기 때문이다.

한국 운동권에서 의식화 필수 교재로 사용된 것은 카가 의도하지 않은 결과다. 이 책은 여전히 한국에서 가장 많이 읽히는 역사학 입문서이면서 역사 담론을 지배하는 고전이라고 해도 과언이 아니다. '역사는 현재와 과거의 끊임없는 대화'라는 명언은 우리나라 중학교 역사 교과서에 실려 있을 정도다.

『역사란 무엇인가』에는 카를 마르크스의 말을 인용하면서 공감을 표시한 대목도 군데군데 나온다. 군사독재 정권은 이 책을 금서로 묶는 명분을 여기서 찾았다. 카는 『소비에트 러시아 역사』라는 저작을 남기고 한때 친소비에트·스탈린주의자라는 비판을 받았지만, 엄격하게 말해 공산주의자도 마르크스주의자도 아니었다. 철저한 현실 분석을 바탕으로 한 리얼리스트였다. 그는 국제정치에서 이상주의나 자유주의의 허약한 인식을 현실주의의 이름으로 비판하곤 했다. 이 때문에 좌파와 우파 양쪽으로부터 공격받았다.

세월이 흐르면서 카의 역사관을 극복하려는 움직임도 나왔다. '진보로서의 역사'와 '과학으로서의 역사'에 초점을 맞춘 카의 역사 인식이 수정의 대상으로 떠올랐다. 포스트모던 시대의 역사학에서는 과학성보다 문학성이 더 주목받기에 이르렀다. 『굿바이 E. H. 카What is

History Now?』라는 책은 『역사란 무엇인가』 발간 40주년을 기념해 런던에서 열린 학술회의의 결과를 담았다. 여기서는 종교사, 문화사, 지성사, 제국사, 여성사, 젠더사 같은 미시사가 새롭게 주목받았다. 그렇지만 번역된 제목과는 달리 카의 이론을 뛰어넘을 만한 내용은 이끌어내지 못했다. 그의 학문적 산맥이 그만큼 높다는 방증이기도 하다.

함께 읽으면 좋은 책
• 데이비드 캐너다인 엮음, 『굿바이 E. H. 카』, 문화사학회 옮김, 푸른역사, 2005.
• 조지형, 『랑케&카』, 김영사, 2006.
• 레오폴트 폰 랑케, 『근세사의 여러 시기들에 관하여』, 이상신 옮김, 신서원, 2011.
• 조녀선 해슬럼, 『E. H. 카 평전』, 박원용 옮김, 삼천리, 2012.

함께 보면 좋은 영화
• 양우석 감독, 〈변호인〉, 2013.

환경 운동의
기폭제

이 세상은 인간의 것이 아니라
모든 생물과 공유하는 것이다.

침묵의 봄

레이철 카슨
Rachel Carson, 1907~1964

동일본 대지진과 후쿠시마 원자력발전소 폭발이 일어나기 며칠 전, 저명한 과학지 《네이처Nature》는 충격적인 연구 결과를 발표했다. 300년 안에 지구촌 생물 종의 75퍼센트 이상이 사라지는 대멸종 위기가 닥칠 수 있다는, 미국 캘리포니아 대학교의 앤서니 바르노스키 교수의 경고장이었다. 2011년 6월에는 전 세계 바다 생태계가 전례 없는 대규모 멸종 단계에 진입할 위험이 커졌다는 국제해양생태계연구프로그램IPSO의 새로운 보고서가 유엔에 제출됐다. 이 보고서는 여러 원인이 한데 어우러져 바다가 예상했던 것보다 훨씬 급속도로 파괴되고 있다고 전했다. 인간의 무분별한 어류 남획과 농가에서 흘러나온 화학비료 등에 따른 오염, 이산화탄소 배출이 낳은 해양 산성화, 기후변화가 원인으로 꼽힌다.

지구는 50억 년 동안 이미 다섯 차례나 '생물 대멸종'을 겪었다. 여섯 번째 대멸종 위기는 과거와 근본적인 차이가 있다. 과거의 대멸종은 운석이나 혜성 충돌, 빙하기와 같은 자연 현상에 따른 것이었다. 하지만 여섯 번째 대멸종은 지구온난화, 서식지 파괴, 바이러스 전파 같은 인위적인 요인이 초래한다. 지구촌에서 꿀벌이 사라지는 주원인도 지구온난화라는 분석이 나온 지 오래다. 개미 연구의 세계적인 권위자인 생물학자 에드워드 윌슨은 이와 같은 상황을 신랄하게 비유한다. "돈 벌자고 생태계를 파괴하는 건 저녁밥을 지으려 루브르 박물관 그림들을 태우는 격이다."

인류의 난개발과 환경 파괴에 사실상 처음 경보를 울린 책이 있다. 『침묵의 봄Silent Spring』은 1962년 출간 이후 환경보호에 대한 세계인의 인식을 혁명적으로 바꾸고, 지은이 레이철 카슨을 '환경 운동의 어머니' 반열에 올려놓았다.

카슨이 『침묵의 봄』을 쓰게 된 결정적 동기는 조류학자이자 친구인 올가 허킨스가 보낸 한 통의 편지 때문이었다. 허킨스의 편지에는 세상에서 소중한 생명체들이 사라지고 있다는 안타까운 사연이 담겨 있었다. 카슨은 친구의 이야기에 감동과 충격을 동시에 받아 살충제와 같은 화학물질이 자연을 어떻게 파괴하고 있는지 조사하기 시작했다.

『침묵의 봄』은 화학물질로 인한 자연 생태계의 오염을 충격적인 사례를 들어 고발한다. 지은이는 시종일관 생명과 자연은 하나라는 메시지를 던진다. 이 책은 특히 당시 '기적의 살충제'로 불리던 DDT의 치명적 폐해에 집중한다. DDT는 말라리아 때문에 해마다 수백만 명이 목숨을 잃어야 했던 인류에게는 구원의 손길이었다. DDT만큼 값

싸고 효과적인 살충제는 없었다. DDT를 개발한 파울 헤르만 뮐러Paul Hermann Muller, 1899~1965는 1948년 노벨 생리의학상을 받았다. 이 만능 살충제에 카슨이 칼을 겨누었다. 그렇지만 카슨이 이 책에서 언급한 첫 번째 화학물질은 DDT가 아니라 방사능원소인 스트론튬 90이다. 카슨이 비밀 핵실험과 핵무기 비축에 대항하기 위해서 이 책을 썼다고 고백한 까닭이 여기에 있다.

책은 어느 화창한 봄날 아침 눈을 떠보니 새소리가 들리지 않는 적막한 장면으로 막을 연다.

"봄을 알리는 철새들의 소리를 더 이상 들을 수 없는 지역이 점점 늘어나고 있다. 한때 새들의 아름다운 노랫소리로 가득 찼던 아침은 이제 어색한 고요함뿐이다. 노래하던 새들은 어느새 사라졌고, 그들이 우리에게 가져다 주던 생기와 아름다움, 감흥도 우리가 모르는 사이 너무 빨리 사라져버렸다."

살충제로 바퀴벌레를 잡으려고 했던 어느 미국 부부의 일화는 끔찍하다. 베네수엘라로 이주한 이 부부는 집에 바퀴벌레가 많아 엔드린이 포함된 살충제를 뿌렸다. 이들은 한참 지나 살충제를 잘 닦아낸 뒤 강아지와 갓난아이를 데리고 돌아왔다. 그럼에도 그 독성을 견디지 못한 강아지가 갑자기 토하며 발작을 하다 죽었다. 아이는 회복이 불가능할 정도로 의식을 잃고 말았다.

책은 유독 물질이 모체에서 자식 세대로 이어진다는 사실도 일깨운다. 이처럼 무시무시한 사례들이 생생하게 독자에게 다가간다. 카슨은 화학 방제를 열렬히 옹호하는 사람 가운데 뛰어난 곤충학자가 많다는 비밀도 폭로한다.

"이 학자들의 배경을 조사해보면 화학 회사로부터 연구비를 지원받는다는 사실이 드러난다. 전문가로서의 명성, 때로는 자신의 직업 자체가 화학 방제의 성공 여부에 달려 있다. 이들의 성향을 알게 된다면 살충제가 무해하다는 주장을 믿을 수 있겠는가?"

이 책은 로버트 프로스트의 시 「가지 않은 길」에 나오는 두 갈래 길을 인용해 비유하며 마무리한다. "아직 가지 않은 다른 길은 지구 환경보호라는 궁극적인 목적지에 도달할 수 있는 마지막이자 유일한 기회라 할 수 있다. 새롭고 창의적인 접근법은 이 세상이 인간의 것이 아니라 모든 생물과 공유하는 것이라는 데에서 출발한다."

『침묵의 봄』은 딱딱한 과학적 내용을 문학적 감수성을 가미해 서정적으로 풀어나간다. 그리스 신화가 인용되고, 시적 수사학도 곳곳에 등장한다. 환경 전문가인 알렉스 맥길리브레이가 이 책을 "과학과 문학이라는 두 장르가 결합해 탄생한 일종의 하이브리드"라고 평가하는 것도 이 때문이다. 카슨이 원래 작가를 꿈꾸며 영문학과에 입학했으나 전공을 바꿔 생물학을 공부한 덕분이다.

카슨이 위대한 점은 그때까지 아무도 몰랐으며, 증언해줄 사람 하나 없는 화학물질의 유해성을 고발해 사회제도를 변혁했다는 데 있다. 『침묵의 봄』은 환경 운동이 모든 나라의 사회정책에 지대한 영향력을 발휘하도록 채찍질했다. 1963년 존 F. 케네디 대통령은 환경문제를 다루는 자문위원회를 구성했고, 곧이어 미국 의회도 DDT가 암을 유발할 수 있다는 증거를 발표하기에 이르렀다. 미국에서 환경보호국이 처음 만들어진 것도, 1970년 '지구의 날(4월 22일)'이 제정된 것도 카슨의 업적 중 하나다. 나아가 이 책은 세계적으로 환경 윤리의 중요성을 각인시키고, 1992년 '리우데자네이루 선언'을 끌어내는 동력이 됐다. 환경과 개발에 관한 기본 원칙을 담은 이 선언은 '지속 가능한 개발'의 정신을 뿌리내리게 했다.

『불편한 진실』을 쓴 앨 고어 전 미국 부통령은 자신이 환경 운동을 펼치는 데 『침묵의 봄』으로부터 영감을 받았다고 소회를 밝혔다. 카슨은 환경 운동뿐 아니라 과학자들에게도 심대한 영향을 끼쳤다. 1999년 미국 생물학 연구소는 생물학자 191명을 대상으로 자신의 연구 인생에서 가장 큰 영향을 미친 고전을 꼽으라는 설문조사를 했다. 그 결과 『침묵의 봄』이 2위를 차지했다. 1위는 유진 오덤Eugene Odum, 1913~2002의 『생태학』이었다. 이 조사에서 『침묵의 봄』은 찰스 다윈의 『종의 기원』과 제임스 왓슨의 『이중나선』보다 앞섰다. 하버드 대학교에서 생물학 박사 학위를 받은 최재천 이화여대 석좌교수도 『침묵의 봄』을 읽고 생물학을 전공하기로 결심했다고 한다.

이 책은 전 세계 10여 개국 언어로 번역돼 지금도 꾸준히 사랑받고 있다. 냉전 시절 소련에서는 『침묵의 봄』을 비밀리에 번역해 읽었다는 일화까지 전해진다. 한국에서는 1990년에 들어서야 비로소 환경 운동이 움트기 시작했으나, 선구적 시민 단체의 하나인 한국환경재단은 '레이첼 카슨 홀'을 만들어 그 업적을 기리고 있을 정도다.

『침묵의 봄』은 하마터면 세상의 빛을 보지 못할 뻔했다. 《뉴요커The New Yorker》에 연재했던 글을 책으로 출간할 무렵 농약 제조업체와 화학 업계 등이 각종 모략으로 방해했기 때문이다. 시카고 벨시콜이라는 화학 회사는 출간 전에 소송을 제기할 것이라고 으름장을 놓았다. 결국 휴턴미플린Houghton Mifflin 출판사는 보험을 추가로 든 후에야 이 책을 펴낼 수 있었다. 전국해충방제협회는 카슨을 조롱하는 노래까지 만들었다. 하지만 이러한 시도가 도리어 『침묵의 봄』을 더욱 널리 홍보해주었다. 책이 엄청난 반향을 일으키자 당시 큰돈을 벌던 화학 회사와 이를 방조한 공무원들이 발끈하고 나섰다. 광고에 민감한 일부 언론도 공룡 같은 화학 회사들의 입맛에 맞춰 카슨에게 적대적인 글을 써댔다. 일부 관료들은 심지어 카슨을 '빨갱이'로 몰아붙였다.

DDT에 관한 카슨의 주장은 50년 전이나 지금이나 완벽하게 결론이 나지 않았다. 이 책에서 예측한 미래가 다소 빗나갔기 때문이다. 생명이 사라진, 텅 빈 지구와 DDT로 인한 암의 증가는 입증되지 않았다. 말라리아로 인한 사망자가 속출하는 나라에서는 지금도 DDT를 사용한다. DDT로 인한 환경오염보다 말라리아로 말미암은 인명 피해가 더 참혹해서다. 어떤 이들은 『침묵의 봄』 때문에 더 많은 사람이 말라리아로 죽었다고 비판한다. 그러자 세계보건기구WHO도 2006년 DDT를 실내 벽면이나 건물 지붕, 축사 등에 뿌리는 것을 권장한다고 발표했다. DDT의 복권이다.

그렇다고 카슨의 업적을 경시하는 사람은 없다. 이 책의 진정한 가치는 인간이 스스로 일군 문명에 대한 의심과 반성에 있기 때문이다.

함께 읽으면 좋은 책
• 린다 리어, 『레이첼 카슨 평전』, 김홍옥 옮김, 샨티, 2004.
• 알렉스 맥길리브레이, 『세계를 뒤흔든 침묵의 봄』, 그린비, 2005.
• 김재호, 『레이첼 카슨과 침묵의 봄』, 살림, 2009.
• 유진 오덤, 『생태학』, 이도원 외 옮김, 사이언스북스, 2014.

함께 보면 좋은 영화
• 스티븐 소더버그 감독, 〈에린 브로코비치(Erin Brockovich)〉, 2000.

20세기판
월든

가장 조화로운 삶은 이론과 실천이,
생각과 행동이 하나가 되는 삶이다.

조화로운 삶

헬렌 니어링 Helen Nearing, 1904~1995
스콧 니어링 Scott Nearing, 1883~1983

산업혁명 직후인 19세기 초, 영국에서는 일자리를 앗아가는 방직기계를 파괴하자는 러다이트Luddite 운동이 격렬하게 벌어졌다. 정보혁명과 더불어 디지털 시대가 도래하자 지구촌에서는 네오러다이트Neo-Luddite 운동이 들불처럼 번져갔다. 네오러다이트 운동가들은 첨단 기계를 파괴하진 않았지만, 컴퓨터로 대표되는 과학기술혁명의 굴레에서 벗어나 자연과 어우러져 인간답게 사는 걸 목표로 삼았다. '빨리빨리'라는 말이 드러내는 속도의 시대에 맞서 '반기술, 인간성 회복'을 기치로 '느리고 단순하게 살기'를 추구한 것이다. '속도가 빨라지면 생각은 짧아진다'는 경구를 가슴 깊이 새기면서.

이런 네오러다이트 생활 운동의 중심에는 미국의 니어링 부부가 있다. 스콧 니어링은 경제학 교수였고 헬렌 니어링은 모든 종교를 포용하는 운동인 신지학神智學, Theosophy을 공부하고 있었다. 그들은 중년의 나이에 거대도시 뉴욕의 문명을 과감하게 떨쳐버리고 버몬트 주의 숲 속으로 들어갔다. 니어링 부부의 '단순하면서도 충만한 삶'에 대한 실험은 전 세계인의 눈을 사로잡았다. 문명을 떠나 사는 동안 그들 부부는 문명인의 정신적인 지주로 높이 떠올랐다. 네오러다이트 운동이 미국 북동부 뉴잉글랜드 지방에서 가장 활성화한 것도 이런 배경 때문이다.

버몬트 주 숲 속에서 20년 동안 살면서 체험한 삶의 이야기를 진솔하게 기록한 『조화로운 삶Living the Good Life』은 검박한 자연주의 삶을 추구하는 세계인에게 교과서가 됐다. 버몬트는 「가지 않은 길」로 널리 알려진 시인 로버트 프로스트가 만년에 살던 곳이기도 하다.

니어링 부부의 자연주의 삶의 철학은 랠프 월도 에머슨과 헨리 데이비드 소로와 닮았다. 하지만 아직 도시화가 덜 진행되고 문명의 이기가 발달하지 않았던, 에머슨과 소로가 살던 19세기와는 조건이 다르다. 게다가 니어링 부부는 둘 다 농사라곤 아무것도 모르던 도시내기였다. 니어링 부부가 버몬트 시골로 들어간 것은 네오러다이트 운동이 싹트기 전인 1932년, 대공황이 최악의 상황으로 치닫던 시절의 일이다.

니어링 부부는 버몬트에서 돌집을 짓고 살면서 '단풍나무 시럽 만드는 법'을 글로 썼다. 출판은 노벨 문학상을 받은 펄 벅Pearl Buck, 1892~1973 여사의 남편이 경영하는 '존 데일리 출판사'에서 하기로 의견을 모았다. 이를 계기로 니어링 부부의 거처로 찾아온 펄 벅 부부가 그곳 풍광을 보고 감탄하여 버몬트 농장에 관한 이야기를 써보라고 권해서 나온 책이 『조화로운 삶』이다. 이들의 경험담 속에는 전원생활의 기술, 경제, 사회, 심리적인 면이 두루 담겼다. 땀과 영혼으로 쓴 전원 일기라고 하겠다.

스콧과 헬렌은 도시를 떠날 때 세 가지 목표를 품고 있었다. 독립된 경제 꾸리기와 건강, 사회를 생각하며 바르게 사는 것이다. 이들이 추구한 네 가지 기본 가치는 단순한 생활, 긴장과 불안에서의 탈피, 무엇이든 쓸모 있는 일을 할 기회, 조화로운 삶이었다. 달리 얘기하면 평화주의, 채식주의, 환경주의다.

구체적인 원칙도 세웠다. 채식주의를 지킨다. 먹고사는 데 필요한 것의 절반은 자급자족한다. 하루를 오전 오후로 나눠 빵을 벌기 위한 노동은 반나절만 한다. 나머지 시간은 온전히 자기 자신을 위해 쓴다. 한 해의 양식을 마련하면 더 이상 일하지 않는다. 은행에서는 절대로 돈을 빌리지 않는다. 집짐승을 기르지 않는다. 자연에 있는 돌과 바위로 집을 짓는다. 방문객이 찾아와도 밭에 나가 일하면서 얘기를 나눈다. 누구든 자기가 먹은 그릇은 스스로 설거지한다. 기계에 의존하지 않으며 가능한 한 손으로 일한다. 최저 생계비를 마련하면 나머지 채소나 과일을 필요한 사람에게 나눠준다. 하루에 한 번씩은 철학, 삶과 죽음, 명상에 관심을 갖고 시간을 할애한다. 이들은 "우리 집이라는 작은 조직체의 헌법과 같은 것이었다"고 표현한다.

니어링 부부의 삶을 넉넉하게 만드는 것은 소유와 축적이 아니라 희망과 노력이었다. 니어링 부부는 자신들의 삶을 다음과 같이 평했다. "버몬트 계획을 실천하며 산 스무 해 동안에 하버드 대학교, 컬럼비아 대학교, 캘리포니아 대학교를 스무 해 다니면서 알게 되는 것보다 중요한 것을 더 많이 배웠다고 감히 말할 수 있다."

니어링 부부는 속편인 『조화로운 삶의 지속Continuing the Good Life』에서 자신들을 따라 하는 사람들에게 경험에서 우러난 조언을 전한다. "시골에서 농사짓는 건 어느 순간 가벼운 마음으로 결정할 수 있는 일이 아니다. 고민을 거듭하여 내려야 하는 결정이고, 그 결정은 흔들림이 없어야 한다. 앞날을 내다보고 만족스러운 결과에 이르는 결정이어야 한다. 처음 3년을 보내기가 가장 힘들다. 적어도 그만큼은 시행착오를 거듭해야 한다." 니어링 부부는 버몬트에 스키장이 생기고 관광객과 방문객이 늘어나자, 공들여 지은 돌집과 멋진 밭을 뒤로 하고 또 다른 시골로 이사했다. 메인 주의 한적한 바닷가에 뿌리를 내리고 26년간 살면서 쓴 책이 『조화로운 삶의 지속』이다.

사람들은 니어링 부부에게 자주 이렇게 묻곤 했다. "이렇게 외진 시골로 도망 온 까닭이 무엇입니까? 왜 복잡한 대도시 한복판에 살면서 다른 사람들과 함께 불행과 고뇌를 나누지 않습니까?" 그에 대한 대답은 한결같았다. "도시 공동체의 붕괴로 도시에서 쫓겨난 사람들이 자기 행동의 기준이 되는 이론들을 세우고 그 계획을 실천에 옮기는 것은 충분히 가치 있는 일이다."

니어링 부부의 결론은 이런 것이다. '가장 조화로운 삶은 이론과 실천이, 생각과 행동이 하나가 되는 삶이다.' 니어링 부부는 버몬트에 사는 20년 동안 한 번도 병원에 가지 않을 만큼 건강하게 살았다. 그뿐만 아니라 스콧은 100세까지 장수했고, 헬렌도 91세에 생을 마감했다. 이 모두가 단순하고 조화로운 삶을 실천해 얻은 축복이다.

『조화로운 삶』은 1954년 출간 즉시 주목받았다. 가장 먼저 소로의

『월든』과 비교되곤 했다. 대안적 삶의 방식으로 진정한 자유를 전하는
이야기여서 20세기판 『월든』이라는 평가가 지배적이었다. 『월든』이
나온 지 꼭 100년 만에 출판된 데다 니어링 부부가 소로의 정신을 계
승하고 있기 때문이다. 이 책은 출간 초기보다 1970년대 이후 폭발적
인 인기를 끌었다. 무엇보다 1960년대 말 세계를 휩쓴 '68혁명'을 겪
은 젊은이들에게 각별한 사랑을 받았다. 1970년 초 이 책은 20만 부
가 넘게 팔리고 '땅으로 돌아가자'는 운동의 교과서로 새롭게 조명되
었다. 자연히 니어링 부부는 현대의 삶에 불만을 가진 중산층 젊은이
들의 우상으로 떠올랐다. 해마다 삶에 지친 수천 명의 부르주아 젊은
이가 메인 주 농장을 방문하면서 니어링은 대항문화의 영웅이 되었
다. 이 젊은이들은 1960년대 정치, 사회운동에서 자신을 불태웠다가
희망을 찾지 못하고 내면으로 방향을 돌렸다.

베스트셀러 『느리게 산다는 것의 의미』의 저자이자 '느림의 철학
자'인 피에르 상소Pierre Sansot, 1928~2005도 니어링 부부의 삶에서 적지
않은 영향을 받은 것으로 전해진다. 1999년 이탈리아에서 시작한 슬
로시티 운동에도 니어링 부부가 영향을 미쳤다. 슬로푸드 운동도 마
찬가지다.

이 책이 한국에서 번역, 출판돼 주목받은 것은 새 천 년이 시작되면
서부터다. '무소유'의 철학을 실천한 수행자 법정 스님도 니어링 부부
를 무척이나 존경하고 그들의 삶에 공감했다. 한국에서도 니어링 부
부의 『조화로운 삶』을 동경하며 새로운 삶을 시작한 사람이 헤아리기
어려울 만큼 많다.

많은 추종자가 스콧 니어링에게 매력을 느꼈으나 그의 인생 역정

에 대해서는 속속들이 알지 못했다. 그는 1930년 사적인 자유를 누리기 위해 좌파 성향의 공적인 관계를 모두 단절했다. 젊은 시절 톨스토이를 숭배했던 스콧의 사상은 초월주의, 실용주의, 자연주의, 유토피아주의, 19세기 사회주의, 20세기 공산주의 등이 버무려진 혼합체였다. 스콧은 경제학자에서 톨스토이주의자로, 사회주의자에서 공산주의자로, 그 후 자작농으로 생을 마쳤다. "생각하는 대로 살지 못하면 사는 대로 생각하게 된다"는 자신의 명언을 여실히 증명한 삶이었다.

『스콧 니어링 평전』을 쓴 존 살트마쉬는 "소로와 마찬가지로 니어링의 의도는 절망의 노래를 부르는 것이 아니라 '이른 새벽 수탉처럼 이웃을 깨우기 위해 힘차게 홰를 치는 것'이었다"고 평가한다. 니어링 부부의 이야기는 개인적 정체성과 사회의 경제성이 조화를 이루면 의미 있는 사회 변화를 꾀할 수 있다는 사실을 일깨워준다. "문명이란 불필요한 생활필수품을 끝없이 늘려가는 것"이라는 마크 트웨인의 명구를 떠올리게 하면서 말이다. 스콧 니어링에 대한 평가는 그의 백 번째 생일에 이웃 사람들이 선물한 글귀가 웅변한다. "당신 덕분에 세상이 조금 더 나아졌습니다."

함께 읽으면 좋은 책
• 헬렌 니어링·스콧 니어링, 『조화로운 삶의 지속』, 이수영·윤구병 옮김, 보리, 2002.
• 존 살트마쉬, 『스콧 니어링 평전』, 김종락 옮김, 보리, 2004.
• 피에르 상소, 『느리게 사는 것의 의미』, 강주헌 옮김, 공명, 2014.

함께 보면 좋은 영화
• 숀 펜 감독, 〈인투 더 와일드(Into the Wild)〉, 2007.

경제학의
주춧돌을 놓다

근대 경제학과 자본주의의 모태

개인의 이기심은
공공의 이익을 촉진한다.

국부론

애덤 스미스
Adam Smith, 1723~1790

2012년 1월 초 영국《파이낸셜 타임스Financial Times》는 200여 년 전에 세상을 떠난 애덤 스미스가 '세계 자본가들'에게 보내는 편지를 실어 시선을 모았다. 세계 경제를 이끌어가는 이들의 모임인 다보스 포럼 Davos Forum 연차 총회를 앞두고서였다. 실제 글쓴이는 영국 투자 그룹 칼라일의 공동 창업자인 데이비드 루벤스타인이었다.

"여러 나라가 흔들리고, 시위는 격해지고, 실업률은 오르고, 적자는 늘어만 가니 자본주의 장점들은 의문을 받고 있구려. 내 지난 수백 년 간 지켜본 바 자본주의를 앞으로 수백 년 더 지속시키기 위해, 아니면 적어도 지난해보다 올해 더 잘하기 위해 어떻게 해야 할지에 대한 생 각이 떠올라 펜을 들었소. (중략) 나는 자본주의가 단지 다른 대체물 보다 더 낫다고 했을 뿐 자본주의가 완벽하다고 생각하진 않소. (중략)

자본주의의 단점을 치유할 단순한 처방이 있는 것은 아니지만 몇 가지 떠오르는 것을 얘기하네……."

2011년 세계적으로 번진 월가 점령 시위Occupy Wall Street가 상징하듯 자본주의 위기론이 팽배한 것을 의식한 글이다. 루벤스타인이 애덤 스미스의 이름을 빌린 건 그가 '자본주의의 비조'로 추앙받고 있어서다. 스미스의 대표작인 『국부론』이 경제학과 자본주의의 이론적 효시임에는 의문의 여지가 없다. 본디 '국부의 성질과 원인에 관한 연구An Inquiry into the Nature and Causes of the Wealth of Nations'라는 긴 제목의 책이다. 『국부론』은 세계를 지배하는 시장경제의 원리를 제시한 기념비적 노작이다. 근대 자본주의 체제의 특징을 체계적으로 분석한 최초의 저작이기도 하다.

이 책은 사회의 번영을 촉진하는 두 가지 원리로 분업과 자본 축적을 든다. 국부의 원천은 노동이며, 부富의 증진은 노동생산력의 개선으로 이루어진다는 철학이다. 스미스는 생산의 기초를 분업에 둔다. 한 공장에서 노동자가 모든 공정을 혼자 행하는 것보다 공정별로 나누어 여럿이 각자 전문적 업무를 수행하는 편이 더 높은 생산성을 실현할 수 있다고 설명한다. 그는 분업과 이에 따르는 기계 도입을 위해서는 자본 축적이 필요하며, 자유경쟁에 의해 자본 축적을 꾀하는 것이 국부 증진의 바른 길이라고 썼다.

『국부론』에서 가장 유명한 말은 '보이지 않는 손invisible hand'이다. 시장이 자기 통제 기능을 갖고 있음을 비유적으로 가리키는 표현이다. 개인의 이기심은 시장의 가격 조정 메커니즘을 통해 수요와 공급의 균형을 맞추고 공공의 이익을 촉진한다고 스미스는 생각했다. 이처럼

+　　　　**물과 다이아몬드의 패러독스** - 『국부론』에는 '물과 다이아몬드의 패러독스'가 나온다. 이 세상에서 인간에게 물보다 귀중한 재화를 찾아보기 힘든데도 물값은 거의 공짜나 다름 없었다. 반면에 단지 장식용으로만 사용되는 다이아몬드가 고가로 거래된다는 것은 역설이다. 후세의 경제학자들은 이를 설명하기 위해 희소성과 교환가치라는 개념을 도입했다. 사용가치가 큰 물은 어디서나 쉽게 구할 수 있어 값을 치르지 않아도 되지만 사용가치가 거의 없는 다이아몬드는 희귀하기에 교환가치가 크다는 것이다.

중요한 표현이 600여 쪽 분량의 『국부론』에서 단 한 번밖에 나오지 않는 것은 신기하다. 마치 철학자 한나 아렌트가 『예루살렘의 아이히만』에서 '악의 평범성'이라는 표현을 책의 마지막 페이지, 마지막 줄에 단 한 번 언급한 것이 세계적으로 유명해진 것과 비슷하다. 『예루살렘의 아이히만』은 제2차 세계대전 당시 유대인 대학살 주범인 아돌프 아이히만의 재판을 참관하고 쓴 책이다.

『국부론』에서 두 번째로 유명한 대목은 개인의 이기심을 근거로 한 경제행위가 사회 전체의 이익을 가져온다는 점을 흥미롭게 표현한 부분이다. "우리가 매일 식사를 마련할 수 있는 것은 푸줏간 주인과 양조장 주인, 빵집 주인이 자비를 베풀어서가 아니라, 모두가 각자 자신의 이익을 추구했기 때문이다. 우리는 그들의 자비심이 아니라 그들의 자애심에 호소하며, 우리에게 필요한 것을 말하는 게 아니라 그들에게 유리한 점을 얘기한다."

수요와 공급에 의해 가격이 결정된다는 시장이론의 핵심인 '보이지 않는 손'은 후대에 자본주의를 자유무역주의로 탈바꿈하는 데 사용됐다. 일부에선 정부 규제를 없애 개인의 무제한적인 이윤 추구의 자유를 주장하는 데까지 악용하고 있다. 자유방임주의를 돈을 벌기 위해 기업과 기업인이 무슨 일을 해도 좋다는 뜻으로 받아들이는 현상도 나타난다.

스미스 이후 주류 경제학자들은 '보이지 않는 손'을 보다 체계화하고 계량화하는 데 주력했다. 로잔학파의 일반균형이론은 '보이지 않는 손'의 이론적 증거를, 밀턴 프리드먼은 완벽한 시장경제에 대한 맹신을 퍼뜨렸다. '시장 성공 경제학'에만 관심을 뒀을 뿐 '시장 실패 경제학'에는 눈을 감았다.

하지만 스미스를 시장 만능주의자로 보는 건 오해다. 스미스가 '보이지 않는 손'을 외친 것은 자유 시장이 윤리적이라고 생각해서가 아니라 대자본의 탐욕을 경계한 까닭이었다. 스미스는 개인의 이기심을 바탕으로 한 경제행위가 사회 전체의 이익을 가져온다고 했다. 여기서 개인은 사회에서 분리된 고립적인 존재가 아니라 타인과 공감하는 사회적 존재로서의 개인이다. 스미스의 또 다른 명저『도덕감정론』이 이를 뒷받침한다. 스미스는『국부론』을 쓰기 전에『도덕감정론』을 먼저 집필했다.『도덕감정론』에서 개인의 이기심을 경제성장의 원동력으로 파악한 건 맞지만, 이때 개인은 타인과 서로 공감하는 도덕과 정의감을 갖고 있다고 전제한다.

스미스가『도덕감정론』에서 주장한 공감의 원리는『국부론』에서 시장의 원리로 확장된다. 공감의 원리와 시장의 원리는 스미스의 철학 체계에서 모두 인간의 본성에서 비롯한다.『국부론』을 올바르게 이

+　　　**로잔학파**(Lausanne school)**와 일반균형이론**
(general equilibrium theory) - 프랑스 출신 경제학자 레옹 발라
(Marie Esprit Leon Walras, 1834~1910)가 창시한 경제학파다.
스위스 로잔 대학교 교수들이 주축을 이뤄 로잔학파라는 이름
을 얻었다. 모든 경제 현상을 '일반적 균형이론'으로 파악한다.
무수한 경제주체가 존재하는 완전경쟁 경제에서 경제주체들 간
의 상호의존관계가 경제행위를 통해서 어떻게 일반균형 상태
로 나타나게 되는가를 규명하는 이론이다. 예를 들면 석유수출
기구(OPEC)가 석유 생산량을 줄이면 국내 난방용 가스 가격이
급등하고 난방비를 줄이기 위해 전기장판을 구입하려는 사람들
이 늘어난다. 문틈으로 들어오는 찬바람을 막기 위해 창문틀에
붙이는 테이프의 수요도 늘어난다. 난방비 증가로 서민들은 허
리띠를 졸라매야 한다. 이처럼 특정한 상품의 시장 가격 변화가
다른 시장의 가격 결정에 영향을 미치고, 다른 시장의 가격은
다시 그 특정한 시장에 영향을 미친다. 시장은 더 이상 독립적
이 아니다. 다른 조건이 일정하다는 전제하에 특정한 시장 하나
를 살펴보는 부분균형 분석으로는 여러 시장에 영향을 미치는
현상을 설명하기가 어렵다. 이런 경우 일반균형 이론에 의한 분
석이 필요하다.

+　　　**밀턴 프리드먼**(Milton Friedman, 1912~2006) - 자유
방임주의와 시장 제도를 통한 자유로운 경제활동을 주장한 미
국의 경제학자다. 시카고학파의 대표적 인물이며 '통화주의의
대부', '작은 정부론의 기수', '반 케인스학파의 창시자'로 불린
다. 1976년 노벨 경제학상을 받았다. 자유 시장경제를 옹호하였
으며, 케인스와는 대척의 입장에 있었기 때문에 정부의 재정 정
책을 반대했다. 통화주의적 경제정책을 이끌어 이른바 '프리드
먼 혁명'을 전개했다. 그의 경제사상은 마거릿 대처 전 영국 총
리와 로널드 레이건 전 미국 대통령 등 1980년대 영미 정치 지
도자의 통치 철학을 형성하는 데 중추적인 역할을 했다. 세계
진보주의자들로부터는 신제국주의를 효율적으로 실행하기 위한
이론을 만든 금융 제국주의 앞잡이라고 비판받기도 한다. 『선택
의 자유』, 『자본주의와 자유』 등이 대표적인 저서다.

해하려면 『도덕감정론』을 먼저 이해하는 것이 중요하다. 에든버러에 있는 그의 무덤에 새겨진 짧막한 비문이 이 점을 상징적으로 말해준다. "도덕감정론과 국부론의 저자인 애덤 스미스가 여기에 잠들다." 『도덕감정론』이 그 유명한 『국부론』보다 앞자리를 차지하고 있다.

『도덕감정론』에도 '보이지 않는 손'이라는 표현이 딱 한 번 나온다. 여기서도 시장의 보이지 않는 손만큼 사회적 책임이라는 또 다른 보이지 않는 손을 중요시했다. 스미스는 평생 단 두 권의 명저만 남겼다. 이 때문에 어떤 이는 『도덕감정론』을 구약성서, 『국부론』을 신약성서에 비유한다. 스미스는 『국부론』에서는 이기심의 효능을 강조했지만, 앞서 출간한 『도덕감정론』에서는 사람의 본성이 이타적이라며, 이타심이 없는 이기심의 위험성을 강조했다.

마르크스경제학의 일인자이자 『국부론』 번역자이기도 한 김수행 교수는 주류 경제학자들이 이해하는 것과 달리 『국부론』은 시장 만능주의와 거리가 멀다고 말했다. 『국부론』을 흔히 자유방임주의, 시장 만능주의를 주장한 책으로 알고 있지만, 김 교수는 "특권층의 특권을 없애기를 주장하며 노동의 가치를 높게 본 책"이라고 했다. 그는 "국부론의 국부는 국민 전체의 부"라면서 "특권이 사라지고 모두가 정부규제를 받지 않고 생업에 종사할 수 있는 자유가 진정한 자유방임의 의미"라고 설명한다.

스미스는 당초 중상주의 체제를 비판하기 위해 『국부론』을 썼다. 중상주의 체제는 금과 은 등의 화폐를 부와 동일시하고, 화폐를 증대하기 위해 국제무역에서 흑자를 낳는 정책을 채택해야 한다고 여기는 경제학이다. 중상주의 정책의 가장 큰 해악은 무역을 분쟁의 원인으로 만들어버린다는 데 있다.

『국부론』은 나오자마자 베스트셀러가 됐고, 18세기가 저물기 전에 유럽의 주요 언어로 번역됐다. 19세기 전반까지 그의 뒤를 이은 경제학자들의 저작은 모두 이 책의 범위를 벗어나지 못했다. 스미스가 『국부론』을 발표한 후 곧바로 이를 계승, 발전시킨 경제학자가 데이비드 리카도와 『인구론』의 저자 토머스 맬서스다. 기껏해야 위대한 경제학자 존 메이너드 케인스가 제1차 세계대전이 끝난 뒤 세계적 대공황이 닥치자 '보이지 않는 손'의 위기 대처 능력에 의문을 품고 궤도 수정을 시작한 정도다.

『국부론』은 노동가치설을 처음 제시해 마르크스경제학의 탄생에도 이론적 기반을 제공한다. '상품의 가치는 그것을 생산하기 위해 투여한 인간의 노동에 의해 결정된다'는 견해가 그것이다. 카를 마르크스의 『자본론』에서 가장 많이 인용되는 책이 바로 『국부론』이다. 아담 스미스의 진정한 후계자는 카를 마르크스라는 말도 이 때문에 나왔다. '자본가들은 생산에 기여하지도 않고 노동자들의 생산품 일부를 가져간다'는 내용은 마르크스의 '착취 이론'에 바탕이 됐다.

찰스 다윈이 『국부론』에서 큰 영감을 얻어 인류 역사를 바꾼 『진화론』을 발전시켜나간 것도 학계에서는 널리 알려진 사실이다. 다윈은 '보이지 않는 손'을 닮은 법칙이 자연계에서도 작용해 번영하는 종과 멸망하는 종이 균형을 유지하고 있을 것이라고 생각했다. 다윈은 스미스의 자유경제 시장이론에서 단서를 얻어 '생존경쟁은 언뜻 보기에 잔혹하고 무질서해 보이지만 전체적으로 보면 발전을 향해 진화한다'고 분석했다.

+ **종속이론**(dependency theory) – 서구의 발전이론이 후진국 사회를 분석하는 데 적합하지 않다고 보고, 제3세계의 저발전이 유럽을 중심으로 한 서구 세계의 국제적 팽창 과정 속에서 제3세계 국가가 식민지로 편입된 결과로 파악하는 이론이다. 발전을 위해서는 선진국의 종속으로부터 탈피하는 게 중요하다고 주장했다. 근대화 이론과 발전 이론에 대한 대안적 패러다임으로, 1960년대 후반 라틴아메리카에서 등장했다. 대표적인 학자들로는 앙드레 프랑크, 도스 산토스, 사미르 아민, 폴 스위지, 라울 프레비시, 폴 바란 등이 있다. 종속이론은 선진국 정부와 기업이 후진국의 경제 정체를 위해 집단적으로 공모, 행동할 수 있다는 단순한 가정을 바탕으로 한다는 데 약점이 있다. 우리나라에도 1970년대 후반부터 소개돼 1980년대 운동권에 많은 영향을 미쳤다.

영국에서 성공한 자본주의는 유럽 대륙과 미국, 아시아로 전파됐다. 그렇지만 자본주의는 하나의 모델로만 이식된 게 아니었다. 19세기 중엽까지 고립돼 있던 섬나라 일본이 경제 강국으로 떠오른 것은 놀라움 그 자체였다. '아시아의 네 마리 호랑이'인 한국, 대만, 홍콩, 싱가포르는 종속이론의 비관적 예측을 깨뜨렸다. 공산국가 중국이 자본주의 노선을 선택하여 변신한 것은 '민주주의와 자본주의의 친화성'이라는 고전적 명제까지 흔들었다.

『국부론』을 바탕으로 태동한 자본주의는 위기 때마다 창조적 파괴를 통해 발전해왔다. 무너질 뻔한 순간도 더러 있었지만 자본주의의 토대는 당분간 확고해 보인다. "자본주의 자체의 문제가 아니다. 잘못된 정책과 인간의 탐욕을 탓하라"는 앨런 그린스펀 전 미국 연방준비

제도이사회FRB 의장의 말은 여전히 설득력 있다.

미국 외교 전문지 《포린 폴리시Foreign Policy》의 데이비드 로스코프 대기자는 최근 대기업과 정부의 경쟁을 그린 『파워 주식회사Power, Inc』라는 제목의 흥미로운 책을 펴냈다. 로스코프는 20세기 지구촌에서 벌어진 대투쟁이 자본주의와 공산주의의 대결이었다면, 21세기의 투쟁은 다양한 자본주의 간의 대결이 될 것이라고 전망한다. 어느 버전의 자본주의가 가장 효율적이고, 가장 많이 모방될 것인지가 관건이다. 미국식 자본주의, 유럽의 안전망 자본주의, 중국식 자본주의, 인도와 브라질식의 민주적 발전 자본주의, 아니면 싱가포르와 이스라엘 같은 기업적 소국 자본주의? 실험은 지속될 것이다.

함께 읽으면 좋은 책
• 애덤 스미스, 『도덕감정론』, 박세일·민경국 옮김, 비봉출판사, 2009.
• 도메 다쿠오, 『지금 애덤 스미스를 다시 읽는다』, 우경봉 옮김, 동아시아, 2010.

함께 보면 좋은 영화
• 론 하워드 감독, 〈뷰티풀 마인드(A Beautiful Mind)〉, 2001.

거시경제학의 시초

비합리적인 세상에서 합리적인 정책을 추구하는 것보다
더 큰 재앙을 가져오는 것은 없다.

고용, 이자 및 화폐의 일반이론

존 메이너드 케인스
John Maynard Keynes, 1883~1946

《뉴욕타임스The New York Times》는 1929년 1월 1일 신년 사설에서 미국 경제의 장래를 장밋빛으로 그렸다. "미국은 지난 12개월 동안 유사 이래 최고의 번영을 구가했다. 과거를 바탕으로 미래를 예측한다면 새해는 축복과 희망의 해가 될 것이다."

하지만 10개월도 지나지 않은 10월 24일 뉴욕 증권시장의 주식 가격이 폭락하면서 세계 대공황의 서막이 올랐다. 이른바 '검은 목요일'은 자본주의 국가들을 엄청난 경기 침체와 대량 실업의 소용돌이로 몰아넣었다. 여파는 1939년까지 이어졌고 급기야 제2차 세계대전을 불러왔다. 경제 위기를 극복하기 위해 미국은 뉴딜 정책을 도입했으나, 영국, 프랑스 등은 식민지 시장에 의존하는 경제블록을 형성했다. 이들 선진 자본주의국과는 달리 식민지도 거의 없거나 적고, 국내시장도

+ **검은 목요일**(Black Thursday) - 세계 대공황의 발
단이 된 뉴욕 증권시장의 주가 대폭락이 있었던 1929년 10월
24일이 목요일이었기 때문에 붙은 이름이다. 1929년 9월 3일
다우존스 산업 평균 지수는 당시 신기록이던 381.17이었다.
10월 24일 증권거래소 장이 마감될 시점에 이 지수는 299.47로,
20퍼센트 이상 급락했다. 주가 폭락으로 많은 사람들의 재산이
하루아침에 휴지 조각이 되었고 이날에만 11명이 자살했다. 주
식가격은 1930년 말부터 1932년까지 꾸준히 폭락하면서 대공
황으로 이어졌다.

+ **유효수요** - 실제로 물건을 살 수 있는 돈을 가지고
물건을 구매하려는 욕구를 말한다. 확실한 구매력이 뒷받침되는
수요다. 구매력을 동반하지 않는 욕망은 잠재적 수요, 구매력에
관계없이 물건을 갖고자 하는 것을 절대적 수요라고 한다. 소비
와 투자로 이루어지는 유효수요의 크기에 따라 사회, 경제활동
의 수준이 정해진다고 하는 이론을 유효수요 이론이라고 한다.
유효수요 이론은 경기변동의 조정 정책에 자주 쓰인다.

작은 독일, 이탈리아, 일본은 군국주의의 길을 걸었다. 대공황과 세계
대전으로 카를 마르크스가 주장한 자본주의 파멸의 조짐까지 보였다.

경기를 회복하기 위해 정부가 무슨 일이든 해야 하지 않느냐는 절
박한 목소리가 들려왔다. 그럼에도 경제학자나 관료, 정치가 어느 누
구도 대공황의 원인 분석과 뾰족한 회생 방안을 내놓지 못했다. 대다
수 경제학자는 정부가 경제에 개입해도 별다른 효과를 내지 못하는 것
은 물론 사태를 악화시킬 뿐이라는 고정관념에 사로잡혀 있었다.

대공황 와중에 영국의 중견 경제학자 존 메이너드 케인스가 '유

효수요 이론'을 대안으로 내놓았다. 처방전은 1936년 2월에 출간된
『고용, 이자 및 화폐의 일반이론The General Theory of Employment, Interest and
Money』이라는 명저에 담겨 있었다. 유효수요 이론은 소비와 투자로 이
루어지는 유효수요의 크기에 따라 경제활동의 수준이 정해진다는 견
해다. 케인스의 묘방妙方은 정부의 과감한 개입으로 유효수요를 인위적
으로 늘리는 것이었다. 주류 고전경제학자들의 지론인 자유방임주의
로는 완전고용의 실현이 불가능하기 때문에 정부의 개입이나 재정 정
책으로 유효수요를 창출해야 한다는 게 그의 주장이다. 케인스 경제
이론을 흔히 유효수요 이론이라고 일컫는 것도 이 때문이다. 케인스는
흥미로운 비유로 유효수요 이론과 정부 지출의 필요성을 설명한다.

"재무부가 낡은 병에 은행권(지폐)을 가득 채워 폐탄광에 적당한
깊이로 묻은 뒤 도시의 쓰레기를 덮어라. 그 뒤 온갖 시련을 이겨낸
'자유방임주의'의 원칙에 따라 개인 기업에 그 은행권을 다시 파내는
일을 맡긴다면 더 이상 실업이 존재할 이유가 없다. 그 파급효과 덕분
에 공동체의 실질소득과 그 자본의 부富도 훨씬 더 커질 것이다. 사실
주택 같은 것을 짓는 게 더 합리적이겠지만, 그렇게 하는 데 정치적이
거나 현실적인 어려움이 있다면 아무것도 하지 않는 것보다는 나을
것이다."

케인스는 정부의 책무를 강조했지만 정부가 전지전능하다고 주장
한 것은 아니었다. 중요한 것은 국가가 개입하느냐 마느냐의 문제가
아니라 어떤 개입이냐의 문제다.

그는 이 책에서 경제가 나빠졌을 때 임금을 깎는 것은 최악의 정책
이라고 일갈했다. 수요를 늘려야 하는데 임금을 깎으면 역효과가 나

(위) 대공황 초기, 예금을 인출하기 위해 은행 앞에 모여든 인파
(아래) 음식을 배급받기 위해 기다리는 실업자들

기 때문이다. 케인스는 완전고용도 자동적으로 이뤄지는 것이 아니라 정책적으로 실현해야 한다고 주장했다. 공공사업 같은 국가 투자로 완전고용을 실현할 수 있다는 논리다.

당시 경제학을 지배하던 고전경제학파는 "공급은 스스로 수요를 창출한다"는 '세이의 법칙'에 따라 일시적인 마찰 실업은 있을 수 있지만 대체로 완전고용을 실현한다고 주장했다. 이와는 달리 케인스는 화폐임금의 하방경직성下方硬直性이나 노동자의 화폐 환상money illusion 때문에 노동시장은 완전고용에 실패할 수 있으며, 기업의 사업 전망이 비관적이어서 기대 이윤이 지나치게 낮을 때는 자본시장이 실패할 수도 있다고 판단했다. 하방경직성은 수요공급 법칙에 따라 본래 내려야 할 가격이 내리지 않는 경우를 말한다.

케인스는 수학적 기대치가 아닌 인간의 심리적 요인이야말로 경제를 움직이는 원동력이라면서 이를 야성적 충동animal spirits이라고 이름 지었다. 인간의 비경제적 본성을 가리키기 위해 케인스가 이 책에서 처음 사용한 개념이다. 애덤 스미스의 '보이지 않는 손'이 고전 경제학의 핵심 용어이듯 케인스의 '야성적 충동'은 자본주의에 내재된 불안정성을 설명하는 새로운 시각의 핵심 용어다. 케인스는 대부분의 경제활동이 합리적인 경제적 동기에 따라 이뤄지지만, 한편으로는 '야성적 충동'의 영향을 많이 받는다고 파악했다. 케인스는 "비합리적인 세상에서 합리적인 정책을 추구하는 것보다 더 큰 재앙을 가져오는 것은 없다"고 쓴소리를 했다.

케인스는 이 책의 마지막 부분인 「사회철학」에서 자신의 이론이 지향하는 사회 개혁 방향을 제시했다. 그는 '이자 생활자의 안락사'라는

＋　　　　마찰 실업－일시적이고 단발적인 원인에 의해 발생하는 실업을 말한다. 일자리가 있음에도 노동시장의 취업 정보 부족이나 학력 간 인력 수급 불균형 등으로 노동시장의 정보 체계가 효율적이지 못한 경우 마찰 실업이 발생할 수 있다. 마찰 실업은 한 국가 내에서 전체 노동 공급이 수요보다 많지 않더라도 발생하며 호황기에도 발생할 수 있다. 한 국가의 완전고용 상태는 통산 2~3퍼센트의 실업률을 전제로 한다. 이때의 실업이 마찰 실업이다.

＋　　　　노동자의 화폐 환상－임금이나 소득의 실질 가치는 변화가 없는데도 명목 단위가 오르면 임금이나 소득이 올랐다고 받아들이는 것을 말한다. 월급이 3퍼센트 오르고 물가도 3퍼센트 올랐다면 임금의 실질적인 가치 변화가 없는 것인데 임금이 올랐다고 생각하는 것이 이에 해당된다. 노동자들은 임금이 올랐다고 생각한 만큼 노동 공급을 늘리게 되고 이에 따라 생산이 증대해 물가와 생산 사이의 관계를 나타내는 총공급곡선은 상승 커브를 그리게 된다. 이 같은 케인스학파의 이론에 대해 고전파 학자들은 노동 공급자들이 물가가 오르는 것을 정확하게 파악하고 있기 때문에 화폐 환상이란 존재하지 않는다고 주장한다.

용어까지 구사해가며 금융자본을 견제했고, 사회적으로 무익하거나 낭비적인 공공사업보다는 소득재분배의 경제 부양 효과를 선호하는 견해를 드러냈다.

"자본주의의 이자 생활자적 측면은 제가 할 일을 다 한 뒤에는 사라져버릴 하나의 과도적 단계라고 본다. 그리고 이자 생활자적 측면이 사라지면 자본주의 안에 있는 그 밖의 많은 것이 큰 변화를 겪게 될 것이다. 게다가 이자 생활자와 기능을 상실한 투자자의 안락사는 결코 갑작스럽게 일어나는 일이 아니다."

케인스가 책 제목에 '일반이론'이란 말을 붙인 까닭은 거시 경제 시장의 원리가 일반적인 이론이고, 고전경제학파가 말하는 자율적인 시장에 의한 조화는 매우 특수한 이론이라는 것을 한층 강조하기 위해서였다. 케인스는 이론적으로 완전하고 고결한 경제학보다 현실 세상을 좀 더 잘 예측하고 활용할 수 있는 경제학을 이 책을 통해서 설명하려고 한 것이다. 그는 오만하게 보일 정도로 자신감이 넘쳤다. 케인스는 이 책이 발간되기 1년 전 친구 버너드 쇼에게 보낸 편지에서 "지금 나는 사람들이 경제적 문제를 생각하는 방식을, 당장은 아니지만 추측하건대 앞으로 10년 안에 거의 완전히 바꿔놓을 경제 이론에 관한 책을 쓰고 있다고 믿네"라고 썼다. 이 예측은 적중했다.

이 책은 거시경제학이라는 새로운 분과를 낳았다. 케인스가 '거시 경제학의 아버지'라는 칭호를 얻은 것도 이 책 때문이다. 이 책은 프랭클린 루스벨트Franklin Delano Roosevelt, 1882~1945 대통령이 주도한 뉴딜 정책의 이론적 기반이 되기도 했다. 그렇지만 케인스는 제2차 세계대전이 끝난 이듬해인 1946년에 세상을 떠나는 바람에 이 책이 정책적으로 커다란 영향을 미치는 걸 보지 못했다. 출간 후 제2차 세계대전이 일어나 전시체제로 들어갔기 때문이다.

전후부터 1970년대 후반까지 케인스 이론은 30여 년간 자본주의 세계의 지배적인 경제사상으로 군림했다. 이 책으로 '케인스 혁명'이라는 말이 탄생했으며, '수정자본주의'라는 용어도 만들어졌다. 이 때문에 이 책은 애덤 스미스의 『국부론』, 카를 마르크스의 『자본론』과

+ **뉴딜 정책**(New Deal Policy) - 프랭클린 루스벨트 미국 대통령이 경제 대공황을 극복하기 위해 1933년부터 실시한 경제, 사회 정책을 총칭해서 일컫는 용어다. 이 정책은 국가가 시장경제에 적극 개입해 자유주의 경제 활동을 조정하는 방식이다. 루스벨트 정부는 과잉 생산을 방지하고, 노동자와 농민의 소득을 향상시킴으로써 유효수요를 창출했다. 일례로 테네시강 유역을 개발하는 정부 주도의 대규모 공공사업을 전개해 일자리를 만들고 국민의 소득을 높였다.

더불어 3대 경제학 바이블로 꼽힌다. 케인스가 자본주의를 구했다고 말할 정도다.

케인스만큼 미국 역대 대통령의 경제정책에 지대한 영향을 끼친 인물도 드물다. 토드 부크홀츠 하버드 대학교 교수는 "프랭클린 루스벨트에서 리처드 닉슨에 이르는 미국의 모든 대통령이 케인스 넥타이를 맸다고 해도 과언이 아니다"고 상찬한다. 이 책은 경기 침체 때마다 미국 대통령이 애용하는 '만병통치약'이 됐다. 불경기가 오면 정부는 연방 지출을 늘리거나 세금을 내려 경제가 회생할 때까지 일시적으로 재정 적자를 냈다. 반대로 상품의 수요가 공급을 초과할 만큼 급증해 물가가 오르기 시작하면 정부는 지출을 줄이거나 세금을 올려 수요를 안정시켜나갔다. 케인스의 처방은 다른 주요 국가에서도 채택돼 성공을 거뒀다. 덕분에 세계경제는 장기 호황을 누렸다. 대공황 이후 케인스 이론에 도전하는 사람이 없었다.

1965년 마지막 날 《타임》은 커버스토리에 '이제 우리는 모두 케인스주의자다'라는 유명한 제목을 달았다. 1971년 보수주의자인 리처드 닉슨 대통령도 "나는 이제 경제정책에서 케인스주의자가 되었다"고 선언했다. 케인스의 최대 라이벌이자 신자유주의의 기수인 프리드리히 하이에크는 케인스 사후 "그는 내가 알았던 이들 가운데 유일하게 진정으로 위대한 인물이었으며, 나는 그를 존경해 마지않는다"고 털어놨다. 케인스는 경제학 학위를 받은 적이 없으며, 학위라고는 수학 학사 학위가 전부였다.

1970년대 후반 경기 침체와 물가 상승이 동시에 일어나는 스태그플레이션stagflation이 나타나면서 케인스 이론은 통화주의와 신자유주의에 밀려나 천덕꾸러기 신세가 되기에 이르렀다. 하지만 30여 년이 지난 후 2008년 미국발 세계 금융 위기가 몰려오자 케인스가 갑자기 복권됐다. 시장 친화력을 강조하는 관료는 물론 신자유주의의 선두이던 월가의 투자은행들조차 케인스를 읊어댔다. 이 정도면 가히 '롤러코스터를 탄 케인스'다. 케인스 전기를 쓴 로버트 스키델스키는 "케인스 사상은 세계가 필요로 하는 한 살아 있을 것"이라고 평가한다.

함께 읽으면 좋은 책
• 로버트 스키델스키, 『존 메이너드 케인스』, 고세훈 옮김, 후마니타스, 2009.
• 니컬러스 웝숏, 『케인스 하이에크』, 김홍식 옮김, 부키, 2014.
• 하이먼 민스키, 『케인스 혁명 다시 읽기』, 신희영 옮김, 후마니타스, 2014.

신자유주의의
수원지

국가를 항상 지상의 지옥으로 만들어온 것은
인간이 그것을 천국으로 만들려고 애쓴 결과였다.

노예의 길

프리드리히 하이에크
Friedrich Hayek, 1899~1992

"아버지, 지금 베를린 장벽이 무너지고 있어요. 사회주의가 무너지고
있다고요." 1989년 11월 9일 베를린 장벽이 붕괴되는 광경을 텔레비
전으로 목격한 로렌스 하이에크 박사가 흥분해서 소리쳤다. 병실에
누워 있던 아버지 프리드리히 하이에크는 단 한마디로 받아넘겼다.
"거 봐, 내가 뭐랬어!"

하이에크는 이미 오래전에 사회주의의 몰락을 예언했다. 그는
1992년 3월 23일 세상을 떠나기 직전 동유럽 사회주의 국가들과 소
련이 무너지는 것을 모두 지켜보았다.

자유주의를 인류 사회에 정착시키는 데 평생을 바친 경제학자 하
이에크가 사회주의의 붕괴를 예견한 것은 1944년에 출간한 대표작
『노예의 길The Road to Serfdom』에서였다. 하이에크는 사회주의가 인류를

노예의 길로 인도하는 나쁜 이념이자 진보를 가장한 '악'이라고 여겼다. 사회주의자들이 '위대한 유토피아'라고 일컫는 '민주주의적 사회주의'는 실현 불가능할 뿐만 아니라 이를 추구하는 사람들도 결코 그결과를 수용할 수 없는, 전혀 다른 체제를 낳을 것이라고 단정 짓는다. 이 때문에 하이에크는 '이념 전쟁'을 통해 사람들의 생각을 바꾸어놓는 데 일생을 보냈다. 자신은 경제학자이지만 『노예의 길』은 '정치 서적'이라고 명백하게 밝히기도 했다.

하이에크는 히틀러의 독재와 소련에서 벌어진 전체주의의 아픈 경험을 바탕으로 사회주의 색채로 물들어가는 영국인들에게 그 위험성을 경고하고, 자유주의에 기반을 둔 자본주의 체제의 우월성을 입증하려는 결의로 『노예의 길』을 썼다. '모든 당파의 사회주의자'에게 헌정하는 이 책에서 그는 모든 계획은 반드시 전체주의로 통한다며 파시즘과 사회주의에 맹공을 퍼붓는다.

하이에크는 시장의 '자생적 질서'를 계획이나 정책이라는 수단을 통해 '인위적 질서'로 바꾸려 들면 애초의 선한 의도에도 불구하고 사태를 악화시킬 뿐이라고 주장한다. 그는 '국가를 항상 지상의 지옥으로 만들어온 것은 인간이 그것을 천국으로 만들려고 애쓴 결과였다'는 독일 시인 프리드리히 횔덜린Friedrich Hölderlin, 1770~1843의 풍자를 인용하면서 사회주의자들을 꼬집었다. 하이에크는 훗날 이를 인간의 '치명적 자만'이라고 명명한다. 말년에 펴낸 그의 또 다른 역작 『법·입법·자유』도 이 같은 자생적 질서론에 기초한 독창적인 사회철학을 펼쳐 보인 것이다.

그는 계획경제 체제를 이상적으로 생각하는 사람들이 독재적인 방

+   사회주의 - 생산수단의 사회적 소유와 관리를 주장하는 사상이나 제도로, 자본주의의 노동임금 착취와 그에 따른 경제적 불평등에 반발하여 생긴 이데올로기이다. 개개인의 의사와 자유보다는 사회 전체의 이익을 중시하여 재화의 생산보다는 재화의 가치 배분에 더욱 관심을 둔다. 사회주의는 원래 공산주의와 같은 의미로 사용되었다. 카를 마르크스와 프리드리히 엥겔스가 1848년 「공산당 선언」을 쓴 뒤 의미의 차이가 발생했다. 사회주의는 국가가 생산 기반만 통제하는 것이고, 공산주의는 분배까지 통제하는 것이다. 공산주의는 사유재산 자체를 철폐하고, 모든 재산을 공동소유로 하는 사회제도를 의미한다.

+   자유주의 - 개인의 자유를 존중하고, 봉건적 공동체의 구속과 국가의 간섭을 배격하려는 사상이다. 국가와 사회제도는 개인의 자유를 보장하는 선에서 존재하며, 개인의 자유를 최대한 발휘할 수 있도록 여건을 조성해주는 데 의미가 있다고 여긴다. 자유주의의 핵심은 인간 중심적 사고로부터 출발한다. 서양에서는 인문주의가 등장한 르네상스로부터 시작됐다.

+   자본주의 - 자본이 사적으로 소유되고 관리되는 정치적, 사회적, 경제적 체제를 일컫는다. 사용자와 노동자가 주종 관계이던 봉건 제도와는 달리 자유 계약을 기초로 한다.

+   전체주의와 파시즘 - 전체주의는 국가나 민족 같은 전체의 존립과 발전을 위해 개인의 모든 것을 바쳐야 한다는 이념이다. 이탈리아의 파시즘, 독일의 나치즘, 일본의 군국주의 등을 가리키는 말로 사용되다가 제2차 세계대전 이후의 냉전 체제하에서는 공산주의를 지칭하며 전용되기 시작했다. 파시즘은 좁게는 무솔리니의 이탈리아 파시스트당의 정치 체계를, 넓게는 이탈리아 파시즘과 같은 본질을 갖는 운동과 지배 체제를 지칭한다.

식으로 운영되는 지시 경제를 문제의식 없이 받아들이는 것은 위험하다고 경고한다. 계획경제 체제야말로 창의성을 기대하기 어렵고 생산적인 경쟁도 이끌어낼 수 없다는 게 그 이유다. 하이에크는 경쟁을 부정적으로 보는 사람들에게 일격을 가한다. 가난한 사람도 큰 부를 쌓을 수 있는 유일한 시스템이 경쟁 체제라는 게 반박의 근거다.

중국의 개혁, 개방을 결단한 덩샤오핑鄧小平, 1904~1997은 1978년 노령의 하이에크를 초청했다. "어떻게 하면 중국 인민을 굶주림에서 구할 수 있겠습니까?" 덩샤오핑의 물음에 하이에크는 이렇게 답했다. "농민들에게 그들이 생산한 농산물을 마음대로 처분할 수 있도록 하십시오." 그 뒤 중국은 집단농장에서 생산해 똑같이 분배하던 방식을 바꿔 국유지를 농민에게 임대해 생산량의 일부만 정부에 내도록 했다. 농산물의 자유 시장을 허용한 지 3년 만에 중국인들은 기아에서 벗어나기 시작했다.

이 책은 흥미로운 일화를 남겼다. 강성 노조와 공공 부문 방만이라는 '영국병病'을 고친 대처리즘의 숨은 공신으로 알려진 영국 경제문제연구소와 관련된 얘기다. 이 연구소를 창설한 안토니 피셔Antony Fisher, 1915~1988는 『노예의 길』을 읽고 자유주의의 중요성을 깨달은 뒤 하이에크를 찾아갔다. "이상을 실현하기 위해 제가 정치에 입문하면 어떨까요?"라고 묻자 하이에크는 "아니오. 사회의 개혁은 오직 사상의 변화에 의해서만 이뤄집니다. 당신이 먼저 합리적 주장으로 지식인, 교사, 작가 들을 설득하고 이런 사상이 그들의 영향으로 보편화될 때 정치인들은 자연히 따라올 것입니다"라고 대답했다. 이 말을 들은 피셔는 1955년 양계 사업으로 번 돈을 연구소 설립에 투자했다.

『노예의 길』은 출간되자마자 영국은 물론 미국 등지에서도 하이에
크가 순회강연을 해야 할 만큼 주목받았다. 당대 최고의 경제학자 케
인스도 깊은 공감의 뜻을 전했다. "도덕적으로나 철학적으로나 당신
의 견해에 큰 감명을 받았습니다. 어느새 내가 당신의 견해에 전적으
로 동의하고 있더군요."

하지만 이 책과 하이에크는 케인스라는 거목의 그늘에서 30년 넘
게 찬밥 신세로 지내야 했다. 1930년대 말 세계 대공황 이후 케인스
가 자본주의 세계의 정책과 지식 분야를 온통 지배하고 있었기 때문
이다. 시대착오적이고 극단적인 자유 시장 옹호자로 냉대받으면서도
하이에크는 자신의 생각을 세밀하게 가다듬고 세상을 설득해나갔다.

1970년대 초 경제 불황 속에서 물가 상승이 동시에 발생하는 스태
그플레이션 현상이 나타나 케인스 이론이 더 이상 통하지 않자 하이
에크의 경제철학이 양지로 나오기 시작했다. 이후 태동한 신자유주의
물결은 하이에크의 『노예의 길』이라는 수원지에서 나온 것이다. 이 공
로로 그는 1974년 노벨경제학상을 받았다.

하이에크의 사상은 1980년대 영국의 대처리즘과 미국의 레이거노
믹스에 지대한 영향을 끼쳤다. 『노예의 길』은 당시 옥스퍼드 대학교
학생이던 마거릿 대처 영국 총리의 손에 들어가 40년 뒤 세상을 바꾸
는 결정적인 촉매가 됐다. 동유럽 공산권 붕괴 이후 추진된 민영화 정
책도 『노예의 길』과 만난다. 케인스가 그랬듯이 하이에크도 30여 년
간 세계경제의 흐름을 주도했다.

2008년 미국발 세계 금융 위기가 불거지면서 신자유주의의 종말
을 알리는 나팔 소리와 더불어 하이에크의 명성이 다소 가라앉고 케

하이에크의 사상을 정치에 적용한 대표적 인물인 로널드 레이건과
마거릿 대처

+　　　**대처리즘** - 마거릿 대처(Margaret Thatcher, 1925~2013) 전 영국 총리가 추진했던 사회, 경제정책을 통칭하는 말이다. 공기업 민영화, 재정지출 삭감, 규제 완화와 경쟁 촉진 등을 포함한다. 인플레이션을 극복하고 경기를 회복하는 데는 성과가 있었으나 더욱 심각해진 실업 문제로 국민들의 불만이 고조되며 비판받기도 했다.

+　　　**레이거노믹스** - '레이건'과 '이코노믹스'의 복합어로, 로널드 레이건(Ronald Reagan, 1911~2004) 전 미국 대통령이 추진한 경제정책을 이르는 말이다. 세출 삭감, 세금 감면, 기업에 대한 정부 규제 완화, 안정적 금융정책 등을 통해 공급 측면을 자극함으로써 스태그플레이션에서 벗어나려고 했다. 케인스의 유효수요 이론에서 벗어난 것이어서 관심을 끌었지만, 적자 재정 급증의 한 원인으로 지목되기도 했다.

인스가 복권됐다. 하지만 2010년 주요 선진국들의 정부 부채 위기가 몰아치자 하이에크 진영의 반격이 재개됐다. 이처럼 케인스의 '정부' 대 하이에크의 '시장' 전쟁은 쉽사리 끝이 보이지 않는다. 케인스주의자들이 시장 기능이 작동하지 않아 생긴 시장의 실패를 들먹이면, 하이에크주의자들은 금융 위기는 정부 개입에 따른 정책의 실패라고 맞받는다. 하이에크는 생전에 케인스와 자신의 차이를 익살스럽게 설명한 적이 있다. "케인스가 많은 것을 아는 여우라면, 나는 오직 한 가지 큰 사실만 아는 고슴도치다."

하이에크에 대해서 두 가지 시각이 병존한다. 보수 진영은 자유 시장경제의 옹호자로서 그를 환영한다. 좌파 진영은 전체주의에 맞서기 위해 개인의 존엄성을 강조한 나머지 공동체적 기반마저 허무는 우를 범한 '시장 근본주의자'라고 비판한다. 좋은 정부의 긍정적인 개입이 존재할 수 없다고 전제하는 점도 한계라고 지적하는 이들이 있다. 사회 구성원의 안전과 행복을 지켜주지 못하는 무능하고 나쁜 정부의 개입은 도리어 해악이 될 수 있으나 좋은 정부의 바람직한 개입까지 부정하는 것은 또 다른 독단이 될 수 있기 때문이다.

『노예의 길』은 시장의 중요성과 자유의 소중함을 수시로 되새겨보게 한다. 러시아와 동유럽 국가들의 체제 전환과 쿠바의 변화를 보면 『노예의 길』은 분명한 길을 제시한 셈이다. 체제 전환을 거부하고 외길을 걷고 있는 북한에게도 언젠가는 이 책이 주는 메시지가 받아들여질 여지가 남아 있다.

함께 읽으면 좋은 책
• 밀턴 프리드먼, 『자본주의와 자유』, 심준보·변동열 옮김, 청어람미디어, 2007.
• 박종현, 『케인즈&하이에크』, 김영사, 2008.

유럽 자본주의 기원의 탁월한 분석

합리적 자본주의 정신의 뿌리는
프로테스탄트 윤리다.

프로테스탄트 윤리와 자본주의 정신

막스 베버
Max Weber, 1864~1920

카를 마르크스와 이름이 비슷하다는 이유로 한국에서 유난히 오랫동안 수난을 겪고 있는 인물이 막스 베버다. 군사독재 정권 시절 대학가에서 검문검색을 하던 경찰은 학생이 들고 다니는 막스 베버의 책을 발견하면 무조건 압수하곤 했다. 마르크스를 부르던 이름 '맑스'와 베버의 '막스'를 구분하지 못해서 일어난 수난은 1950년대나 21세기를 가리지 않는다.

2004년 국군기무사령부가 발표한 병영에 반입할 수 없는 금서 목록에 막스 베버의『프로테스탄트 윤리와 자본주의 정신』이 포함되었다. 공산주의 찬양, 동조가 의심된다며 경찰청 공안문제연구소가 이 책에 대해 국가보안법 위반 감정을 내렸기 때문이다. 마르크스와 이름이 비슷한 데다 그의 대표작『자본론』과 책 이름마저 흡사했던 게

죄라면 죄다. 그러자 시중에는 "맑스 때문에 애꿎은 막스가 고생한다"
는 우스개까지 나돌았다.

베버의 대표작인 『프로테스탄트 윤리와 자본주의 정신』은 영국 사
회학자 앤서니 기든스Anthony Giddens, 1938~ 가 평했듯이 근대 사회과학
분야에서 가장 유명하면서도 논쟁적인 저작 가운데 하나다. 베버의
궁금증은 근대의 합리적인 자본주의가 왜 유럽에서만 싹터 성공적으
로 정착했을까 하는 것이었다. 이는 서구의 역사가들은 더 말할 것도
없고, 20세기에 들어서야 식민 지배를 청산한 뒤 근대국가를 세운 제
3세계의 학자들에게도 중요한 질문이었다.

그는 근대 유럽의 자본주의 기원을 문명 비교 분석 방법으로 찾아
냈다. 이윤 추구 동기에 따라 작동하는 '모험가적 자본주의'는 동서와
고금을 가리지 않고 존재했다. 지리적으로는 중국·인도·바빌론에,
시대적으로 고대와 중세에도 있었다. 서부 유럽의 경우 이와 구별되
는 합리적 자본주의가 출현했다는 점이 독특하다는 게 베버의 생각이
다. 이 같은 합리적 자본주의 정신의 뿌리는 칼뱅주의로 대표되는 금
욕적 프로테스탄트 윤리라고 베버는 맥을 짚었다. 베버는 여기서 유
럽이나 서양을 단순히 지리적 개념으로 파악하지 않고 '합리성'이라
는 특정 사고방식을 공유하는 집단으로 설명했다.

베버는 자본주의가 태동한 영국의 청교도가 따르는 금욕주의야말
로 합리적 자본주의의 촉매라고 여겼다. 금욕주의는 사치와 향락, 태
만을 죄악시하는 반면 부의 축적을 윤리일 뿐만 아니라 신의 명령으
로 받들었다. 근검절약과 성실한 노동을 통한 부의 획득은 곧 신의 축
복이란 생각으로 이어졌다. 베버는 금욕주의가 돈벌이의 윤리적 멍에

+ **칼뱅주의** – 스위스의 종교개혁자 장 칼뱅(Jean Calvin, 1509~1564)에게서 발단한 종교 사상이다. 칼뱅주의는 인간의 운명은 이미 결정되어 있으며, 직업 노동과 부의 추구를 신의 섭리로 받아들일 때 구원이 가능하다는 예정설을 중시했다. 특히 사회생활에 적극적으로 임할 것, 설교 중심의 예배를 드릴 것, 교회가 국가의 예속에서 벗어날 것을 역설했다. 스위스뿐만 아니라 유럽 각지로 확산되어 독일·네덜란드에서는 개혁파, 프랑스에서는 위그노파, 스코틀랜드에서는 장로파, 영국에서는 청교도 등 여러 교파를 탄생시켰다.

+ **프로테스탄트** – 1529년 2월에 열린 독일 슈파이어 국회에서 루터계 제후들과 여러 도시가 황제 카를 5세를 비롯한 로마가톨릭 세력의 억압에 항거한 데서 유래한 용어다. 루터파 교도들이 이때 얻은 별명인 '프로테스탄트(항의하는 자)'는 세월이 흐르면서 신교도 전체를 이르게 된다. 프로테스탄트는 독일, 영국, 네덜란드, 스칸디나비아 제국을 비롯해 전 유럽으로 퍼졌고, 이민자들을 통해 북아메리카까지 확산됐다.

를 벗겨주고 자본 축적의 명분을 제공했다고 본 것이다. 더 단순화하면 가톨릭의 교조적 정신에서 벗어난 종교개혁이 유럽의 합리적 자본주의를 낳았다는 것으로 귀결된다.

프로테스탄트가 득세하면서 게으름이 비판을 받고 원죄를 가진 인간은 노동을 하는 것이 바람직하다고 여기게 됐다. 칼뱅주의의 '직업 소명설'과 '예정 교리'의 영향으로 프로테스탄트들은 구원받기 위해 더 열심히 일했다.

종교개혁 이전 가톨릭이 대세였던 유럽에서는 노동을 그리 신성하게 여기지 않았다. 19세기 중반까지 성월요일St. Monday이라는 전통이 있었다. 토요일부터 술과 유흥에 빠져 지낸 노동자들이 월요일에도 일에 복귀하지 못한 채 쉬는 게 문화처럼 굳어져 있었다. 산업혁명 이전까지 노동에 대한 가치관은 지금과는 현격하게 달랐다. 더 많은 수입을 위해 지나치게 일하기보다는 적당히 일하고 나머지 시간을 자기 쾌락을 위해 쓰는 게 자연스러웠다. 경쟁도 치열하지 않았다. 그러나 산업혁명 이후 임금노동자가 등장하면서 필요한 만큼 일하는 시대는 끝났다.

금욕적 프로테스탄트 윤리가 '시민계급의 직업 정신'도 낳았다고 베버는 말한다. 시민계급의 직업 정신이야말로 자본주의의 도약을 이끌어낸 원동력이 됐다. 베버는 자본주의가 근대인의 삶의 운명을 가장 강력하게 결정하는 힘이라는 일반적인 관념을 논의의 전제로 삼는다. 반면 영리욕이나 화폐욕을 자본주의와 동일시하는 통념에는 단호하게 반대한다. 베버가 주장하는 자본주의 정신은 다음과 같이 설명할 수 있다. 첫째, 노동은 그 자체로 가치가 있다. 둘째, 정직하고 근면한 노동을 통해 돈을 버는 것이 인생의 중요한 목표다. 셋째, 쓸데없는 휴식과 게으름을 물리치고, 치밀한 시간 계획을 실천한다. 넷째, 돈을 모으기 위해 절약하고 검소하게 생활한다.

베버는 벤저민 프랭클린Benjamin Franklin, 1706~1790의 자서전에서 이 같은 자본주의 정신을 찾아냈다고 한다. 프랭클린의 자서전에서 드러난 윤리의 최고선은 과거와 달리 '더욱 더 많은 돈을 버는 것, 그것도 모든 향락을 엄격히 피하고 행복주의와 쾌락주의를 철저히 지양하면서 돈을 버는 것'에 있었다. 프랭클린은 근면하고 금욕적인 자세로 자수성가한 대표적인 인물이다.

베버의 탁월함은 이 책에서 자신의 견해를 객관적인 사회과학 방법론에 따라 설명한 데 있다. 이 방법론은 가치 문제를 중시하면서도 주관적 가치가 아닌 가치중립적 관점을 취했다. 문화의 세계는 '이익의 세계'가 아닌 '가치의 세계'여서 가치를 떠나서는 어떠한 사회과학 연구도 진전되지 않는다고 베버는 주장했다. 베버는 특히 특정 가치관이나 태도에 치우치지 않는 '가치중립'의 자세가 중요하다고 강조했다. 베버가 처음 만든 이 용어는 오늘날에도 매우 유용하다. 이 때문에 그는 사회학을 창시한 사상가로 높이 평가받는다. 베버는 관념적 동기가 자본주의라는 생산양식을 만들어냈다고 정의하지 않고, 단지 관념적·종교적 동기가 근대 자본주의라는 독특한 역사적 단계가 설립되는 데에 주요한 원인으로 작용했음을 역설한다.

베버는 이 책이 나온 뒤 이념과 종교를 불문하고 모든 분파로부터 비난의 화살을 받았다. 마르크스주의자들은 자본주의를 생산수단의 소유가 아닌 정치, 문화적인 영역으로 분석한 베버를 공격했다. 가톨릭 쪽에서는 구교 문화를 세속적 향락으로 매도한 것에 반감을 가질 수밖에 없었다. 심지어 프로테스탄트 사상가들로부터도 호응을 받지 못했다. 책 곳곳에 나오는 자본주의의 우울한 미래를 암시하는 듯한 묘사 때문이다.

이미 중세 시대에 자본주의가 움트기 시작했으며 이탈리아의 가톨릭 도시국가에서 복식부기와 다양한 금융 기법이 생겨났다는 실례를 들어 베버의 논리적 취약성을 지적하기도 한다. 베버를 반박하는 학자들은 자본주의 정신이 전적으로 프로테스탄트 윤리에 의지하지 않았다는 근거를 든다.

그럼에도 베버의 주장에 손을 들어준 것은 역사였다. 1904년 처음 논문으로 발표된 이후 베버의 견해는 청교도의 영향을 받은 유럽인이 신대륙으로 건너가 만든 미국이 근대 자본주의의 종주국이 된 것만으로 어느 정도 입증됐다. 미국은 지금도 이른바 와스프WASP, White Anglo-Saxon Protestant의 약자가 주류 계층을 이루고 있다. 독일인들이 직업에 대한 소명 의식이 강한 것 역시 프로테스탄티즘과 밀접한 연관이 있다고 한다. 독일은 칼뱅에 앞서 마르틴 루터의 본격적인 종교개혁운동으로 일찌감치 프로테스탄트 윤리가 정착한 나라다.

20세기 후반 동아시아에서 꽃핀 자본주의는 베버의 주장과 거리가 있다는 비판도 제기된다. 동아시아 국가에서 유교 윤리가 후발 자본주의 발전에 중요한 구실을 하고 있다는 뚜웨이밍 하버드 대학교 교수의 주장이 근거로 제시된다. 일본, 한국, 대만, 홍콩, 싱가포르 등이 대표적인 본보기다. 서양과 동양의 차이는 직업과 노동에 대한 의식, 삶에 대한 태도와 밀접한 관련을 갖는 종교적 측면에 있다는 게 베버의 주장이었다.

이 같은 새로운 견해를 『프로테스탄트 윤리와 자본주의 정신』의 파생물로 보는 이들도 있다. 베버 사상의 영향 때문에 유교 윤리에 기반을 둔 '동아시아의 자본주의 정신'이라는 개념이 등장했다는 것이다. 이러한 반박은 '선택적 친화력'으로 설명할 수 있다. 선택적 친화력은 어떤 사회집단과 특정 이념이 서로 떨어지지 않고 갈구하는 과정을 의미한다. 이 경우 양자 간에 코드가 맞아 시너지 효과를 낸다. 프로테

+　　　**선택적 친화력**(elective affinity)－독일 화학자 막스 베르크만(Max Bergmann, 1886~1944)은 두 가지 물질을 섞어 놓으면 그 물질들을 구성하는 특정한 원소들끼리 예외 없이 서로 이끌려 달라붙는다는 것을 실험으로 확인하고 이것을 '선택적 친화력'이라고 이름 붙였다. 알칼리와 산은 비록 서로 대립하고 있지만, 바로 그 사실 때문에 서로 붙잡고 변화시키면서 새로운 물질을 만들어낸다. 막스 베버도 자본주의 정신과 프로테스탄트 윤리가 서로 선택적 친화력을 갖는다고 보았다.

스탄티즘과 유교는 서로 성격이 다르지만 종교 윤리라는 공통점을 지닌다. 유교 윤리와 자본주의 정신의 관계도 베버가 주장하는 프로테스탄트 윤리와 자본주의 정신의 관계와 같은 선택적 친화력으로 설명할 수 있다는 것이다.

　최근 중국을 이끌어가는 학자들이 이 책을 즐겨 읽는다고 한다. 베버 연구에 천착하는 중국 오피니언 리더들의 생각을 엿볼 수 있는 대목이다. 동아시아의 발전과 관련한 학문 연구에 미친 이 책의 영향이 결코 작지 않다.

함께 읽으면 좋은 책
· 카를 뢰비트, 『베버와 마르크스』, 이상률 옮김, 문예출판사, 1992.
· 막스 베버, 『막스 베버의 사회과학 방법론』, 전성우 옮김, 사회비평사, 1997.
· 막스 베버, 최장집 엮음, 『막스 베버 소명으로서의 정치』, 박상훈 옮김, 후마니타스, 2013.

21세기에도
유효한 경고

인구는 기하급수적으로 증가하고
식량은 산술급수적으로 증가한다.

인구론

토머스 로버트 맬서스
Thomas Robert Malthus, 1766~1834

인구 과잉이 촉발한 지구촌 위기를 그린 영화와 소설이 전 세계에서 주목받았다. 봉준호 감독의 영화 〈설국열차〉는 계급투쟁을 그렸지만, 자원이 한정된 상황에서 인류가 살아남으려면 적정 인구를 유지하는 게 필수 조건이라는 점을 상징적으로 보여준다. 『다빈치 코드』의 작가 댄 브라운의 최근작 『인페르노』는 주인공인 유전공학자 조브리스트의 입을 빌려 "인류를 멸망에 이르게 하는 진짜 질병은 인구 과잉"이라고 주장한다.

이들 영화와 소설은 영국 경제학자 토머스 로버트 맬서스의 문제작 『인구론An Essay on the Principle of Population』에 바탕을 두고 있다. 〈설국열차〉는 열차의 주인 윌포드를 통해 맬서스의 음울한 디스토피아를 적나라하게 묘사했다. 자원이 제한된 열차 안에서 인구와 식량을 조절하기 위해 계획적인 반란으로 인구를 줄여가는 구성은 『인구론』의 논리와 빼닮았다. 단테의 『신곡』 가운데 「인페르노inferno, 지옥」 편에서 영감을 얻어 쓴 댄 브라운의 소설 속 주인공은 인류의 종말을 막기 위해 세계 인구의 3분의 1을 줄이는 생물학적 테러를 기도한다. 그는 『인구론』의 철저한 신봉자로 등장한다.

맬서스의 『인구론』에서 가장 유명한 문구는 '인구는 기하급수적으로 증가하고 식량은 산술급수적으로 증가한다'이다. 이 공식은 익명으로 출간한 초판에만 나온 뒤 2판부터는 빠졌다. 맬서스의 인구 성장에 대한 가설을 요약하면 이렇다.

생존은 인구 규모에 의해 강한 제약을 받는다. 생존 수단이 증가할 때 인구도 증가한다. 인구 증가는 생산력의 증대를 필요로 한다. 생산력의 증대는 더 큰 인구 성장을 기대하게 한다. 생산력의 증대가 인구 성장의 필요 정도를 지속적으로 보장하는 것은 불가능하므로 인구 성장의 수용력은 한계에 봉착한다. 성행위, 노동, 아이 등을 위한 개인의 비용과 수익이 인구의 증가나 감소를 결정한다. 인구가 생존 가능한 규모를 초과하면 자연은 사회 문화적인 잉여(인구)에 대해 특정한 효과를 부과한다. 맬서스는 특정한 효과의 사례로 빈곤, 악, 곤경 등을 들었다.

맬서스는 인간이 무절제한 성욕 때문에 자식을 분별없이 많이 낳는 상황을 그대로 둘 경우 식량 생산이 인구 증가를 따라잡지 못하는 사태가 발생한다고 우려한다. 그 결과는 빈곤의 악순환이다. 그는 인구 급증을 막는 방법으로 전쟁, 기근, 질병 등 사망률을 높이는 '적극적 억제'와 출산율을 낮추는 '예방적 억제'를 들었다. 그가 권고하는 방법은 물론 예방적 억제다. 맬서스가 살던 200여 년 전에는 피임이 보편적이지 않았기 때문에 결혼을 늦게 하거나 금욕으로 출산을 줄여야 한다는 견해를 펼치고 있다.

맬서스는 특히 하층민들이 성욕을 참지 못하고 국가의 빈민 보조금에 기대어 아이를 많이 낳으려 한다고 전제했다. 그는 국가가 빈민자를 구호해 생활 조건을 개선하면 출산율만 높아질 것이라고 걱정했다. 이 때문에 국가가 극빈자를 구호하거나 개인이 자선을 베풀어서는 안 된다고 주장했다. 당시 영국은 산업혁명이 시작된 직후여서 도시 빈민이 증가한 것은 물론 전체 인구가 대폭 늘어나 식량을 수입해야 했다.

다행히 맬서스의 예측은 문명의 발달로 말미암아 빗나갔다. 『인구론』이 출간된 1798년 이후 200여 년 동안 세계 인구는 여섯 배 가량 늘어났지만, 식량 생산량은 훨씬 더 큰 규모로 증가했다. 피임법이 보편화되어 상당수 국가에서 인구가 기하급수적으로 늘어나진 않았다. 식량도 농업과 생산기술의 비약적인 발달로 절대적인 부족은 면했다. 다만 분배의 불균형만 찾아볼 수 있다.

『인구론』은 틀린 예측보다 사회 불평등을 옹호하고 인간의 존엄성을 부정하는 것으로 그려져 더 큰 비난을 받았다. 비판의 표적이 된 내용 일부를 소개한다. "도시의 거리들은 더욱 비좁아져야 하며, 보다 작은 집에 보다 많은 사람이 거주하도록 해 전염병이 창궐하도록 유도해야 한다. 시골의 경우 썩은 물웅덩이 근처에 마을을 짓고, 특히 건강에 유해한 습지대에 새 정착지를 건설하도록 적극 권장해야 한다. 무엇보다 전염병 치료약이 사용되는 것을 막아야 하며, 사회 혼란

Out-door Relief.

맬서스의 영향으로 1834년 구빈법이 엄격하게 개정되어
더욱 비참해진 빈민들의 삶

을 근절할 방안을 기획함으로써 인류에 기여하고 있다고 믿는, 인도주의적이나 잘못된 견해에 사로잡혀 있는 이들을 저지하는 것이 중요하다. 이렇게만 한다면 연간 사망률은 36 내지 40분의 1에서 18 내지 20분의 1까지 높아질 것이고, 그러면 모두가 결혼 적령기에 이르자마자 결혼한다 해도 기근으로 굶어 죽는 사람은 거의 생기지 않을 것이다." 영화 〈설국열차〉에서 무임승차한 꼬리 칸 탑승 인구를 조절하기 위해 앞쪽 칸 사람들이 군대를 동원해 서슴없이 학살을 저지르는 상황과 흡사하다.

이처럼 논쟁적인 주장으로 인해 이 책에 대한 평가는 극단적으로 갈렸다. 『인구론』은 인간이 이성의 힘으로 이상을 실현할 수 있다고 본 사회주의자와 계몽주의자의 세계관을 뒤흔들어놓았다. 전문가들 사이에서는 악명을 떨쳤다. 이 때문에 맬서스는 생전은 물론 사후에도 엄청난 비판과 악담에 시달려야 했다.

『인구론』은 당시 자본가 등 기득권 세력에게는 원군이었다. 빈곤을 정당화하는 듯한 뉘앙스를 풍기는 데다 사회복지에 애쓸 필요가 없다고 주장했기 때문이다. 빈민 구제와 인구 증가를 모두 지지했던 윌리엄 피트 영국 총리도 입장을 바꿔 둘 다 반대했다. 그렇지만 맬서스에게 악의나 우생학적인 숨은 의도 같은 게 있었다고 보기는 어렵다. 그는 빈곤과 인구 증가 중 후자가 더 큰 해악을 끼칠 수 있기에 작은 해악을 감내하는 편이 낫다고 여겼기 때문이다.

맬서스는 초판을 익명으로 출간하면서 제목도 '인구의 원리에 관한 소론: 윌리엄 고드윈, 콩도르세, 그 외 여러 저술가의 연구를 논평하면서 장래의 사회 개혁에 미치는 영향을 고찰함'이라고 길게 붙였다. 파격적인 주장의 반향을 예견했기 때문이다. 2판부터는 유럽 각국의 인구 관련 자료를 망라해 객관성을 보강했다. '도덕적 억제'를 통한 인구 문제 해결 가능성도 낙관적으로 바꿨다. 빈민 구제에 대해서는 관련 법률의 완전 폐지가 아니라 점진적인 폐지가 좋겠다고 한발 물러섰다.

『인구론』에 대한 비판은 자본주의 경제에 낙관적인 경제학자, 마르크스주의자 들이 주도했다. 개혁주의자들은 맬서스의 철자를 고쳐 몬스터monster라고 불렀을 정도다. 독일 경제학자이자 사회학자인 베르너 좀바르트는 식량 생산력의 비약이라는 변수를 간과한 『인구론』을 "세계의 문헌 가운데 가장 멍청한 책"이라고 조롱했다.

카를 마르크스는 맬서스가 말하는 과잉 인구란 자본주의에 의해 불가피하게 생기는 상대적 과잉일 뿐이라고 폄훼했다. 소설가 찰스 디킨스는 절망에 빠진 빈민층을 위로하고 『인구론』을 공격하기 위해 구두쇠 스크루지가 개심한다는 내용의 명작 『크리스마스 캐럴』을 썼다고 한다.

반면 존 메이너드 케인스는 『인구론』의 가치를 다르게 평가했다. "인구론은 젊은 천재의 작품이다. 인구론의 중요성은 그가 발견한 사실들이 신기한 데 있는 것이 아니다. 그러한 사실에서 나오는 단순한 법칙을 강조한 데 있었다. 이 책은 사상의 진보에 거대한 영향을 미쳤다." 케인스는 "만일 리카도가 아니라 맬서스가 19세기 경제학이 뻗어 나온 근간이었더라면, 오늘날 세계는 얼마나 슬기롭고 풍요한 곳으로 되었을 것인가"라며 추어올렸다. 독일 경제학자 구스타프 콘은 "역사를 통틀어 모든 국가 경제에 토대가 되는 가장 중요한 자연법"

이라고 극찬했다.

『인구론』은 빗나간 예측과 온갖 비난에도 20세기 이후 세상을 바꾸는 촉매가 됐다. 제2차 세계대전 이후 인구 폭발을 경험한 개발도상국들이 맬서스의 이론에 주목했기 때문이다. 맬서스의 경고는 1970~1980년대까지 한국과 중국을 비롯한 대다수의 개발도상국에서 위력을 떨쳤다. 중국의 엄격한 '한 자녀 정책'은 『인구론』의 영향을 결정적으로 받은 사례다. 이 정책은 요리, 한자와 더불어 중국에서 정확히 수를 셀 수 없는 세 가지 가운데 하나라는 인구의 증가율을 연 1퍼센트로 끌어내렸다. 한국도 이 책의 영향을 지대하게 받은 나라 가운데 하나다. 1960년대 세 자녀 운동과 1970~1980년대 두 자녀 운동으로 인구 억제 정책을 폈다. 오늘날에는 저출산을 걱정할 만큼 세상이 달라졌지만 말이다.

지구촌 전체로 보면 맬서스의 우려는 여전히 유효하다. 유엔은 세계 인구가 2030년 85억 명, 2050년에는 97억 명에 달할 것이라고 추산한다. 『인구론』은 1801년 영국 최초의 근대적 인구 조사가 실시되는 원동력으로 작용한 바 있다.

1972년 로마클럽The Club of Rome 보고서 『성장의 한계Limits to Growth』는 인구 증가와 이로 말미암은 천연자원 고갈, 환경오염 등으로 인류가 앞으로 100년 이상 버티기 어렵다고 진단해 전 세계에 충격을 안겼다. 여기에 '신新맬서스 이론'이라는 이름이 붙었다.

『인구론』은 찰스 다윈의 진화론 정립에도 결정적인 다리 역할을 한 것으로 유명하다. 다윈은 『종의 기원』 서문에서 맬서스의 『인구론』을 모든 동식물에 적용한 것이 자신의 이론이라고 설명했다.

맬서스가 기술 진보의 위력을 과소평가하는 실수를 저질렀음에도 『인구론』에 담긴 통찰과 현실주의적 비판 의식은 오늘날에도 긴요하다. 전문가들은 2025년에는 세계 인구 가운데 3분의 1이 굶주림에 시달리고 18억 명이 물 부족으로 고통 받을 것이라고 경고하고 있다. 식량을 물, 석유 등으로 확대하면 『인구론』의 경고는 더욱 심각해진다. 맬서스를 거짓 예언자로 폄하해서는 안 된다는 의미다.

함께 읽으면 좋은 책

- 레스터 브라운, 『맬서스를 넘어서』, 이상훈 옮김, 따님, 2000.
- 그레고리 클라크, 『맬서스, 산업혁명 그리고 이해할 수 없는 신세계』, 이은주 옮김, 한스미디어, 2009.
- 제임스 리·왕펑, 『인류 사분의 일』, 손병규·김경호 옮김, 성균관대학교출판부, 2012.

함께 보면 좋은 영화

- 봉준호 감독, 〈설국열차〉, 2013.

일터를 지배하는
원리

훈련된 원숭이가 웬만한 사람보다 더 잘할 수 있는
단순 노동일지라도 과학적 분석이 필요하다.

과학적 관리법

프레드릭 테일러
Frederick Winslow Taylor, 1856~1915

20세기를 눈앞에 둔 1899년, 광활한 북미 대륙 전역에서 철도가 건설
되고 있을 때였다. 미국 펜실베이니아 주 베들레헴 제철소에서 40대
중반의 남성이 이 회사 노동자들을 대상으로 전 세계에서 한 번도 해
본 적이 없는 실험을 시작했다. 노동자들에게 하루 작업량을 할당한
뒤 이를 초과한 사람에게는 성과급을 주지만, 목표치를 채우지 못하
거나 이를 거부한 사람은 해고하는 일이었다.

그는 노동자들이 42킬로그램짜리 선철을 화차에 실어 나르는 광경
을 면밀히 관찰하기 시작했다. 허리가 끊어질 정도로 열심히 일하는
노동자들은 하루 75톤의 선철을 짊어지고 날랐다. 이는 이전 작업 수
치의 여섯 배에 달하는 것이었다. 이틀간의 관찰 끝에 그는 공정 작업
량을 달성하기 위해서는 노동자 1명당 하루 45톤을 나르는 것이 적절

하다고 결론지었다. 이전 작업량의 세 배였다.

이 실험자는 적개심으로 가득 찬 노동자들 때문에 생명의 위협을 느껴 경호원들의 호위까지 받았지만 아랑곳하지 않았다. 생산 공정에 대한 철저한 분석, 업무를 체계화하려는 집념 어린 노력, 제조 공정에 관한 신개념 연구는 그칠 줄 몰랐다. 그는 이 실험을 바탕으로 새로운 생산 기법을 창안해냈다. 실험 결과는 『과학적 관리법The Principle of Scientific Management』이란 책으로 탄생했다. 현대 경영학의 기틀을 만든 '테일러 시스템'은 프레드릭 테일러의 이 같은 일념 덕분에 만들어졌다. 이 생산 기법으로 대량 생산과 대량 소비가 가능해져 인류의 삶은 격변을 맞는다.

1911년 출간된 『과학적 관리법』은 작업의 흐름을 과학적으로 체계화해 생산성 극대화 원리를 정립한 최고의 경영학 고전이다. 과학적 관리법은 노동자의 표준작업량을 과학적으로 결정하기 위한 시간, 과업 달성을 자극하기 위한 차별적 성과급, 계획 부문과 현장감독 부문을 전문화한 시스템이다. 테일러는 과학적 관리법이 하나의 요소가 아니라 다양한 요소의 조합으로 구성된다고 설명한다. 추측이 아닌 과학, 불화가 아닌 화합, 개인주의가 아닌 협업, 제한된 생산이 아닌 최대의 생산, 효율성 극대화를 위한 노동자 개인의 능력 계발이 그것이다.

과학적 관리법의 핵심은 시간 동작 연구, 기록, 과업 제도다. 시간 동작 연구는 한 번에 한 사람의 작업자를 선발해 동작 하나하나에 걸리는 시간을 측정하는 일이다. 이 과정에서 불필요한 동작을 없애고 더 빠르게 생산하는 데 필요한 도구를 개발한다. 모든 것을 기록하고 매뉴얼로 만들어 한 명의 노동자가 과도한 피로를 느끼지 않고 최대로 작업할 수 있는 양을 뽑아낸다. 과업 제도란 일한 만큼 주는 방식이 아니라 이 연구를 통해 직원을 엄선하고 그들이 충분히 해낼 수 있는 과업 양을 제시하는 것이다. 책임자는 정확한 작업 지시서와 관리를 통해 노동자가 과업을 무리 없이 해낼 수 있게 돕고 그에 걸맞은 보상을 제공한다.

차별적 성과급제는 노동자가 과업을 달성했을 때는 높은 임금을 주고, 그렇지 않았을 때는 저임금을 주는 임금제도다. 과업 달성 시 30~100퍼센트의 임금을 추가로 받는다. 차별적 성과급제의 성패는 기계와 작업에 관한 정밀한 시간 연구를 통해 적절한 과업을 구성하는 데 달려 있다. 이에 따라 테일러는 과업이 제대로 실행되고 관리될 수 있도록 기획 부서와 기능별 직장職長 제도를 창안했다. 기획 부서는 숙련 노동자들이 가졌던 작업 지식을 관리자의 손으로 넘겨 한층 체계적으로 관리할 수 있는 치밀한 제도적 장치였다.

테일러의 실험 결과, 오래 일하는 것보다 제한된 시간에 집중적으로 일하는 것이 효율적이라는 계산이 나왔다. 일하는 시간과 쉬는 시간을 분명히 하고, 숙련도에 따라 공정에 투입하는 방식을 조정했더니 생산성이 높아졌던 것이다. 하루 10시간 30분의 작업 시간을 10시간, 9시간 30분, 9시간, 8시간 30분으로 점차 단축하면서 임금은 동일하게 지불했을 때 산출량이 오히려 증가했다는 통계가 이를 입증한다.

테일러는 노동자의 태업을 막는 것이 생산성 향상의 지름길이라고 여겼다. 당시 노동자는 '기계의 생산량이 증가할수록 실업률이 높아질 것'이라는 막연한 불안감에 떨고 있었다. 이러한 악순환을 끊기 위

해서는 생산성 증대와 원가 절감을 통해 제품 가격을 떨어뜨려야 수
요가 늘어나고 새로운 고용이 창출된다는 점을 테일러는 노동자들에
게 알기 쉽게 설명했다.

과학적 관리법이 고용주에게 일방적으로 유리할 것이라는 노동자
들의 염려와 달리 노사 양측뿐만 아니라 궁극적으로는 소비자와 사회
전체에 더 큰 이익이 돌아간다고 이 책은 결론짓는다. 물론 전제 조건
으로 네 가지 의무를 제시하기도 했다. 첫째, 노동의 각 요소에 적용할
과학적 방법을 개발해 과거의 주먹구구식 습관을 대체해야 한다. 둘
째, 과학적 원칙에 입각해 노동자들을 선발하고 교육해야 한다. 셋째,
과학적 원칙에 상호 공감해야 한다. 넷째, 노사 간 업무와 책임을 균등
하게 배분해야 한다.

테일러 시스템은 자동차 왕 헨리 포드가 구축한 조립 라인assembly
line과 결합하면서 대량 생산 시대를 열어 시너지 효과를 가져왔다.
『과학적 관리법』은 미국 산업계를 점령한 데 이어 1920~1930년대에
사회주의 소련으로도 수출됐다. 레닌과 트로츠키는 테일러리즘을 수
용하면서 미국 전문가들을 소련으로 불러들였다.

테일러 시스템은 미국이 모든 면에서 세계 최강국으로 우뚝 서게
된 요인의 하나였다. '디지털 테일러리즘'이 미국의 실리콘밸리에서
탄생해 세계를 제패하게 된 것도 테일러의 영향이 크다. 과학적 관리
법이 미국에서 탄생한 게 우연이 아니라 필연이라는 견해도 많다. 『노
동의 종말』, 『유러피언 드림』의 저자 제레미 리프킨Jeremy Rifkin, 1945~ 은
"유럽인들은 종종 왜 미국인들이 살기 위해 일하기보다 일하기 위해
살까 하고 궁금해한다. 그 대답은 효율성에 대한 미국인들의 깊은 애

(위) 과학적 관리법이 적용된 공장
(아래) 헨리 포드의 조립 라인

착에서 찾을 수 있다. 미국인들은 효율성이 높을수록 더욱 하나님께 가까워진다고 믿는다"고 말한다. 테일러 역시 어렸을 때부터 '효율의 화신'이라고 해도 좋을 정도로 독특한 면을 보였다. 그는 학교까지 가는 길에 발걸음 수를 세어 가장 효율적인 보폭을 찾아낼 정도였다. 청교도 집안에서 자란 테일러는 무엇보다 게으른 것을 참지 못했다.

과학적 관리법은 현대 지식 경영의 효시이기도 하다. 공정한 작업량을 설정하고 작업량에 따라 성과급을 주는 제도는 현대 기업에 보편화된 성과 기반의 연봉제와도 일치한다. 경영에 분업을 통한 전문화를 도입하고 과학적인 작업 방식을 정립한 테일러리즘은 막스 베버의 관료제와 더불어 기업 조직과 경영 활동이 존재하는 한 영원히 사라지지 않을 기본 원리로 평가받는다. 이 때문에 테일러는 '노동 과학의 뉴턴'라는 별칭까지 얻었다. 테일러리즘이 기업 경영에 '효율성'의 개념을 처음으로 도입한 혁명적 사고였다는 데 이견을 다는 사람은 거의 없다. 현대 경영 이론이 테일러의 과학적 관리법에서 시작됐다는 데 이견을 제기하는 사람도 없다.

현대 경영학의 창시자로 평가받는 피터 드러커Peter Ferdinand Drucker, 1909~2005는 '찰스 다윈, 카를 마르크스, 지그문트 프로이트'가 '현대 세계를 창조한 3인'으로 꼽히는 것에 불만을 표시하면서 "만약 이 세상에 정의라는 것이 있다면 마르크스는 빼고 테일러를 대신 넣어야 한다"고 주장했다. 드러커는 "19세기 대부분의 사람들이 진리라고 믿던 마르크스주의를 무너뜨린 것은 이데올로기도 종교도 아닌 테일러리즘"이라고 단언했다. 그는 특히 지적 역사에서 테일러보다 더 큰 영향을 준 인물이 거의 없었음에도 테일러만큼 의도적으로 왜곡된 사람도, 한결같이 잘못 인용되고 있는 사람도 없다고 개탄한다.

그럼에도 테일러와 테일러 시스템은 당시는 물론 오늘날에도 '인간의 노동을 기계화했다'는 비판을 거세게 받고 있다. 특히 노동조합은 테일러가 '노동자를 꼭두각시로 만들었다'고 비난의 화살을 퍼붓는다. 모두의 이익을 극대화한다는 목표 아래 노동자 개개인을 기계 부품처럼 취급해 인간의 본성과 심리를 반영하지 못했다는 것이다.

'훈련된 원숭이가 웬만한 사람보다 더 잘할 수 있는 단순 노동일지라도 과학적 분석이 필요하다'고 한 테일러의 표현은 테일러리즘 비판에서 빠지지 않고 등장한다. 노동자를 '훈련된 원숭이'로 취급했다는 오해 탓이다. 이 때문에 테일러리즘은 지금까지도 수많은 인본주의자들로부터 뭇매를 맞는다. 제3세계에서는 노동력을 착취하는 수단으로 널리 활용돼 유혈적 테일러주의bloody taylorism라는 용어가 등장하기도 했다.

테일러는 노동조합으로부터도 욕을 먹었지만 자본가들을 '돼지들'이라고 부르는 등 그들의 탐욕에 대해서도 독설을 퍼부은 탓에 처음엔 노사 양쪽으로부터 배척을 받았다. 테일러는 이 같은 비판을 잘 알고 있다면서 결국엔 모든 게 자신의 뜻대로 될 것이라는 말로 이 책을 마무리한다.

진보 진영과 노동계의 테일러에 대한 비판이 여전한 것과 달리 경영진은 적극적으로 테일러 편을 든다. 그래서 『과학적 관리법』은 수정과 보완을 거쳐 우리의 일터를 여전히 지배한다. 세계적으로 대졸자가 폭발적으로 증가하면서 덩달아 '디지털 테일러리즘'이 널리 퍼지고 있다. 디지털 테일러리즘은 관리자, 전문가, 기술자 들의 지식 노동을 파악해 체계적으로 분류하고 소프트웨어, 전자 표준, 매뉴얼 등으로 재가공해 실용적 지식으로 재탄생시키는 것이다. 지식 노동을 세분화, 규격화, 자동화함으로써 비용을 줄이고 기업의 통제력을 크게 증가시켰다. 완제품의 부품을 전 세계에서 나눠서 생산하고 고객의 수요에 맞게 조립, 판매하는 방식도 늘어났다. 그러나 수많은 지식 노동자들이 제대로 대우받지 못하는 부작용은 '디지털 테일러리즘'이 풀어야 할 숙제다.

함께 읽으면 좋은 책
• 조명래, 『포스트포디즘과 현대사회 위기』, 다락방, 1999.
• 김흥길, 『앙리 파욜의 경영관리론』, 탑북스, 2014.

함께 보면 좋은 영화
• 찰리 채플린 감독, 〈모던 타임즈(Modern Times)〉, 1936.

정보화 사회의
예견

오늘날 하나의 거센 물결이
전 세계에 밀어닥치고 있다.

제3의 물결

앨빈 토플러
Alvin Toffler, 1928~

소설 『은비령』의 작가 이순원의 회상은 황혼이 깃들어서야 날개를 펴기 시작하는 '미네르바의 부엉이'를 떠올리게 한다. 그는 미국의 미래학자 앨빈 토플러가 『제3의 물결The Third Wave』에서 예고한 '정보화 사회'란 말에서 맨 먼저 조지 오웰의 소설 『1984』에 등장하는 '빅 브라더'를 연상했다고 털어놨다. '정보를 지배하는 자가 세계를 지배할 것'이라는 말이 당시 대한민국의 현실과 겹쳤기 때문이다. '중앙정보부'가 국가 최고 권력기관으로 위세를 떨치던 시절이었다. 정보라는 말을 놓고 책을 통해서는 '토플러의 정보'로 읽고, 현실로는 오웰의 '빅 브라더의 정보'로 이해했다는 것이다. 전화가 없는 집이 많고, 복사기나 팩시밀리를 구경하지 못한 사람이 대부분이던 때였으니 당연한 일이다.

사실 토플러가 1970년 『미래의 충격』에 이어 1980년에 『제3의 물결』을 막 출간했을 때까지만 해도 그를 막연히 지적 유희나 하는 학자로 여기는 경향이 있었다. 강단의 학자들은 미래학을 과학적 방법론을 장착하지 못한 '무늬만 사회과학'이라고 폄훼했다. 그러다 1980년대 중반을 넘어 토플러가 『제3의 물결』에서 예견한 일들이 하나둘 일어나자 세계는 그를 찬탄하기 시작했다. 미래학을 업신여기던 많은 학자가 입을 다물었음은 물론이다.

토플러는 『제3의 물결』에서 의미 없는 사건의 연속처럼 여겨지는 세계사의 파도에도 일관된 흐름이 존재한다고 분석했다. '제1의 물결'인 농업 사회, '제2의 물결'인 산업 사회를 거쳐 '제3의 물결'인 정보화 사회로 발전한다는 것이다.

제1의 물결은 1만 년 동안 자급자족 체제를 인류에게 선사했으나 굶주림과 질병의 고통에서 벗어날 수 없게 했다. 그러한 한계로 말미암아 물질적 풍요를 가져다 준 제2의 물결에게 결국 자리를 내주고 만다. 하지만 제2의 물결도 인류에게 질곡을 안겼다. 산업 사회는 표준화, 세분화, 동시화, 집중화, 극대화, 중앙집권화로 인해 인간을 소외된 존재로 전락시킨 탓이다. 대량 생산, 대중 소비, 국가 중심 경제체제를 지닌 산업 사회는 소량 고부가가치 유연 생산, 다핵화, 범지구적 경제체제를 지닌 제3의 물결의 정보화 사회로 흘러가는 게 세계사의 도도한 추세라고 토플러는 예언했다.

그는 지식 집약적 생산기술과 정보처리 전달 기술이 이 같은 흐름의 원동력이라고 예단했다. 탈집중화, 탈획일화로 대표되는 제3의 물결에서는 지식과 정보를 기반으로 자유의지를 펼칠 수 있는 새로운 인간형이 등장한다고 내다봤다. 토플러는 완력, 금력, 지력 3요소를 권력 구성 요소로 꼽았다. 제1의 물결에서는 완력, 제2의 물결에서는 금력이 가장 중요한 요소이지만 제3의 물결에서는 지력이 가장 요긴하다.

토플러는 정보화 사회가 20~30년 안에 실현될 것으로 예측했다. 그의 예상은 빗나가지 않았다. 재택근무, 전자정보화 가정 같은 신조어도 이 책에서 처음 선보인다. 그는 정보 기술이 권력을 이동시키는 것은 물론 민주주의를 확장하며, 사회를 더 평등하게 만들고, 그 여파로 새로운 유토피아가 도래하리라고 낙관했다.

생산자producer와 소비자consumer의 합성어인 프로슈머prosumer도 이 책에서 처음 나온다. 21세기에는 생산자와 소비자의 경계가 허물어질 것이라며 사용한 용어다. 프로슈머는 소비는 물론 제품 생산과 판매에도 직접 관여해 해당 제품의 생산 단계부터 유통에 이르기까지 소비자의 폭넓은 권리를 행사한다. 시장에 나온 물건을 선택적으로 소비하는 수동적인 소비자가 아니라 자신의 취향에 맞는 물건을 스스로 창조해나가는 능동적 소비자 개념이다.

두뇌의 힘이 강조될수록 여성의 역할이 커지며, 지식 혁명은 여성이 주도하리라 전망한 것도 뛰어난 예측으로 꼽힌다. 당시 여성의 지위가 몰라보게 높아지고 있던 선진국에서조차 오늘날처럼 상황이 격변하리라고는 예상하지 못했다.

그는 전쟁의 형태도 무차별 대량 살상, 파괴가 아닌 정보 네트워크와 인공위성 등 첨단 디지털 무기를 기반으로 목표물만을 선택적으로 공격하는 저강도분쟁低强度紛爭으로 변화할 것이라고 예견했다. 정확한 명중률로 인명과 재산 피해를 최소화하면서도 주요 목표물에 필요한 만큼의 파괴력으로 정밀 타격을 가하는 형태다. 토마호크 미사일, 공중조기경보기, 무인정찰기 등이 주축을 이룬 스마트 전쟁은 불과 10년 뒤 걸프전에서 입증됐다. 토플러는 이를 '무기와 전쟁의 제3의 물결'이라고 명명했다.

"오늘날 하나의 거센 물결이 전 세계에 밀어닥치고 있다"는 베토벤의 '운명교향곡' 도입부를 연상케 하는 장엄한 선언으로 시작한 이 책은 '정보화 사회'라는 말을 일상적 언어로 만드는 결정적 계기가 됐다. 『제3의 물결』은 1980년 3월 미국에서 발표된 뒤 1990년대 초반 이미 전 세계 30여 개국에서 천만 부가 넘게 팔려 미래학의 대중화를 선도했다. 한국어 번역판이 나온 것은 영어판이 출간된 지 채 1년도 되지 않은 1981년 1월이었다. 그만큼 이 책이 세계에 던진 충격은 컸다. 그가 예측한 현상이 빠짐없이 맞아떨어진 것은 아니지만 대부분 현재 진행형이다.

30여 년 전에 나온 이 책을 지금 읽어보면 우리가 살고 있는 시대를 그대로 얘기하고 있다는 느낌을 받는다. 토플러의 예측 능력이 탁월하다는 방증이다. 당시 세계는 저명한 경제학자인 존 갤브레이스의 『불확실성의 시대』라는 저작이 주목받을 만큼 앞날이 불투명했다. 자본주의 종주국인 미국은 경쟁력을 잃어가는 추세였던 반면 일본과 독일이 경제적으로 급부상하는 지각변동이 일어나고 있었다.

이 책의 미덕 가운데 하나는 저자의 현실감각과 간결한 문장, 친근한 서술 방식이다. 용접공, 노동조합 신문기자, 《포춘fortune》지 편집자, 대학교수, 문필가 같은 다양한 경험을 통해 축적한 지식이 녹아 있어 독자에게 쉽게 다가간다. 인류 문명사의 거대한 흐름을 참신한 개념, 해박한 지식, 간명한 논리로 설명했으며 흥미로운 사례들이 속담, 영화 등과 버무려져 있다.

훗날 세계적인 정치, 경제인 들은 하나같이 이 책에서 충격을 받고 미래를 대비해나갔다고 고백했다. 『제3의 물결』 신봉자로 알려진 공화당 출신의 뉴트 깅리치Newt Gingrich, 1943~ 전 하원의장은 1995~1996년 104대 미 연방의회에서 『제3의 물결』을 뒷받침하는 입법 활동과 정치 개혁에 앞장섰다. 깅리치 의장의 전반적인 사고 체계에 가장 결정적인 영향을 끼친 인물이 토플러였다.

이 책이 가장 큰 영향을 미친 나라는 중국일 가능성이 크다. 톈안먼 사태 당시 유혈 진압에 반대했다가 실각한 자오쯔양趙紫陽, 1919~2005 중국 공산당 총서기는 1980년대 초 당 내부의 강력한 반대를 무릅쓰고 『제3의 물결』 판매 금지 조치를 풀어줬다. 당시 이 책은 '서방의 정신적 오염'으로 지목돼 중국에서 판금됐다. 중국에서 '개혁주의 지식인들의 바이블'로 불린 이 책은 해금 조치 이후 베스트셀러가 되었고, 1980년대 중국인의 사고에 지대한 영향을 미친 미국 도서 가운데 하나로 꼽힌다. 토플러도 자신의 저서가 미국보다 중국에서 훨씬 잘 이해됐다고 평가한 적이 있다.

한국에서는 김대중 전 대통령이 1980년 내란 음모 혐의로 사형선고를 받아 청주 교도소에 수감됐을 때 이 책을 읽고 정보화에 눈을 뜨게 됐다고 여러 차례 강조했다. 김 전 대통령은 외환 위기 직후인 1998년 대통령 취임사에서 "세계에서 컴퓨터를 가장 잘 쓰는 나라로 만들어 정보 대국의 토대를 튼튼히 하겠다"고 다짐했다. 김 전 대통령은 토플러를 청와대로 초청해 그의 식견을 직접 들을 정도였다.

기업인에게 미친 영향은 훨씬 컸다. 『제3의 물결』을 읽고 더없이 깊은 감명을 받은 사실을 공개한 스티브 케이스 AOA 창업자는 AOL-타임워너 합병 발표 후 회원들에게 쓴 편지에서 "세계 제1의 미디어인 타임워너와의 제휴로 여러분은 새로운 인터넷 시대를 맞이할 것"이라고 희망찬 포부를 천명하기도 했다. 박현주 미래에셋 회장은 이 책을 19번이나 읽었다고 한다. '시골의사' 박경철은 이 책에서 '미래의 권력은 지식'이라는 대목을 읽고 마치 뒷통수를 맞은 듯한 충격을 받았다고 했다. 이 책이 전 세계인들에게 준 충격과 영향은 더 말할 나위가 없을 정도다.

『제3의 물결』은 인류의 삶을 근본적으로 바꿔놓고 있다. 돈, 상품, 가족, 일터 같은 개념과 생활환경은 물론 인간관계까지 혁명적으로 변화시켰다. 수천 년 동안 이어져온 '일'에 대한 인식 자체부터 달라지게 했다. 미국 실리콘밸리를 비롯한 IT 산업 계통의 직장은 공원처럼 아름답고 쾌적한 곳이 수없이 많다. 옷차림뿐 아니라 근무시간도 자유롭다. 달라진 환경에 상당수는 이미 익숙해졌다. 한편 날이 갈수록 커지는 디지털 격차로 인해 변화를 따라가지 못하는 세대에게는 '새로운 물결'이 스트레스가 되고 있다.

함께 읽으면 좋은 책
- 앨빈 토플러, 『부의 미래』, 김중웅 옮김, 청림출판, 2006.
- 앨빈 토플러·하이디 토플러, 『정치는 어떻게 이동하는가』, 김원호 옮김, 청림출판, 2013.

함께 보면 좋은 영화
- 리들리 스콧 감독, 〈델마와 루이스(Thelma & Louise)〉, 1991.

신의 자리에
인간이 서다

19세기의 가장 혁명적인 발견

모든 생명체는 신의 섭리가 아니라
자연의 선택 과정에 따라 진화한다.

종의 기원

찰스 다윈
Charles Robert Darwin, 1809~1882

1859년 11월 22일 영국에서 504쪽짜리 두꺼운 책 한 권이 나오자마자 초판 1,250부가 하루 만에 다 팔려 나갔다. 제2차 세계대전 이전 독일에서만 500만 부가 팔렸다는 히틀러의 『나의 투쟁』과 더불어 오랫동안 깨지지 않는 기록을 남긴 이 책은 곧바로 유럽 지식인 사회를 발칵 뒤집어놨다. 영국의 《스펙테이터The Spectator》신문은 "인류 역사가 글로 기록된 이래 인간을 이처럼 하찮은 존재로 전락시킨 예가 없었다"고 맹렬히 비난했다. 많은 지식인은 이 책이 대중에게 파고들어 워털루 역에서 출퇴근하는 사람들에게까지 팔리고 있다며 태산이 무너질 듯 걱정했다. 케임브리지 대학교는 이 책을 도서관에 소장하지 않기로 결정했다. 저자는 "당신의 어머니나 아버지 중 누가 원숭이요?"라는 비아냥거림까지 들었다. '하느님의 가르침을 거역하는 못된 궤변'이라는 종교계의 비난 역시 거셌다.

칭송하는 사람은 주로 합리적인 학자였다. 식물학자 헨리 왓슨은 "선생은 19세기 자연과학사에서 가장 위대한 혁명가입니다. 선생의 선구적인 생각은 과학의 확고한 진리로 인식될 것입니다"라고 저자에게 편지를 썼다. 카를 마르크스는 "이 책은 내 견해에 대해 자연사적인 근거를 제공해주고 있다"고 반색하며 18년 뒤 출간한『자본론』을 저자에게 헌정했다.

이처럼 뜨거운 논란의 중심에 놓였던 책은 찰스 다윈의『종의 기원On the Origin of Species by Means of Natural Selection, or the Preservation of Favoured Races in the Struggle for Life』이다. 다윈은 이 책에서 모든 생명체는 신의 섭리가 아니라 자연의 선택 과정에 따라 진화한다고 주장했다. '자연선택'이란 자연계에서 생활 조건에 적응하는 생물은 생존하고, 그렇지 못한 생물은 저절로 사라지는 것을 일컫는다. 관련해 이 책에서 가장 유명한 문장이 있다. "지구상에 살아남은 종種은 가장 강하거나 가장 지적인 종이 아니라, 변화에 가장 잘 적응한 종이다."

이 책은 변이, 유전, 경쟁이라는 세 가지 핵심 단어로 간추릴 수 있다. 생물의 형질에는 충분한 변이가 존재한다. 생존 경쟁을 거쳐 주어진 환경에 더 잘 적응한 변이가 다음 세대로 유전된다. 진화가 일어나려면 이 세 가지 조건은 반드시 충족돼야 한다. 진화는 자연선택이라는 메커니즘에 따라 일어날 수밖에 없다.

특히 눈길을 끄는 건 '힘세고 포악한 종은 멸망하고, 착하고 배려하는 종은 생존한다'는 내용이다. 다윈 비판자들이 흔히 지목하는 '약육강식'이나 '적자생존'이라는 용어는 수많은 오해와 오용을 낳았다. 이

+　　　　**사회진화론**(social darwinism)-찰스 다윈이 발표한 생물 진화론에 따라 사회 발전을 해석하려는 견해로, 허버트 스펜서가 처음 사용한 개념이다. 스펜서는 다윈의 진화론을 범우주적인 법칙으로 확대할 수 있다고 해석했다. 사회진화론은 19세기부터 20세기까지 유행하면서 제국주의 정당화와 식민지 확대, 군사력 강화, 소수 자본가의 독점에 지대한 영향을 주었다. 인종차별주의나 파시즘, 나치즘을 옹호하는 근거와 신자유주의의 경제적 약육강식 논리에 사용되기도 했다. 우리나라에도 1880년 이후 알려져 유길준, 윤치호 등이 부국강병과 계몽운동 차원에서 받아들였다. 사회진화론은 일본의 식민정책을 정당화하는 논리가 됐다. 오늘날에는 극복해야 할 사상으로 꼽힌다.

용어들은 같은 시대 영국의 철학자이자 경제학자였던 허버트 스펜서 Herbert Spencer, 1820~1903가 처음 사용했음에도 다윈이 맨 먼저 썼던 걸로 잘못 해석하거나 지레 짐작했던 탓이다. 스펜서는 다윈이 주장한 생물학적 진화론을 사회 발전 법칙에 적용해 '사회진화론'을 펼쳤다.

『종의 기원』은 다윈이 해군 측량선 비글호를 타고 남미 갈라파고스 섬에 가서 5주 동안 머물면서 거북, 새, 고대 화석, 산호초 같은 표본을 평생 연구해도 모자랄 만큼 채집해 분석한 결과물이다. 다윈은 6년 뒤 표본 상자들을 정리하다 똑같은 것인 줄 알았던 핀치 새의 부리 모양이 서식하는 섬에 따라 조금씩 다르다는 걸 발견했다. 다윈의 진화론은 이렇게 태어났다.

다윈은 『종의 기원』 서문에서 경제학자이자 인구통계학자인 토머스 맬서스의 『인구론』을 모든 동식물에 적용한 것이 자신의 이론이라고 설명했다. 다윈이 『인구론』을 읽은 것은 서양 생태 사상사에서 가

장 중요한 사건의 하나로 꼽힌다. 다윈은 비글호 항해를 마치고 돌아
온 지 2년이 되던 1838년 10월 어느 날 머리를 식힐 겸 『인구론』을 읽
었다고 한다. '인구는 기하급수적으로 증가하지만 식량은 산술급수적
으로 증가한다. 그것은 사회적 약자에겐 재앙이다.' 그는 이 대목에서
자신의 이론이 어떻게 실제로 나타날 수 있는지 명확하게 깨달았다.

『종의 기원』이 나오기까지엔 매우 흥미롭고 놀라운 일화가 하나 더
있다. 다윈은 1858년 6월 말레이 반도에서 배달된 한 편의 논문과 편
지를 읽고 소스라치게 놀랐다. 발신자는 박물학자 앨프리드 러셀 윌
리스Alfred Russel Wallace, 1823~1913라는 사람이었다. 윌리스의 논문에는 진
화론의 기본적인 골격이 간략하지만 명쾌하게 정리돼 있었다. 런던
학계에 연고가 없던 윌리스가 존경하던 다윈에게 자신이 쓴 논문을
보낸 것이다. 윌리스도 『인구론』을 읽었다고 한다. 윌리스의 논문이
먼저 발표되면 수십 년에 걸친 다윈의 독창적 연구가 위협받을 수밖
에 없는 상황이었다. 지질학자 찰스 라이엘Charles Lyell, 1797~1875 같은 동
료들이 나서서 다윈을 구할 방안을 모색했다.

1858년 7월 1일 런던에서 권위 있는 린네 학회가 열렸다. 다윈의
글이 먼저, 윌리스의 글이 마지막으로 발표됐다. 사소한 속임수였지만
사람들은 다윈의 글이 먼저 작성됐다는 느낌을 받았다. 윌리스도 다
윈을 진화론의 선구자로 인정하며 변함없는 존경심을 나타냈다.

이듬해 마침내 『종의 기원』이 출간된다. 당시 다윈은 20여 년 동
안 부지런히 많은 양의 증거를 확보해 자신의 이론을 윌리스보다 훨
씬 더 완전하게 다듬어낸 상태였다. 진화론을 발전시킨 공로는 다윈
에게 돌려도 큰 문제가 없다. 다윈이 '19세기의 가장 혁명적인 발견'

을 20년 이상 묵힌 것은 성서의 가르침을 거역하기에는 때가 아니라고 판단했기 때문이다.

다윈은 이 책에서 동물은 네댓 개의 조상에서부터 나온 것이며, 식물도 그와 같거나 더 소수의 조상에서 유래한 것이라고 밝혔다. 하지만 기독교 도그마에 억눌렸던 그는 인간의 기원에 대해서는 언급하지 않았다. 다윈이 본격적으로 인간을 다룬 것은 12년이 지난 뒤였다.

『종의 기원』은 인간의 사고 체계에 엄청난 파장을 낳았다. 인류 문명이 시작된 이래 인간 위에서 군림하던 신을 몰아낸 것은 사고의 혁명을 가져왔다. 신이 삼라만상을 창조했다고 생각하던 사람들에겐 충격이 이만저만이 아니었다.

또 다른 충격은 인간 자체의 위상 격하였다. 다윈은 인간을 철저하게 동물계의 일원으로 여겼다. 인간이 다른 동물과 별개의 존재가 아니라 동일한 자연 질서의 일부라고 본 것이다. 그때까지 인간은 창조물로서 특별한 위치를 차지하고 있었다.

『종의 기원』에는 길게 뻗은 나뭇가지와 비슷한 도표로 진화를 설명하는 계통수 하나가 나온다. 생물종이 나뭇가지처럼 하나의 조상으로부터 갈라져 나가며 새로운 종으로 진화하고 멸종한다는 사실을 표현한 그림이다. 여기서 인간은 구체적으로 등장하지 않지만 무수히 많은 생물체와 똑같이 나뭇가지 중 하나일 뿐이다.

다윈이 『종의 기원』을 출간한 이듬해인 1860년, 영국 과학진흥협회 정례 회의장에서 진화론과 창조론을 둘러싸고 유명한 논쟁이 벌어졌다. 새뮤얼 윌버포스 주교가 옆자리에 앉은 생물학자 토머스 헉슬리Thomas Henry Huxley, 1825~1895에게 유인원에서 시작하는 헉슬리의 가계

(위) 다윈의 진화론을 풍자하는 만화
(아래) 다윈의 노트에 등장하는 계통수

가 할아버지와 할머니 중 누구에게서 비롯된 것인지 물었다. 그러자 '다윈의 불도그'라 불리는 헉슬리는 "원숭이가 내 조상이라는 사실이 부끄러운 것이 아니라, (주교처럼) 뛰어난 재능을 가지고도 사실을 왜곡하는 사람과 혈연관계라는 점이 더 부끄럽다"고 반박했다.

『종의 기원』은 자연과학의 경계를 넘어 정치, 철학, 사회, 문화, 예술 전반을 이전과 완전히 다르게 뒤바꿔놓았다. 생명체가 진화한다는 놀라운 발상은 우주와 만물이 영원하지 않으며, 모든 것은 발전한다는 인식도 깨우쳐주었다.『종의 기원』은 그 과정에서 숱한 오해와 오용을 견뎌내야 했다. 곳곳에서 정반대의 의미로 해석되기도 했다. 강대국이 식민지 지배를 정당화하는 근거로 악용하기도 했고, 피식민지에서는 해방의 이데올로기나 진보의 희망으로 활용했다. 독일 나치는 아리안족의 우수성을 내세우는 논거로 이 책을 들이댔다. 생물학자 리처드 도킨스의 지적처럼 진화론만큼 다양한 분야에서 많이 왜곡돼 적용된 학설도 흔치 않다.

『종의 기원』은 출간된 지 150년이 넘었지만 여전히 창조설을 믿는 기독교와 불화를 겪고 있다. 로마 교황청이 진화론은 가톨릭 교리와 충돌하지 않는다고 발표한 것은 그나마 다행이다. 영국 성공회도『종의 기원』출간 150주년을 맞은 2009년 "다윈을 오해해 그에게 잘못된 대응을 한 것을 사과한다"고 밝혔다.

프랜시스 크릭과 더불어 DNA의 이중나선 구조를 밝혀내 노벨상을 받은 제임스 왓슨은 "다윈은 인류 역사상 가장 중요한 인물이다. 내 어머니보다 더 중요하다. 그가 없었다면 생명과 존재에 대해 어떻게 알 수 있었을까"라고 할 정도로 진화론을 극찬한다. 인류 역사에 심대한 영향을 끼친 마르크스의 『자본론』과 프로이트의 『꿈의 해석』이 현대에 와서 일정 부분 상처 입은 것과 달리 『종의 기원』은 여전히 그 가치를 뽐내고 있다.

함께 읽으면 좋은 책
- 스티븐 제이 굴드, 『다윈 이후』, 홍욱희·홍동선 옮김, 사이언스북스, 2009.
- 존 벨라미 포스터·브렛 클라크·리처드 요크, 『다윈주의와 지적 설계론』, 박종일 옮김, 인간사랑, 2009.
- 강건일, 『진화론 창조론 논쟁의 이해』, 참과학, 2009.

함께 보면 좋은 영화
- 휴베르트 소퍼 감독, 〈다윈의 악몽(Darwin's Nightmare)〉, 2004.
- 마틴 윌리엄스 감독, 〈갈라파고스 3D(Galapagos 3D)〉, 2014.

물리학의
새로운 지평

만약 내가 다른 사람들보다 멀리 볼 수 있었다면,
그건 바로 거인들의 어깨 위에 올라섰기 때문이다.

프린키피아

아이작 뉴턴
Isaac Newton, 1642~1727

사과만큼 인류 역사를 크게 바꾼 과일도 찾아보기 어려울 것 같다. 어떤 이는 세상을 바꾼 세 개의 사과를 꼽고, 또 어떤 이는 인류의 운명을 바꾼 네 개의 사과를 들기도 한다. 또 다른 이는 일곱 개의 사과가 세계를 변화시켰다고 이야기한다. 일곱 개에는 아담과 이브의 사과, 파리스의 사과, 빌헬름 텔의 사과, 아이작 뉴턴의 사과, 폴 세잔의 사과, 백설공주의 사과, 스티브 잡스의 사과가 들어간다.

뱀의 유혹에 넘어간 이브와 아담의 사과는 원죄 의식의 근원으로 작동하면서 기독교 문명을 탄생시켰다. 비너스를 가장 아름다운 여신으로 뽑게 한 파리스의 황금 사과는 트로이 전쟁을 일으킨다. 궁사 빌헬름 텔이 벌칙으로 명중시킨 사과는 스위스 독립전쟁을 촉발한다. 폴 세잔이 그린 정물화 사과는 사물의 질서를 재창조해 현대미술의 출발을 알렸다. 동화 속 백설공주가 베어 먹은 독 사과는 전 세계 어린이를 울리고 웃긴 것은 물론 애플사의 아이콘으로 재탄생한다. 스티브 잡스가 설립한 애플사는 스마트 혁명의 선두에 서 있다. 뉴턴의 사과는 만유인력의 발견을 계기로 근대과학을 획기적으로 진전시키고 산업혁명을 일으키는 원동력이 된다.

뉴턴의 사과에 얽힌 전설은 진실 여부로 수많은 비본질적 논쟁을 불러일으켰다. 논란이 일자 뉴턴은 세상을 떠나기 얼마 전 "사과나무 아래서 만유인력을 생각해낸 건 사실"이라고 적어도 네 번은 말했다는 설까지 전해진다. 뉴턴의 고향 울즈소프의 과수원에서 가지를 친 묘목으로 기른 사과나무는 한국 표준과학연구원 정원에서도 자라고 있다.

만유인력의 원리를 처음으로 세상에 널리 알린 책이 『프린키피아 Philosophiae Naturalis Principia Mathematica』다. '자연철학의 수학적 원리'로 번역되는 이 책은 훗날 '원리'라는 뜻의 라틴어 약칭 '프린키피아'로 줄여 불리기 시작했다. 『프린키피아』는 모두 세 권으로 이뤄졌다. 1권은 관성의 법칙, 가속도의 법칙, 작용·반작용의 법칙 같은 유명한 운동 법칙을 제시하고 있다. 2권은 데카르트식 우주관과 케플러 법칙의 모순을 수학적으로 증명한다. 유체 속에서 운동하는 물체는 유체의 저항 때문에 타원 모양을 그리며 운동할 수 없다는 게 뼈대다. 뉴턴 하면 가장 먼저 떠오르는 단어인 '만유인력'의 법칙은 3권에 등장한다.

과학자들은 가장 의미 있는 부분이 'F(힘)=m(질량)×a(가속도)'라는 가속도의 법칙이라고 입을 모은다. 관성의 법칙과 작용·반작용의 법칙은 갈릴레오와 데카르트의 역학 체계를 다룬 내용인 반면, 가속도의 법칙은 뉴턴이 창안해낸 새로운 내용이다. 힘이 작용하는 곳에는 가속

+   데카르트식 우주관 – 서양 근대 철학의 출발점이 된 철학자 르네 데카르트는 형이상학과 자연철학(오늘날의 '과학')을 구별하지 않고 함께 다뤘다. 데카르트는 기계론적 우주관에 근거해 우주는 수학적 법칙에 따라 움직이는 거대한 기계와 같으며, 우주의 운행은 부품(부분)들 간 접촉에 따라 '힘의 전달'이라는 인과관계로 일어난다고 보았다. 관성과 충돌만으로 모든 자연현상을 설명하려고 한 탓에 자연철학의 내용을 체계적으로 설명해내지 못했다.

+   케플러 법칙 – 독일 천문학자 요하네스 케플러가 발견한 행성의 세 가지 운동 법칙이다.

①제1법칙(타원 궤도의 법칙): 모든 행성은 태양을 한 초점으로 하는 타원 궤도를 그리면서 운동한다. 타원이란 두 초점으로부터의 거리의 합이 같은 점들의 자취이다.

②제2법칙(면적 속도 일정의 법칙): 태양과 행성을 연결하는 선분이 같은 시간 동안 그리는 면적은 행성의 위치에 관계없이 항상 일정하다.

③제3의 법칙(조화의 법칙): 행성의 궤도운동 주기의 제곱은 행성(타원) 궤도의 긴 반지름의 세제곱에 비례한다.

도가 존재한다는 이 법칙은 물리학의 새로운 지평을 열었다. 가속도의 법칙은 비행기를 하늘로 띄운 날개 양력을 설명해낸 '베르누이 정리'의 기초가 됐다. 지진해일(쓰나미) 현상, 혈액의 흐름, 빅뱅을 설명할 때도 'F=ma'는 가장 유효한 법칙으로 확고한 자리를 차지한다.

태양과 달, 지구가 같은 물리력의 영향을 받는다는 뉴턴의 주장은 인류의 우주관을 바꿔놓을 만큼 엄청난 것이었다. 뉴턴은 '보편중력

(만유인력)'이라는 개념으로 태양과 달, 지구의 인력을 설명했고, 밀물과 썰물의 원리도 찾아냈다. 뉴턴 이전 사람들은 땅 위에서 일어나는 법칙은 땅에서만 가능할 뿐 하늘(우주)이나 바닷속에서는 다른 규칙이 적용되고 있다고 믿었다.

뉴턴이 만유인력을 발견하는 데 결정적인 단서를 제공한 것은 지구 주위를 도는 달이었다. '원형의 궤도를 돌고 있는 달은 결코 지구로 떨어지지 않는다. 사과는 떨어지는데 왜 달은 떨어지지 않는가?' 젊은 뉴턴은 줄곧 이 문제에 골몰했다. 그러고는 마침내 '달이 접선 방향으로 자꾸만 날아가려 하지만, 지구의 인력에 의해 시시각각 지구를 향해 계속 떨어지고 있기 때문에 항상 원형 궤도상을 돌 수 있다'는 결론을 내렸다. 인공위성 발사 원리도 만유인력을 이용한 것이다.

뉴턴의 위대함은 만유인력의 법칙을 설명하기 위해 미분과 적분법을 발견했다는 사실이다. 『프린키피아』의 높은 수학적 완성도는 미적분 덕분이었다. 뉴턴은 스승인 아이작 배로Isaac Barrow, 1603~1677의 수학 연구를 본받아 여러 무한급수의 합을 구하는 방법을 연구해 미적분의 개념을 만들어냈다.

1665년 영국에는 페스트가 창궐했다. 뉴턴이 다니던 케임브리지 대학교도 휴교할 수밖에 없었다. 고향으로 돌아온 뉴턴은 이때부터 2년 동안 한꺼번에 22가지 연구에 몰두한다. 『프린키피아』에 담긴 모든 이론은 이 기간에 밝혀낸 것이다. 뉴턴은 만년에 "내가 완성한 연구는 흑사병이 퍼지고 있던 1665년부터 1666년까지의 2년 동안에 이뤄진 것이다. 이때만큼 수학과 철학에 마음을 두고 중요한 발견을 한 적이 없었다"고 회고했다. 떨어지는 사과를 보고 만유인력을 착안한 것도 이때다. 그의 나이 스물너덧 살 때의 일이다. 사람들은 당시를 '기적의 해'라고 부른다.

뉴턴은 이런 유명한 말을 남겼다. "만약 내가 다른 사람들보다 멀리 볼 수 있었다면, 그건 바로 거인들의 어깨 위에 올라섰기 때문이다." 뉴턴의 사상적 거인은 세 사람이다. 갈릴레오 갈릴레이Galileo Galilei, 1564~1642, 요하네스 케플러Johannes Kepler, 1571~1630, 르네 데카르트Rene Descartes, 1596~1650다. 갈릴레오의 역학 이론과 케플러의 법칙, 데카르트의 해석기하학이 없었다면 『프린키피아』는 피어날 수 없는 꽃이었다. 실제로 『프린키피아』는 케플러의 법칙이 수학적으로 성립한다는 걸 증명하기 위해 쓰기 시작한 것이다. 관성의 법칙과 작용·반작용의 법칙은 갈릴레오와 데카르트의 역학을 재해석하려던 것이었다. 이 세 사람의 사상적 스승을 뉴턴에게 연결해준 사람이 배로였다.

평생 독신으로 산 뉴턴은 이렇게 말한 적이 있다. "나는 세상에 내가 어떻게 비치는지 모른다. 하지만 나는 내 자신이 바닷가에서 노는 소년이라고 생각했다. 아직 발견되지 않은 진리라는 거대한 바다가 펼쳐져 있고, 가끔씩 보통 것보다 더 매끈한 돌이나 더 예쁜 조개껍데기를 찾고 즐거워하는 소년 말이다."

뉴턴이 『프린키피아』를 출간한 데는 혜성을 발견한 에드먼드 핼리Edmund Halley, 1656~1742의 공이 컸다. 핼리는 1684년 8월, 뉴턴을 찾아가서 케플러의 법칙에 관한 이야기를 꺼냈다. 크리스토퍼 렌, 로버트 훅, 핼리 이 세 사람은 중력이 거리의 제곱에 역으로 비례한다는 가설로 케플러의 법칙을 증명할 수 있으리라고 추측했다. 하지만 어느 누구도 실제로 증명할 수 없었다. 핼리가 물었다. "만약 태양에 끌리는 힘이 거리의 제곱에 반비례한다면 행성은 어떤 모양의 궤도를 그리면서 돌게 될까?" 뉴턴이 답했다. "그거야, 타원이지. 내가 계산해본 적이 있거든." 뉴턴은 수학적으로 증명해둔 종이를 찾을 수 없었기 때문에 나중에 다시 깔끔하게 증명을 정리해 핼리에게 편지로 보냈다. 핼리는 뉴턴에게 증명을 발표하도록 간곡하게 권했다. 뉴턴은 이를 못이겨 왕립학회에 발표했다. 책으로 출판한 것도 핼리의 성화 때문이었다. 책 발행 비용까지 핼리가 부담했다.

1687년 7월 5일 『프린키피아』가 처음 출간됐을 때 반응은 신통치 않았다. 초판 1,000권도 다 팔리지 않았다. 내용이 워낙 어려워 당대의 과학자들조차 제대로 이해하지 못했기 때문이다. 『프린키피아』가 널리 알려진 것은 출간 1년을 훌쩍 넘긴 뒤부터였다.

유럽은 오랜 세월 동안 아리스토텔레스의 철학과 역학이 물리학을 지배하고 있었다. 프톨레마이오스Klaudios Ptolemaios, ?~?의 『알마게스트 Almagest』는 천문학을 호령하고 있었다. 2,000년간 절대적인 진리로 알려진 아리스토텔레스 역학에서는 강제 운동을 하기 위해 힘이 필요하고, 이 힘은 오로지 접촉을 통해 전달된다고 보았다. 천체 역시 원운동을 하는 것은 자연스럽기 때문에 힘이 필요 없다고 여겼다. 그런데 뉴턴이 만유인력을 발견해 아리스토텔레스 이론에 사형선고를 내렸다. 인류는 마침내 10만 년의 몽매한 역사에 마침표를 찍고 우주 전체를 인간의 이성으로 이해하기 위한 진정한 첫걸음을 내디뎠다.

『프린키피아』는 단지 인류 역사상 가장 중요한 물리학 책으로 세상의 원리와 우주관만 혁명적으로 바꾸어놓는 데 그치지 않았다. 18세기 계몽사상은 뉴턴의 우주관과 인간관에 뿌리를 두고 있다. 계몽철학자들은 뉴턴의 자연철학에 힘입어 신분에 상관없이 누구에게나 동일한 법이 적용돼야 한다고 주장했다. 사회, 문화적 현상에서도 단순하고 보편적인 법칙들을 찾아내려고 노력했다. 이 때문에 뉴턴은 '과학의 시작'일 뿐만 아니라 '근대성의 시작'이라고 불린다. 프랑스의 천문학자이자 수학자인 라플라스는 나폴레옹에게 우주를 설명할 때 신이라는 가설은 필요하지 않다고 선언하기에 이른다.

시인 알렉산더 포프Alexander Pope, 1688~1744는 창세기의 구절을 빌려와 뉴턴을 칭송했다. "자연과 자연의 법칙은 어둠에 잠겨 있는데 신이 '뉴턴이 있으라!' 하시매 세상이 밝아졌다." 볼테르는 "1,000년에 한 번 나올까 말까 한 천재"라고 일컬었다.

함께 읽으면 좋은 책
- 팡 리지·추 야오콴, 『뉴턴의 법칙에서 아인슈타인의 상대론까지』, 이정호·하배연 옮김, 전파과학사, 1991.
- 제임스 글릭, 『아이작 뉴턴』, 김동광 옮김, 승산, 2008.

함께 보면 좋은 영화
- 알폰소 쿠아론 감독, 〈그래비티(Gravity)〉, 2013.

평범한 인간의
비범한 상상

지구는 태양을 중심으로
회전한다.

천체의 회전에 관하여

니콜라우스 코페르니쿠스
Nicolaus Copernicus, 1473~1543

지동설을 처음 주장한 폴란드 천문학자 니콜라우스 코페르니쿠스가
병상에서 마지막 숨을 헐떡일 때였다. 그가 평생을 바쳐 과학혁명의
서막을 연 역작 『천체의 회전에 관하여De Revolutionibus Orbium Coelestium』
가 뉘른베르크의 한 인쇄소에서 구텐베르크의 활판인쇄로 막 출간돼
도착했다. 이 소식을 전하며 책을 쥐여 주자 뇌졸중으로 쓰러져 1년여
동안 투병하던 그가 의식을 잃었다가 갑자기 엷은 미소를 지으면서
가는 눈을 떴다. 그가 숨을 거두자 누군가가 "코페르니쿠스 같은 사람
이 죽을 수는 없어! 그는 이 책 속에서 살아 있어!"라고 했다는 설도
있다. 1543년 5월 24일의 일이었다.

책의 탄생과 저자의 죽음이 공교롭게 교차한 것은 숙명인지도 모
른다. 과학 암흑기인 중세에는 지구가 태양 주위를 열심히 돈다는 코

+　　　**revolution과 혁명** - 코페르니쿠스가 사용한 '회전'
이란 용어 'revolution'은 훗날 '혁명'이라는 정치, 사회적 단어로
변용된다. 라틴어에서 유래한 이 단어는 회전, 순환, 주기, 반복
등의 뜻을 지녔으나 천체의 회전처럼 정치, 사회적 변화도 어떤
법칙에 따라 필연적으로 반복되는 일로 보고 비유적으로 쓰이
기 시작했다. 정치학자 한나 아렌트는 'revolution'을 혁명이라는
정치적 용어로 사용한 게 17세기에 일어난 영국 명예혁명부터였
다고 말한다.

페르니쿠스의 생각은 무엄하기 그지없었기 때문이다. '성스러운' 지
구를 중심으로 우주가 회전한다는 우아하고 장엄한 성경의 세계관에
비하면 지나치게 '혁명적'이었다.

코페르니쿠스는 이 책이 나오기 30여 년 전 지동설을 처음 떠올리
고 20여 년 뒤 원고를 완성했으나, 종교계의 저항과 탄압이 두려워
10년 가까이 출판을 꺼렸다. 종교개혁가인 마르틴 루터의 언급은 코
페르니쿠스의 학설에 대한 개신교계의 입장을 잘 보여준다. "어떤 신
출내기 천문학자가 하늘, 해, 달이 아니라 지구가 움직인다고 주장하
는 것에 사람들이 귀를 기울였다고 한다. 이 바보는 모든 천문학을 반
대로 만들려고 한다. 하지만 신성한 성경에서 이르기를 여호수아는
지구가 아닌 태양에게 그대로 머물러 있으라고 말하였다."

이 책은 출간 당시 분위기로는 받아들이기 힘든 주장을 담고 있기
도 하지만, 내용 자체도 일반인이 이해하기 어려운 이론으로 가득하
다. 수리천문학 교육을 받은 사람만 이해할 수 있는, 지독하게 난해한

+   **세차운동**(歲差運動·precession) – 팽이의 움직임을 떠올리면 이해하기 쉽다. 팽이가 빠르게 돌 때는 축이 바로 서지만 회전하는 속도가 떨어지면서 축 자체가 팽그르 돌게 된다. 이것이 세차운동이다. 특정 축을 중심으로 자전하는 모든 물체와 천체는 세차운동이 가능하다.

내용이었기 때문이다.

코페르니쿠스는 '우주 구형론', '지구 구형론', '지구의 세 가지 운동설' 등을 통해 지구가 둥글고 움직인다는 걸 논증했다. 지구의 세 가지 운동설은 지구가 하루에 한 바퀴씩 자전하며, 태양 주위를 1년에 한 번 공전하고, 지구 축이 회전한다는 내용이다.

그는 지구가 태양을 중심으로 회전한다는 사실을 다른 행성과의 관계 속에서 수학적으로 증명한다. 그는 프톨레마이오스가 주장했던 지구 중심 체계와 '지구-달-금성-수성-태양-화성-목성-토성'이라는 천체 순서를 부인하고, 태양 중심 체계에 따라 '수성-금성-지구-화성-목성-토성'의 순서를 주장했다. 완벽한 구 모양을 띤 모든 천체가 일정한 중심을 지니고 등속 원운동을 한다는 이론도 들어 있다.

지축의 선회 운동에 의한 세차운동을 포함한 지구의 운동, 춘분점의 이동에 대한 수학적인 설명도 담았다. 달의 운동과 행성의 경도 방향 운동, 행성의 위도 방향 운동에 대해서도 증명으로 보여준다. 훗날 케플러가 행성의 타원 운동을 체계화해 코페르니쿠스의 지동설의 단점을 보완했다. 갈릴레이는 더욱 정밀한 관측으로 지동설을 뒷받침했다. 뉴턴의 '만유인력 법칙'에 의해 마침내 지동설은 정설로 굳어지게 됐다.

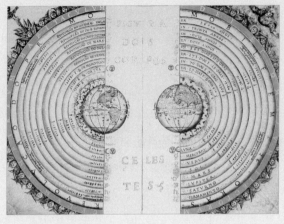

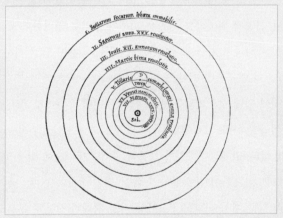

(위) 프톨레마이오스가 주장한 지구 중심 체계를 나타낸 그림
(아래) 코페르니쿠스가 주장한 태양 중심 체계를 나타낸 그림

그가 천동설에 의문을 갖기 시작한 것은 관측 사실과 전통적 학설의 불일치 때문이었다. 새로운 천체관을 찾던 그는 고대 문헌으로부터 지동설을 어렴풋이 짐작하게 됐다.

이 책에는 천문학적 내용 외에도 교황과 교회를 자극하지 않기 위한 글이 많이 담겨 있다. 코페르니쿠스는 주위의 권유에 못 이겨 이 책을 출판하며, 교회가 곤란해하던 역법의 문제를 해결하는 데 도움을 줄 수 있다고 애써 강조한다. 그뿐 아니라 교회와 논쟁을 벌일 만한 내용은 모두 뺐다. 서문과 교황에 대한 헌정사 등 이 책 곳곳에서 이단으로 몰리지 않으려는 눈물겨운 고뇌가 엿보인다. 헌정사에는 '정의와 진리에 위배되는 의견은 피해야 한다고 생각한다'고 적었다. '지동설은 하나의 가설에 지나지 않는다'는 내용이 담긴 서문은 코페르니쿠스의 친구 안드레아스 오시안더Andreas Osiander, 1498~1552가 이 책이 교리에 위배되어 박해를 받게 될까 두려워한 나머지 추가로 써 넣은 것이라고 한다. 그럼에도 이 책은 루터파 교인들로부터 엄청난 공격을 받았다. 코페르니쿠스가 가톨릭 사제였기 때문에 더욱 그랬다.

저명한 언론인이자 소설가인 아서 쾨슬러Arthur Koestler, 1905~1983는 『몽유병자들』에서 이 책을 '역사상 가장 판매가 신통치 않은 책'이라고 낙인찍는 것으로 부족해 '아무도 읽지 않은 책'이라는 별명을 지었다. 지나치게 어려웠던 탓이다. 사실 코페르니쿠스 스스로도 책에 모순되는 부분이 많고 아직 해결되지 않은 문제가 적지 않아 자신의 대작이 비웃음의 대상이 되거나 아무에게도 읽히지 않는 책이 되지 않을까 걱정했다고 한다.

그의 유일한 제자 레티쿠스Rheticus, 1514~1576는 스승에게 책의 출판

+　　"만물의 중심에는 태양이 있다. 전체를 동시에 밝혀주는 휘황찬란한 신전보다 더 좋은 자리가 또 어디 있단 말인가. 어떤 이는 그것을 빛이라 불렀고, 또 어떤 이는 영혼이라 불렀고, 다른 이는 세상의 길라잡이라 불렀으니, 그 얼마나 적절한 표현인가. 태양은 왕좌에서 자기 주위를 선회하는 별들의 무리를 굽어본다." 코페르니쿠스의 고뇌가 엿보이는 문장이다.

을 설득하기 위해 3년 앞서 코페르니쿠스의 천문학을 소개하는 소책자를 펴낸다. 이 소책자는 은밀하면서도 폭발적인 인기를 누려 이듬해 재판이 발행된다. 레티쿠스는 출판을 망설이는 스승을 아랑곳하지 않고 당대 최고의 인쇄업자인 뉘른베르크의 페트레이우스에게 최종 원고를 가지고 간다. 세상을 바꾼 이 책은 이런 우여곡절을 겪은 끝에 세상으로 나온다.

코페르니쿠스의 생각은 기우에 그치지 않았다. 초판 400부도 다 팔리지 않았기 때문이다. "구입해서 읽고 활용하시기 바랍니다"라는 선전 문구가 무색할 정도였다. 당시 독자로 추정할 수 있는 사람은 케플러, 갈릴레이, 튀코 브라헤 같은 천문학자와 출판업자 9명에 지나지 않았다는 설도 있다.

이런 평가에 대해 깅거리치Owen Gingerich, 1930~ 전 하버드 대학교 교수는 『아무도 읽지 않은 책』이라는 저서를 통해 여러 증거를 대며 반박한다. 깅거리치는 갈릴레이와 케플러, 미하엘 마에스틀린 같은 일급 천문학자가 소유했던 희귀본을 소개하면서 이 책을 둘러싼 천문학자 사이의 격렬한 논쟁과 교회가 벌인 검열의 흔적을 보여준다.

　지구가 다른 행성들과 더불어 태양 주위를 회전한다는 코페르니쿠스의 결론은 과학 역사뿐 아니라 인류의 삶에 엄청난 파문을 일으켰다. 획기적인 사고방식의 변화를 흔히 코페르니쿠스적 전환이라고 하는 것만 봐도 알 만하다. 독일 철학자 칸트가 처음 사용한 코페르니쿠스적 전환이라는 용어는 이제 일상생활에서도 쓰인다. 칸트는 인식이 대상에 의거하는 것이 아니라 인간의 주관 구성에 근거한다는 자신의 인식론적 입장을 코페르니쿠스적 전환이라는 말로 표현했다.

　서양이 신神 중심의 세계관을 극복하는 데 가장 크게 공헌한 게 바로 『천체의 회전에 관하여』다. 이 책을 계기로 우주에서 신을 제거하고 우주와 지구에서 일어나는 모든 운동을 물리법칙으로 설명할 수 있다고 여기게 됐다. 이를 바탕으로 인간은 자연의 지배자로 등극했다. 성서에 따라 우주를 해석하고 과학을 말하던 세계에 평범한 인간의 비범한 상상이 개입되면서 새로운 과학의 세계가 열린 것이다.

　지동설에 대한 독일 문호 괴테의 언급이 흥미롭다. "지구는 우주의 중심점이라는 엄청난 특권을 포기해야 했다. 이제 인간은 크나큰 위기에 봉착했다. 낙원으로의 복귀, 종교적 믿음에 대한 확신, 거룩함, 죄 없는 세상, 이런 것들이 모두 일장춘몽으로 끝날 위기에 놓인 것이다. 새로운 우주관을 받아들인다는 것은 사상 유례가 없는 사고의 자유와 감성의 위대함을 일깨워야 하는 일이다."

　지구가 움직인다는 것을 심각하게 받아들이지 말라고 당부한 코페르니쿠스의 친구 안드레아스 오시안더의 서문 때문인지 가톨릭 교계의 반응은 상대적으로 격렬하지 않았으나 루터파를 중심으로 한 개신교의 위협은 컸다. 하지만 지동설을 입증하는 학설이 난무하자 교황청은 1616년 금서 조치를 내렸다. 코페르니쿠스가 죽은 지 70여 년이 흐른 뒤의 일이다.

교황청은 지동설이 '움직일 수 없는 과학'으로 증명된 1835년에 들어서야 이 책을 금서에서 해제했다. '코페르니쿠스적 전환' 이후 시대에도 변화는 더디기만 했다. 대중의 잘못된 인식을 바로잡는 데 3세기나 걸렸고 코페르니쿠스가 복권되기까지 5세기가 걸렸다. 로마가톨릭이 지동설과 관련된 오류를 인정한 것은 1992년의 일이다.

함께 읽으면 좋은 책
• 오언 깅거리치, 『아무도 읽지 않은 책』, 장석봉 옮김, 지식의숲, 2008.
• 데이바 소벨, 『코페르니쿠스의 연구실』, 장석봉 옮김, 웅진지식하우스, 2012.

시공간 개념의
혁명

미인과 함께 있으면 한 시간이 1분처럼 느껴지지만
뜨거운 난로 위에서는 1분이 한 시간보다 길게 느껴진다.

상대성이론

알베르트 아인슈타인
Albert Einstein, 1879~1955

"이 행성에서의 한 시간이 지구에서는 7년이에요." 공상과학영화 〈인터스텔라〉에서 주인공 쿠퍼 일행이 나누는 대화의 한 토막이다. 인류가 살 수 있는 대체 행성을 찾아 우주선 인듀어런스호를 타고 떠난 쿠퍼 일행은 맨 처음 밀러 행성에 도착한다. 밀러 행성은 중력 차이 때문에 지구와 시간 차이가 엄청났다. 밀러 행성은 초거대 블랙홀인 '가르강튀아' 주변을 가깝게 도는 행성이어서 시간이 지구보다 6만 배이상 천천히 흐른다. 쿠퍼 일행은 이곳에서 무시무시한 위력의 파도를 만나 시간을 지체하면서 지구 시간으로 무려 23년 4개월 8일을 허비하고 만다.

이 상황을 과학적으로 설명할 수 있는 것이 알베르트 아인슈타인의 상대성이론이다. 우주 어디에서나 시간은 똑같이 흐를 것이라는 개념을 깨부순 것이다. 주인공 쿠퍼가 우주를 유영하다 구조돼 인류가 건설해놓은 새로운 지구에 도착한 뒤 자신보다 늙어버린 딸을 만나게 되는 것도 바로 이 이론 때문에 가능하다.

아인슈타인은 상대성이론을 알기 쉽게 설명해달라는 요청을 받자 "미인과 함께 있으면 한 시간이 1분처럼 느껴지지만 뜨거운 난로 위에서는 1분이 한 시간보다 길게 느껴지는 것과 같다"고 답했다는 일화가 전해진다.

20세기 최고의 물리학자 아인슈타인의 위대한 저작 『상대성이론: 특수상대성이론과 일반상대성이론Über Die Spezielle und Die Allgemeine Relativitätstheorie』은 시간과 공간은 절대적인 것이 아니며, 관측하는 입장에 따라 바뀐다는 게 뼈대다. 그동안 시간과 공간은 전 우주에 걸쳐 오직 하나뿐이며, 같은 공간에 펼쳐져 있다고 믿었다. 따라서 모든 존재는 같은 공간에 있고, 모든 사건은 동일한 공간에서 일어난다. 같은 공간에서 일어나는 모든 사건에는 하나뿐인 동일한 시간이 적용된다. 이 같은 고정관념이 아인슈타인의 상대성이론에 의해 뿌리째 바뀌게 됐다. '4차원 시공간' 개념도 그렇게 생겨났다.

특수상대성이론을 요약하면 이렇다. 시간은 물체의 이동속도에 따라 상대적으로 변화한다. 물체가 빛의 속도로 움직일 때 시간은 정지한다. 빛의 속도보다 더 빨리 움직이면 시간은 거꾸로 가기 시작한다. 예를 들면 빛의 속도에 가까운 속도로 날아가는 우주선 안에서는 시간의 흐름이 느려진다. 우주선 안에 있는 사람에게는 아무런 변화가 없지만 달 표면에 있는 사람이 보면 우주선 안의 시간이 천천히 흘러간다. 시간의 흐름이 느려지고 빨라지는 것은 다른 입장에 있는 사람과 비교했을 때만 의미가 있다. 광속에 가까운 속도로 날아가는 우주선과 정지해 있는 우주선의 길이는 원래 같다. 하지만 광속에 가까운 속도로 날아가는 우주선은 길이가 줄어든다. 시간이 느려지는 것과 마찬가지로 물체의 길이도 상대적이다. 물체는 광속에 가까워질수록 가속하기 어려워지며 질량은 커진다.

어떤 초문명의 기술로도 넘을 수 없는 속도의 한계가 이 세계에 존재한다. 속도의 한계는 빛의 속도다. 빛의 속도는 관측하는 장소의 속도나 광원의 운동 속도에 관계없이 언제나 초속 30만 킬로미터로 일정하다. 얼마 전 국제적 과학 연구 그룹인 오페라OPERA 팀이 '빛보다 빠른 물질을 발견했다'고 발표했다가 1년도 안 돼 철회하는 해프닝이 있었다. 이 해프닝은 아인슈타인의 특수상대성이론이 옳았음을 다시 한 번 확인해줬다. 현대 과학에서 가장 중요한 방정식인 'E(에너지)=m(질량)×c(광속)²'은 특수상대성이론의 가장 중요한 결과다.

일반상대성이론을 간추리면 다음과 같다. 빛은 중력에 의해 휘어진다. 물체도 아니고 무게도 없는 빛이 중력에 의해 나아가는 경로가 바뀐다. 실제로 태양 뒤편의 별에서 나오는 빛이 태양 근처에서 휘어지는 것이 확인됐다. 이 휘어짐은 진공 상태에서도 일어나지만 물속에서 일어나는 빛의 굴절과는 다르다. 빛이 휘는 현상은 공간이 휘기 때문에 일어난다.

중력은 시간의 흐름에도 영향을 끼친다. 중력에 의해 시간이 천천히 흐른다. 빛을 휘게 할 뿐 아니라 삼켜버릴 정도로 중력이 강한 블랙홀 근처에서는 시간이 거의 정지한다. 우주선이 블랙홀 근처까지 날아가 잠시 머물렀다가 돌아오는 것을 상상해보자. 머무는 장소를 잘 선택하면 여행자는 1년밖에 보내지 않았는데도 지구에서는 100년이 지나가는 일이 생길 수 있다. 블랙홀이 '미래의 타임머신'으로 사용되는 것이다. 영화 〈인터스텔라〉도 이 현상에서 착안했다.

아인슈타인은 일반상대성이론을 설명하면서 이렇게 말했다. "이제 우리는 '공간'이라는 모호한 용어를 전적으로 피해야 하며, 공간으로부터는 어떠한 사소한 개념조차 구성할 수 없음을 시인해야 한다."

아인슈타인은 뉴턴의 만유인력으로 설명되지 않는 세 가지 현상을 일반상대성이론으로 규명했다. 첫째, 수성이 태양 둘레를 공전할 때 공전궤도가 세차운동하는 값을 정확하게 밝혔다. 둘째, 멀리 떨어진 별에서 나오는 빛이 태양 부근을 지날 때 태양의 만유인력에 의해 휘었다. 셋째, '중력 적색 편이重力赤色偏移·gravitational redshift'라고 불리는 것으로 매우 큰 질량을 가진 별에서 나오는 빛은 중력장을 거치면서 에너지를 잃고 파장은 길어진다.

일반상대성이론은 수성의 근일점(타원궤도 중에서 태양에 가장 가까워지는 점)이 100년마다 43초씩 이동하는 현상을 설명해냈다. 1960년에는 금성의 근일점이 100년에 8초씩 이동한다는 사실이 추가로 드러나 일반상대성이론을 뒷받침했다. 중력에 의해 빛이 휘어진다는 사실은 1919년 5월 29일 일식日蝕 때 확인됐다. 이 실험에서도 아인슈타인의 예측은 1퍼센트 이하의 오차로 적중했다. 중력 적색 편이는 1964년에 실험으로 밝혀졌다.

특수상대성이론과 일반상대성이론의 차이점은 몇 가지로 살펴볼 수 있다. 특수상대성이론은 조건이 붙은 특수한 상황에서만 적용되는 이론이다. 이 이론이 적용되는 것은 '중력의 영향이 없다', '관측자가 가속도운동을 하고 있지 않다'는 조건이 충족되는 경우다. 일반상대성이론은 그런 제약을 없애고 더욱 일반적인 상황에 적용되도록 발전시킨 이론이다. 일반상대성 이론은 특수상대성이론을 그 속에 포함한다. 일반상대성이론에 따르면 중력이 강한 곳에서 반드시 시간이 느려진다.

이 책은 1905년 특수상대성이론, 1915년 일반상대성이론에 관한 논문이 발표된 뒤 1916년 독일에서 처음 출판됐다. 그 무렵 상대성이론을 이해한 과학자는 세계에서 12명밖에 없다는 말이 나올 정도로 어려운 이론으로 받아들여졌다. 그래선지 아인슈타인은 서문에서 이렇게 말했다. "과학으로서뿐 아니라 철학적인 관점에서 상대성이론을 알고 싶어 하는 독자를 위해 나는 이 책을 쓰게 됐다. 이론물리를 이해하는 데 필요한 수학을 모르는 독자들이 상대성이론에 대한 정확한 통찰력을 얻을 수 있도록 이 책은 의도됐다. 고등학교 수준의 교육을 받은 독자라면 내용을 쉽게 이해할 수 있을 것이다."

아인슈타인에게는 16세 때부터 사로잡힌 한 가지 문제가 있었다. '광선과 나란히 달리면 무슨 일이 일어날까? 만일 내가 빛의 속도로 날아간다면 내 얼굴이 거울에 비칠까?'라는 의문이었다. 아인슈타인이 이러한 의문을 갖게 된 데는 까닭이 있었다. 빛은 '파동波動·wave'이라는 생각이 당시의 정설이었기 때문이다. 얼굴이 거울에 비치려면 얼굴에서 나온 빛이 거울에 닿았다가 반사된 다음 자신의 눈으로 되돌아와야 한다. 하지만 자신이 빛과 같은 속도로 움직이고 있다면 빛이 앞으로 나아가지 못해 거울에 닿지 못하는 것은 아닐까 하는 궁금증이 생길 수밖에 없었다.

음속으로 날아가는 비행기의 맨 앞에서 나온 음파는 비행기보다 앞서 나아갈 수 없다. 음파의 속도는 기온이나 기압에 따라 바뀌지만, 초속 약 340미터다. 비행기도 음속으로 날아간다. 따라서 비행기에서 보면 앞쪽으로 나아가는 음파는 속도가 '0'이 되어 비행기보다 앞서 나아갈 수 없다. 만약 빛도 소리와 같은 성질을 지닌다면, 얼굴에서 광속으로 나아가는 빛이 거울에 도달하지 못하는 것은 당연하다.

그러나 상대성이론의 발견에 따라 광속으로 날고 있는 우주선에서 거울을 봤을 때도 자신의 모습이 거울에 비친다는 것을 알게 됐다. 아무리 광속으로 날고 있어도 우주선 안은 관찰자인 나에게 정지해 있는 것과 같기 때문이다.

특수상대성이론은 아인슈타인이 스위스 특허청 직원으로 일하던 무명 시절에 알아냈다. 그가 특허 심사관으로 일하던 시절에는 시계에 대한 특허가 자주 접수됐다. 도시를 잇는 열차의 속도가 빨라지면서 여러 도시 간에 시간을 맞추는 일이 점점 더 중요해지던 때였다. 도시는 정지해 있는 좌표계이므로 두 도시의 시간을 맞추는 일은 그리 어렵지 않았다. 그렇지만 그중 하나의 좌표계가 움직이고 있다면 정지한 좌표계와 운동하는 좌표계의 시간을 어떻게 맞출까 하는 궁금증이 아인슈타인의 머리에서 떠나지 않았다. 어느 한 좌표계에서 '동시'라고 말할 수 있는 시간이 다른 좌표계에서는 '동시'가 되지 않는다면 어떻게 해야 할까라는 질문도 떠올랐다.

1905년 5월 어느 날, 아인슈타인은 근무가 끝난 뒤 친구 베소의 집에 들렀다. 그는 빛과 관성계慣性系에 대한 문제를 한참 동안 토론하고 돌아갔다. 다음 날 아인슈타인은 베소를 다시 찾아와서 "고마워, 어제 그 문제 완전히 다 풀렸어"라고 말을 건넸다. 그때부터 특수상대성이론에 관한 논문을 쓰기까지는 불과 5주 정도의 시간이 걸렸을 뿐이다.

뉴턴의 24~25세 시절이 '기적의 해'였듯이 아인슈타인이 26세였던 1905년도가 '기적의 해'로 불린다. 특수상대성이론, 광양자가설, 브라운운동 이론, 질량과 에너지의 동등성 등을 밝히는 논문 네 편을 잇달아 발표한 해였기 때문이다. 이 논문들은 공간, 시간, 물질에 대한 물리학의 관점을 바꿔놓았다.

상대성이론은 그때까지 한 치의 의심도 없이 받아들여지던 뉴턴 역학을 대체했다. 시간과 공간의 개념을 혁명적으로 변화시켰을 뿐만 아니라 훗날 원자력발전 등으로 인류 생활에도 폭풍을 몰고 왔다. 특히 특수상대성이론의 유명한 공식 $E=mc^2$은 핵무기를 탄생시키는 데 결정적인 역할을 한다. 상대성이론은 과학은 물론 철학, 영화와 애니메이션, 미술, 사진, 문학, 음악, 건축 등 거의 모든 분야에 엄청난 영향을 미쳤다. 이 때문에 미국 시사 주간지 《타임》은 1999년 아인슈타인을 20세기의 가장 영향력 있는 인물로 선정했다.

함께 읽으면 좋은 책
- 김제완 외 14인, 『상대성이론 그 후 100년』, 궁리, 2005.
- 야마구치 겐이치, 『세상에서 가장 쉬운 상대성이론 강의』, 김문집 옮김, 북스힐, 2011.
- 일본 뉴턴프레스, 『현대 물리학 3대 이론』, 뉴턴코리아, 2013.

함께 보면 좋은 영화
- 크리스토퍼 놀런 감독, 〈인터스텔라(Interstellar)〉, 2014.

르네상스의 새벽을 연 문제작

세상을 움직이는 것은
신이 아니라 원자다.

사물의 본성에 관하여

루크레티우스
Titus Lucretius Carus, BC 96~55

'방황하는 나그네여, 여기야말로 당신이 진정 거처할 좋은 곳이요. 여기에 우리가 추구해야 할 최고의 선善, 즐거움이 있습니다.' 고대 그리스 에피쿠로스학파의 정원으로 통하는 문에는 이 같은 문구가 새겨져 있었다. 플라톤의 아카데미아 정문에 '기하학을 모르는 자는 이 문으로 들어오지 말라'는 현판이 내걸렸던 것과는 사뭇 다르다.

에피쿠로스는 자연학에서는 원자론적 유물론atomistic materialism, 윤리학에서는 쾌락주의hedonism를 주창한 것으로 유명하다. 유물론은 물질과 마음, 존재와 사고의 관계에서 물질(존재)이 마음(사고)보다 선행하고 중요하다는 이론이다. 원자론적 유물론은 모든 사물을 더 이상 나눌 수 없는 물질적 원자(미립자)의 집합이라고 본다. 이 학설은 원자의 형상, 크기, 이합집산으로 모든 사물과 현상을 설명할 수 있다고 주장한다.

에피쿠로스의 쾌락주의는 방탕이나 환락을 즐기는 게 목표가 아니라 고통으로부터 해방되는 '마음의 평정ataraxia'과 절제를 좇는다. 부귀영화가 아닌 박애, 산해진미가 아닌 소박한 음식, 색욕보다 우정을 추구한다. 마치 세상의 쾌락으로부터 도피하는 것이 쾌락주의 철학의 역설 같다. 플라톤학파(아카데미학파), 아리스토텔레스학파(소요학파), 스토아학파와 더불어 헬레니즘 시대의 4대 철학 사조로 꼽히는 에피쿠로스학파는 여성과 노예도 받아들여 진정한 평등사상을 실천했다. 기원전 4~3세기에 걸쳐 살았던 에피쿠로스는 무신론까지는 아니더라도 신을 숭배하는 전통을 깨뜨린 최초의 인물군에 속한다.

에피쿠로스 철학은 에피쿠로스 사후 2세기쯤 뒤에 태어난 철학자이자 시인 루크레티우스가 없었다면 오늘날 널리 영향을 미치지 못했을지도 모른다. 에피쿠로스가 300여 권의 책을 썼다는 기록이 있으나 현존하는 것은 세 통의 편지와 40개의 금언뿐이라고 한다. 루크레티우스가 기원전 50년쯤에 쓴 『사물의 본성에 관하여De Rerum Natura』는 에피쿠로스 사상을 가장 체계적으로 정리한 철학 시집이다. 에피쿠로스학파의 우주론, 윤리학, 물리학을 전해주는 대표 문헌인 셈이다. 루크레티우스가 남긴 유일한 작품이기도 하다.

미국 철학자 조지 산타야나는 루크레티우스를 단테, 괴테와 더불어 '3대 철학 시인'으로 꼽았다. 루크레티우스의 삶에 대해선 알려진 게 사실상 아무것도 없다. 귀족 출신이라는 주장이 있으나 확실치 않다.

유럽 역사에서 암흑기로 불리는 중세가 저물고, 르네상스 운동이 시작될 무렵 루크레티우스의 『사물의 본성에 관하여』는 지식인들이

가장 주목한 작품이었다. 이 책의 핵심 사상 가운데 하나는 원자론
atomism이다. 모든 사물은 눈에 보이지 않는 작은 입자들로 만들어졌다
는 주장이다. 루크레티우스는 우주에는 창조자나 설계자가 없다고 했
다. 오직 우연이 지배하는 끝없는 창조와 파괴만이 있을 뿐이라는 게
그의 생각이다.

"태고부터 우주에선 셀 수 없이 많은 입자가 충격에 의해 뒤흔들리
고 떠밀려 다양한 모습으로 온갖 종류의 움직임과 결합을 실험해왔
다. 그리고 최종적으로 현재 우리가 사는 세계와 같은 배열이 나오게
된 것이다."

세상을 움직이는 것은 신이 아니라 원자라고 루크레티우스는 주장
한다. 에피쿠로스가 사실상 완성한 원자론은 만물의 생성과 소멸을
합리적으로 설명하려는 유물론이다. 예수와 기독교가 탄생하기 전에
나온 책이지만, 매우 불온한 사상을 지닌 책으로 취급받은 까닭도 여
기에 있다. 플라톤과 아리스토텔레스는 창조주가 있다고 믿은 반면,
루크레티우스는 신이 존재하나 절대적인 권능을 지닌 조물주는 없다
는 입장이었다.

이 책에서 더 이상 쪼갤 수 없는 것이라는 뜻을 지닌 그리스 철학 용
어 '원자'가 사용되진 않았지만, '최초의 것들', '물질의 본체', '사물의
씨앗들' 같은 표현이 등장한다. 루크레티우스에게는 시간과 마찬가지
로 공간도 무한하다. 이 세상에는 물질과 진공 외에는 어떤 것도 존재
하지 않는다. 죽음은 우리에게 아무것도 아니다. 죽으면 영혼도 사라진
다. 다시 태어나거나 천국이나 지옥으로 가는 일은 없다.

인간은 한때 우주에 머무는 것이니, 모든 것이 덧없음을 인정하면

서 세상의 아름다움과 즐거움을 누리면 된다고 루크레티우스는 주장한다. 인생 최고의 목표는 쾌락의 증진과 고통의 경감이다. 당장 고통을 수반하는 쾌락이나 언젠가는 고통을 가져올 쾌락은 피해야 한다. 사회적 지위나 권력, 재산도 별 의미가 없다. 인간은 결코 이 세상에서 특권적 지위를 차지하지 않는다는 게 루크레티우스의 지론이다. 우리는 이 세상의 다른 모든 것을 구성하는 것들과 똑같은 물질로 돼 있다. 인간은 물질계에서 벌어지는 훨씬 더 큰 물질 순환 과정의 일부일 뿐이다. 인간 역시 하나의 종으로서 영원하지 않다.

중세 사람들은 이 책의 내용을 이해할 수도 믿을 수도 없으며, 불경하다고 생각했다. 우주가 무한한 진공 속에 존재하는 원자들의 충돌로 형성됐다는 내용은 터무니없게 들렸다. 그러나 총 7,400행에 달하는 이 시는 수준 높은 지적 야망으로 가득하다. 시의 언어는 까다롭고 구문은 복잡하다.

이 책의 운명은 매우 기묘하다. 기원전 50년쯤 쓰인 『사물의 본성에 관하여』는 로마 최고의 시인 베르길리우스부터 매료했다. 동시대의 인물 키케로와 오비디우스는 더 말할 것도 없다. 키케로는 루크레티우스의 철학적 원리를 강하게 비판했으나, 이 책의 놀랄 만한 힘은 인정했다.

하지만 서로마제국 멸망 후 책 자체도 구하기 어려워졌다. 9세기 이후 프랑스와 독일 수도원 두세 곳에서 떠돌다가 갑자기 사라져버렸기 때문이다. 처음에는 적대적인 이교異敎에 의해, 그다음에는 역시 적대적인 기독교에 의해 헛된 몽상과 위험한 생각으로 가득 찬 사상이라고 낙인찍혀 자취를 감췄다.

1417년 '책 사냥꾼'이란 별명을 지닌 포조 브라촐리니가 독일의 한 수도원 서가에서 이 책의 옛 필사본을 발견하면서 드라마 같은 미래가 열린다. 에피쿠로스 철학을 매장해버린 장본인이라 할 수 있는 가톨릭 수도원에 이 책의 사본 한 권이 흘러든 것부터 예사롭지 않다. 썩어 없어질 운명을 기다리고 있던 그 사본을 9세기의 어느 날 한 수도사가 베끼기 시작한 것도, 그 필사본이 르네상스의 발상지 피렌체의 인문주의자 포조의 손에 떨어지게 된 것도 엄청난 우연이었다. 루크레티우스가 이 책에 "모든 사물은 정해진 운명의 쇠사슬에 매여 있다"고 쓴 그대로다.

이 책은 출간 직후부터 무신론적 내용을 담았다는 이유로 비난받았다. 무신론뿐 아니라 가장 중요한 쟁점이자 논쟁의 시발점이 된 것은 우리가 살고 있는 물질계였다. 『사물의 본성에 관하여』는 무신론을 단죄하는 종교재판의 심문 교본으로 쓰였다. 포조의 재발견으로부터 약 100년이 지난 1516년, 피렌체 종교회의에 모인 고위 성직자들은 학교에서 이 책을 읽는 걸 금지했다. 구텐베르크의 활자 발명 이후 이 책의 인쇄본도 빠르게 나왔지만, 서문에는 경고문과 함께 인쇄업자의 종교적 신념과 책의 내용은 무관하다는 내용을 실어야 했다.

그럼에도 문예부흥을 알리는 전령사들은 이 불온서적에서 혁명적인 영감을 얻어 르네상스의 새벽을 열었다. 미와 쾌락의 향유에 관한 루크레티우스의 생각을 가장 잘 표현하고 인간이 탐구할 목표로까지 밀고 나간 게 르네상스 문화였다.

산드로 보티첼리의 매혹적인 걸작 〈비너스의 탄생〉은 이 책이 낳았다고 해도 과언이 아니다. 『사물의 본성에 관하여』는 사랑과 미의 여신 비너스에 대한 찬가로 시작한다. 레오나르도 다빈치의 과학기술 연구, 갈릴레오 갈릴레이의 천문학, 프랜시스 베이컨의 유명한 경험철학 연구, 가톨릭에 반기를 든 성공회 신학자 리처드 후커의 신학 이론에도 이 책이 스며들었다. 가톨릭에 회의를 품고 범신론을 숭상하다 화형에 처해진 조르다노 브루노와 형이상학적 유물론과 범신론이 반영돼 모든 저작이 가톨릭의 금서 목록에 오른 스피노자의 지적인 대담성도 이 같은 혁명적 사고 속에서 형성됐다.

'원자가 자유롭게 이탈한다'는 이 책의 생각은 봉건제의 속박에서 벗어나려는 계몽주의, 자유주의 사상가들에게도 큰 영감을 전해줬다. 몽테뉴는『수상록』에 『사물의 본성에 관하여』 내용을 무려 100여 행 가까이 그대로 인용했을 정도다. 작가 토머스 모어는『유토피아』에서 루크레티우스처럼 쾌락을 추구하라고 격려한다.

변증법적 유물론을 주창한 카를 마르크스는 박사 학위 논문이 「데모크리토스와 에피쿠로스의 자연철학의 차이」였을 정도로 이 책에 심취해 있었다. 이 책의 다섯 판본을 소장하고 '에피쿠로스주의자'를 자처한 토머스 제퍼슨은 '미국 독립선언문'에 정부가 국민의 생명과 자유를 지켜야 할 뿐 아니라 '행복추구권'까지 보장하도록 명시했다. 아인슈타인은 고대인의 원자론적 세계관을 극찬하며 연구 자료로 삼았다. 가히 지적 혁명을 이끈 책이라 할 만하다.

함께 읽으면 좋은 책
- 에피쿠로스, 『쾌락』, 오유석 옮김, 문학과지성사, 1998.
- 스티븐 그린블랫, 『1417년, 근대의 탄생』, 이혜원 옮김, 까치, 2013.

인간 유전자
비밀의 발견

기차가 목적지에 도착할 무렵
DNA가 두 가닥으로 엮여 있다는 사실을 확신했다.

이중나선

제임스 왓슨
James Dewey Watson, 1928~

"우리가 생명의 신비를 밝혀냈소! 드디어 해냈단 말이오." 1953년 겨울 끝자락인 2월 21일, 영국 케임브리지 대학교 캐번디시 연구소 근처 이글 식당에 단골 청년이 들어서면서 들뜬 얼굴로 이렇게 외쳤다. 뒤따라 들어온 다른 청년은 못마땅하다는 표정으로 그 모습을 지켜봤다. 두 사람이 함께 발견한 사실이 중대하기 이를 데 없어 함부로 떠들어대면 위험하다고 느꼈기 때문이다.

홍분한 청년은 서른일곱 살의 영국 분자생물학자 프랜시스 크릭 Francis Crick, 1916~2004이고, 쫓아온 청년은 갓 스물다섯 살의 미국 생물학자 제임스 왓슨이었다. 이들이 바로 20세기 최고의 과학적 발견 가운데 하나로 꼽히는, 데옥시리보핵산DNA 이중나선 구조를 규명한 학자다. 이 발견은 물리학에서 아인슈타인의 상대성이론에 버금가는 생물학의 쾌거다. 인간 유전자의 비밀이 밝혀짐에 따라 전 세계에 DNA 연구 열풍이 일어났고, 생명과학은 어마어마한 발전을 거듭했다.

이들의 발견은 같은 해 4월 25일 과학 전문지《네이처》에 한 장의 논문으로 발표돼 세상을 뒤흔들었다. 「DNA의 이중나선 구조 발견」이라는 제목의 이 짧은 논문은 두 사람을 최고 과학자의 반열에 올려놓았다. "우리는 여기에 DNA의 구조를 제안하고자 한다. 이 구조는 생물학적으로 대단히 흥미로운 특징들을 지니고 있다"는 문장으로 시작한 논문은 자신들의 연구 결과가 마치 이집트의 상형문자를 해독하는 데 단서가 됐던 로제타 스톤Rosetta Stone을 발견한 것과 마찬가지라고 썼다. 이들은 9년 뒤인 1962년 노벨 생리의학상을 받았다.

1968년, 왓슨은 DNA 구조 발견의 전말을 소설처럼 쓴 책『이중나선The Double Helix』을 단독으로 펴냈다. 책 내용은 마치 한 편의 영화나 드라마를 보는 듯하다. DNA 구조에 대한 과학적 설명은 그리 많지 않다. 위대한 발견을 둘러싼 과학자들의 숨겨진 이야기가 흥미진진하게 전개된다. 왓슨은 연구 업적을 앞다퉈 이뤄내기 위해 과학자들끼리 펼치는 치열한 신경전과 암투, 갈등과 속임수, 실패와 좌절을 실감 나게 묘사했다. 저자 특유의 직설과 유머가 포개져 과학에 대한 재미까지 돋운다.

이 책에는 연구에 대한 왓슨의 몰입과 집착이 남다르다는 사실이 부각된다. 영화 관람을 무척 즐긴 왓슨은 마음에 쏙 드는 영화를 보는 순간에도 DNA 모형에 대한 생각을 멈추지 않았다. 그는 난방장치가 고장 난 기차에서도 DNA에 몰두했다. "추위에 떨던 나는 신문지를 덮었고, 그 여백에 낙서를 시작했다. 기차가 목적지에 도착할 무렵

+　　**분자생물학**(Molecular Biology) – 생명을 형성하고 조절하는 분자 수준에서 생물을 연구하는 학문이다. 역사가 길지 않은 학문이지만 오늘날 생명과학 분야에서 분자생물학이 차지하는 비중은 매우 높다. 1940년대 DNA가 유전자의 본체임이 밝혀지고, 동시에 DNA의 유전정보가 RNA를 통하여 세포질 속에서 단백질 합성을 지배한다는 사실이 차츰 알려지며 분자생물학의 발달이 본격화했다. 살아 있는 세포에서 일어나는 새로운 단백질의 생성과 유전자의 복제 기구에 대한 연구에 중점을 둔다.　●

DNA가 두 가닥으로 엮여 있다는 사실을 확신했다."

그는 훗날 노벨상 공동 수상자가 된 모리스 윌킨스Maurice Wilkins, 1916~2004가 자신의 누이동생 엘리자베스 왓슨과 함께 점심을 먹는 모습을 보면서 일종의 미인계를 꿈꿨다. '두 사람이 사귀면 윌킨스와 더불어 DNA에 관한 X선 연구를 할 수 있는 기회가 자연스럽게 만들어지지 않을까' 하고 상상하는 장면은 성취에 대한 집념을 보여준다.

그는 아무리 힘든 상황이라도 즐길 줄 아는 성격 덕분에 난관을 무리 없이 돌파한 것 같다고 털어놓으면서 과학자로서의 미래를 낙관한다. "과학자의 생활이란 게 지적인 면에서뿐만 아니라 사회적으로도 꽤 재미있겠구나 하는 생각이 자리 잡기 시작했다."

이 책은 과학자로 성공하는 비결에 사교성이 포함된다는 걸 은근히 드러낸다. 왓슨은 뛰어난 두뇌, 성실성, 신중함을 강조하지 않았다. 그는 남들이 자신을 돕도록 했다고 썼다. 실제로 고독하게 연구실에 틀어박혀 실험만 하고, 너무나 뛰어나서 남의 말을 귀담아듣지 않거나, 젊은이의 창의력과 의욕을 무시한 사람은 경쟁에서 졌다. 반면 왓슨은 모르는 것이 있으면 알 만한 사람에게 물었다. 경쟁자든 자신을 못마땅해하는 사람이든 가리지 않고 다가가 정보를 얻고 의견도 구했다. 책에 동료 과학자들을 호의적으로 평가하지 않은 부분이 많은 것과는 상반된다.

DNA 이중나선 구조 발견 과정에는 전설적인 성공담만 있는 건 아니다. 『이중나선』은 왓슨의 인간적인 면모를 보여주는 책이지만, 동시에 논란을 불러일으킨 문제작이기도 하다. 책에 등장하는 인물들은 대부분 불쾌감을 감추지 못했다. 왓슨은 글 들머리에서 대뜸 공동 연구자였던 크릭이 겸손하지 않은 인물이라고 촌평하며 시작한다.

왓슨은 결정학 분야의 선구자인 로절린드 프랭클린Rosalind E. Franklin, 1920~1958을 성격이 괴팍하고 데이터 분석 능력이 떨어지는 여성 학자로 묘사해 유족의 가슴을 멍들게 했다. 당시 가장 해상도 높은 DNA의 X선 사진을 찍은 과학자 프랭클린은 1958년 암으로 이른 나이에 세상을 떠났다. 이 때문에 1962년 왓슨과 공동으로 노벨상을 받을 수 있는 연구 업적을 쌓은 그의 공로가 파묻혔다.

왓슨과 크릭이 참고한 결정적인 실험 데이터는 윌킨스가 사적으로 보여준 프랭클린의 사진이었음에도, 이들은 공식적으로 이 사실을 전혀 언급하지 않았다. 이 책이 당초 하버드 대학교 출판부에서 출간하기로 했다가 취소된 이유 가운데는 이 같은 서술에 대한 세간의 거센 비판도 있었다. 왓슨은 프랭클린의 업적을 높이 평가한 후기를 덧붙였다.

왓슨은 한참 뒤 인종차별 논란에도 휩싸인다. 그는 2007년 『지루한 사람과 어울리지 마라』는 제목의 또 다른 회고록을 냈는데 책을 홍

+　　　**센트럴 도그마**(central dogma)−DNA 나선 구조를
밝힌 프랜시스 크릭이 1958년 제안한 가설이다. DNA 유전정보
는 RNA를 거쳐 단백질로 전달되며 반대 방향으로는 진행되지
않는다는 내용이다. 반론들이 공존하기 때문에 아직까지도 가설
로 머물러 있다.

보하던 도중 인종차별적인 발언을 했다. 아프리카 대륙 흑인들이 유
전적으로 열등하다는 추론이 가능한 언급이었다. 이 때문에 79세의
나이에 43년간 일했던 연구소를 떠나야 했다.

왓슨은 대학생 때 저명한 이론물리학자 에르빈 슈뢰딩거Erwin
Schrdinger, 1887~1961의 『생명이란 무엇인가』란 책을 읽은 뒤 유전학의
비전을 알게 되었고, 이때 과감하게 진로를 결정했다고 회고한다. 슈
뢰딩거는 "생명 현상은 최종적으로는 물리학 또는 화학으로 설명할
수 있을 것"이라고 예언했다.

왓슨은 "이중나선에서 시작된 생명과학의 새 지식은 인류의 삶을
한 단계 진전시킨 강력한 힘이 됐다"고 자부한다. 지름이 10억 분의
1미터도 되지 않는 DNA가 인류와 과학의 운명을 결정짓는다는 사실
은 사람들을 흥분시킬 만했다. 호박만 한 토마토가 탄생한 것도, 유전
자를 분석해 범인을 잡게 된 것도 모두 DNA 구조가 밝혀졌기 때문에
가능한 일이다.

유전 정보의 흐름을 제시하는 이론인 센트럴 도그마, 돌연변이설,
인간 유전체(게놈) 지도 완성 같은 현대 생물학의 중요한 개념과 사건

이 모두 DNA 구조의 발견으로부터 비롯됐다. 2013년에는 1그램에 DVD 50만 장의 정보를 수록할 수 있는 '정보 저장 DNA'가 개발돼 관심을 끌기도 했다. 이 같은 사실은 유럽생물정보학연구소EBI가 저명한 과학 전문지《네이처》에 발표해 밝혀졌다. 인간과 동식물 유전자 구조를 해독해냄으로써 암, 심장병, 당뇨, 혈우병 같은 질환에 대한 유전자 치료법이 가능할 것이라는 장밋빛 전망도 나왔다. 물론 긍정적 효과만 있는 건 아니다. '인간 복제'라는 도덕적 딜레마를 가져오기도 했다.

이 책은 여러 면에서 저자와 세상을 동시에 바꿔놓았다. 왓슨 자신이 대중적인 스타 과학자가 된 것은 물론 과학에 흥미가 없는 사람들의 관심을 이끌어냈다. 최재천 이화여대 석좌교수의 말이 이를 대변한다. "왓슨은 이 작은 책으로 유전자 과학의 흥미진진함을 많은 사람에게 알려 엄청나게 유명해졌고, 그 덕에 대중은 훨씬 더 과학과 가까워질 수 있었다. 이것이 바로 이중나선의 이중 효과다. 이 같은 유명세가 훗날 그가 인간 유전체 연구에 엄청난 예산을 끌어오는 데 기여했으리라는 것은 의심할 여지가 없다."

사실 왓슨보다 열두 살 많은 공동 연구자 크릭이 더 비상한 통찰력과 능력을 갖춘 인물이라고 보는 견해가 많다. 하지만 DNA 구조 발견 이야기를 할 때 크릭보다 왓슨이 먼저 떠오르는 건 순전히『이중나선』덕분이다. 그가 1990년대 게놈 프로젝트의 기수로 미국 생물학계에 막강한 영향력을 끼친 학자가 된 것은 연구 업적뿐 아니라 이 책을 통해 대중에게 널리 알려졌기 때문이다.

수많은 젊은 지성이 '분자생물학'이라는 새로운 분야로 몰려든 데도 책의 영향이 컸다. 어린 독자들은 이 책을 보고 과학자를 꿈꿨다.

과학계에서 자전적인 이야기를 담은 책이 수없이 쏟아져 나왔지만, 오래도록 독자의 사랑을 받는 책은 그다지 많지 않다. 『이중나선』이 스테디셀러가 된 까닭은 장차 과학자가 되고 싶은 이들에게 과학자와 연구의 본질, 과학자 사회의 실상을 제대로 알려주기 때문이다.

2007년, 왓슨은 다시 한 번 세계의 이목을 집중시켰다. 미국 생명공학 기업 454라이프사이언시스가 인류 최초로 한 사람의 전체 유전자 코드를 읽어냈는데 그 유전자 코드의 주인공이 바로 왓슨이었다. 크릭은 2004년 세상을 떠났지만, '분자생물학계의 성난 황소'라는 별명까지 얻은 왓슨은 80대 후반의 나이에도 왕성하게 연구하면서 논문을 발표하고 있다.

함께 읽으면 좋은 책
• 제임스 왓슨, 「지루한 사람과 어울리지 마라」, 김명남 옮김, 이레, 2009.
• 최재천 외 4인, 「내 생명의 설계도 DNA」, 과학동아북스, 2013.

유토피아를 꿈꾸며
디스토피아를 그리다

자본론

나의 투쟁

무엇을 할 것인가?

상호부조론

유토피아

1984

노동자 계급의
성경

자본은 머리끝에서 발끝까지
피와 오물을 뒤집어쓰고 태어난다.

자본론

카를 마르크스
Karl Marx, 1818~1883

판사: 피고인의 직업은?

피고인: 프롤레타리아다.

판사: 그건 직업이 아니지 않은가?

피고인: 뭐? 직업이 아니라고? 그것은 노동으로 살아가며 정치적
권리를 박탈당한 3000만 프랑스인의 직업이다.

1832년 1월 프랑스 법정에서 나눈 판사와 피고인의 심문 문답
일부다. 피고인은 프롤레타리아 독재를 지지하며 폭력 시위를 주도
한 혐의로 체포된 급진주의 혁명가 루이 오귀스트 블랑키Louis Auguste
Blanqui, 1805~1881였다. 프롤레타리아 세상에 대한 열망으로 가득 찼던
블랑키는 1830년 7월 혁명 이래 거의 모든 혁명과 시위에 가담해 생

애의 절반에 가까운 30여 년을 감옥에서 보냈다. 훗날 블랑키의 사상에 공감하고 그와 깊이 교유交遊하던 카를 마르크스라는 유대계 독일 청년은 프랑스에서도 기피 인물로 낙인찍혀 추방당하고 만다.

영국으로 망명한 마르크스는 1867년에 프롤레타리아 계급인 노동자를 위한 걸작 『자본론Das Kapital』 1권을 출간한다. 15년을 쏟아부은 각고의 산물이었다. 그 사이 여섯 아이 가운데 셋이 죽었고, 부인과 큰딸은 병에 걸려 신음했으나 마르크스는 자본론 저작을 멈추지 않았다. 가족들이 이루 형언할 수 없이 비참하게 생활하는데도 돈 벌 생각은 않고 오로지 연구에만 몰두했다. 오죽하면 그의 어머니가 이런 말을 했겠는가. "애야, 그저 자본에 대해 쓰지만 말고 자본을 조금이라도 모으면 안 되겠니?"

마르크스는 대영박물관 도서관에 거의 매일 드나들면서 훗날 역사의 물줄기를 바꾼 책의 원고를 써나갔다. 하지만 1권 출간 뒤 생을 마감하고 말았다. 생전에 펴내지 못한 2, 3권은 절친한 친구이자 동료인 프리드리히 엥겔스Friedrich Engels, 1820~1895가 마르크스의 원고를 모으고 편집해 출판했다. 전 3권인 『자본론』은 한국에서 번역 후 5권으로 출간됐다.

마르크스는 노동자를 위해 이 책을 썼다고 스스로 공언한다. 『자본론』이 노동자 계급의 '성경'으로 불리는 것도 이 때문이다. 하지만 『자본론』은 노동자가 읽어내기 쉽지 않은 책이다. '상대적 가치형태와 등가형태는 서로 속해 있고 제약하는 불가분의 두 계기지만 동시에 동일한 가치 표현의 상호 배타적이고 대립적인 극단이다'처럼 난해한 문장과 도식, 추상적인 개념과 복잡한 계산으로 점철돼 웬만한 전문가가

수많은 조문객이 참여한 블랑키의 장례식

아니면 진도가 잘 나가지 않는다. 게다가 분량도 만만찮다. 처음에 나
오는 「상품과 화폐」 부분에서 좌절하고 책을 덮는 경우가 숱하다.

『자본론』은 흔히 오해하듯 자본주의 이후의 새로운 사회인 사회주
의나 공산주의를 다룬 책이 아니다. 자본주의 원리를 비판적으로 분
석하고 전망한 책이다. 특히 변증법적 유물론을 바탕으로 자본주의의
구조와 변동 법칙을 명쾌하게 보여준다. 여기에 더해 노동자 계급이
언제나 자본가 계급에 의해 억압되는 까닭과 자본주의가 어떤 방향으
로 성장, 전환하는지를 밝히고 있다. 현재까지만 보면 그의 전망이 빗
나갔지만, 자본주의 멸망의 필연성도 설파한다.

『자본론』의 핵심은 잉여가치론이다. 노동자는 자신이 받는 임금보
다 더 많은 가치를 창출할 수 있다. 잉여가치는 노동자가 생산한 생산
물의 가치와 노동자에게 주는 임금의 차액을 뜻한다. 1만 원짜리 빵
여덟 개를 만드는 노동자가 3만 원을 받는다면 잉여가치는 5만 원인
셈이다. 이 경우 빵을 만드는 노동자의 하루 8시간 노동 가운데 3시간
만 자신을 위한 노동이며, 5시간은 자본가를 위한 노동이다. 마르크스
는 이것을 '잉여노동'이라고 규정한다. 여기서 임금은 '노동의 대가'가
아니라 '노동력의 대가'라고 마르크스는 구분 짓는다. 마르크스는 노
동과 노동력을 다르게 보았다. 그는 자본주의 경제에서 노동력은 노
동할 수 있는 능력을 뜻하며, 고용계약을 통해 노동시장에서 상품으
로 거래된다고 주장했다. 이 경우 노동의 대가로서 임금이 지급된다
면 자본가(기업)가 이윤을 얻는다는 것은 불가능하다.

마르크스는 노동시간의 연장을 통해 더 많은 '잉여가치'를 추구하
는 방식을 '절대적 잉여가치 창출'이라고 불렀다. 생산력의 발달은 노

+　　　**노동과 노동력의 차이** – 사회철학적으로 노동은 인간다움의 실현 또는 필요나 욕구를 충족하기 위한 자유의 실현이라는 의미가 큰 반면, 노동력은 근대 자본주의를 배경으로 한 상품으로서의 의미가 크다. 투입된 노동시간을 단위로 하는 '교환가치'로 환산된 것이 노동력이라고 볼 수 있다. 일반 경제학에서는 대개 노동시장에서 각 노동이 가지는 가치를 임금을 매개로 하여 단위적으로 거래될 수 있도록 한 것이 노동력이다.

동생산성을 높여 '상대적 잉여가치 창출'을 가능하게 한다. 필요노동을 단축하는 대신 잉여노동을 연장하는 방식이다. 빈부 격차를 심화시키는 것이 바로 상대적 잉여가치 창출이다. 그는 자본가가 부를 많이 축적할수록 노동자는 더욱 가난해진다는 착취의 고리로 자본주의를 바라본다. 생산력을 높이는 기술이 발전할수록 노동자는 더 많은 착취를 당한다는 논리다. 자본가들은 잉여가치라는 하나의 파이를 두고 서로 다툰다. 자본의 속성상 착한 자본은 없다는 마르크스의 생각은 다음 문장에서 잘 드러난다. "자본은 머리끝에서 발끝까지 피와 오물을 뒤집어쓰고 태어난다." 이 때문에 『자본론』은 노동자가 주인이 되는 세상을 꿈꾼다.

　『자본론』의 출발점은 상품이다. 첫 문장부터 이렇게 시작한다. "자본주의 생산양식이 지배하는 사회에서 부는 하나의 '거대한 상품 집적'으로 나타나고 하나하나의 상품은 그러한 부의 기본 형태로 나타난다."

　상품은 사용가치와 교환가치라는 두 가지 가치를 지닌다. 교환가치는 다른 상품과 교환되는 비율을 말한다. 사용가치는 상품이 지닌 유용한 성질, 상품의 쓰임새다. 이를테면 공기는 사용가치만 있을 뿐 교환가치는 없다. 마르크스가 말하는 상품의 실체는 노동이며 가치의 본질은 곧 노동이다. 본질적으로 상품은 노동 생산물이므로 가치를 지닌다.

자본주의가 고도화되면 노동력에 대한 수요는 상대적으로 줄어들며, 잉여 노동인구는 이른바 산업예비군으로 전락해 생산과정에서 추방당한다고 마르크스는 설명한다. 자본가는 더욱 많은 이윤을 얻기 위해 새로운 과학기술을 끊임없이 도입해 실업자를 양산하는 결과를 낳는다. 이로 말미암아 노동자 계급의 세력을 약화시켜 자본과 노동 사이의 착취 관계를 유지하고 재생산한다. 경제공황은 특정 국가에서만 일어나는 일시적인 현상이 아니라 자본주의 체제에서는 보편적으로 일어날 수밖에 없는 현상이라는 게 마르크스의 견해다. 마르크스는 분업과 기계의 등장이 어떻게 노동의 소외와 착취를 가중시키는지도 자세하게 묘파하고 있다.

서구 문화와 종교의 핵심이 된 성경을 제외하고 인류 역사에 가장 큰 영향을 미친 책을 꼽으라면 단연 『자본론』을 들 수 있다. 이 책은 블라디미르 레닌이 러시아혁명 성공 이후 마르크스의 이론을 거의 그대로 실천에 옮김에 따라 단번에 세계의 틀을 바꿔놓았다. 마르크스와 『자본론』이 20세기에 미친 영향은 상상을 뛰어넘는다. 마르크스 사후 1세기 동안 세계 인구의 절반 이상이 마르크스주의자로부터 영감을 받았다고 주장하는 국가와 정부의 통치 아래 살았다. 스탈린과 마오쩌둥, 김일성 같은 철권 통치자들은 물론 체 게바라 같은 자유 투사들도 『자본론』을 하늘처럼 떠받들었다.

반면에 마르크스의 적대자들은 악마의 화신으로 여겼다. 이 책을 혹평하는 저명한 경제학자들도 있다. 대표적인 인물이 한 시대를 풍미한 케인스다. "자본론이 역사적 중요성을 지닌 책이라는 것은 인정한다. 자본론을 영감의 보고寶庫요, 만세반석萬世盤石으로 우러러보는 수많은 이 중에는 바보가 아닌 사람도 있을 수 있다는 사실 역시 시인한다. 그러나 이 따위 책이 어찌하여 그토록 큰 반향을 불러일으킬 수 있는지 아연해진다. 지루하고 시대착오적이며 논쟁을 위한 논쟁으로 가득 찬 책이기 때문이다."(『죽은 경제학자의 살아 있는 아이디어』 중)

현실 사회주의 붕괴 이후 『자본론』은 사형선고를 받았는가? 소련이 해체된 이래 그 위상은 지난날에 비해 약해졌지만, 막강한 영향력은 결코 희미해지지 않았다. 프랑스 철학자 자크 데리다Jacques Derrida, 1930~2004는 『마르크스의 유령들』에서 "지구상에 사는 사람이라면 원하든 원하지 않든, 알든 모르든, 어떤 의미에서든 모두 마르크스의 승계자다. 마르크스 없는 미래란 없다"고 단언한다. 2005년 영국 공영방송 BBC는 설문 조사 결과를 토대로 마르크스를 세계에서 가장 영향력 있는 사상가로 선정했다. 철학자 제라르 그라넬은 『자본론』을 가리켜 '들리지 않는 천둥'이라고 표현했다. 그와 동시대의 사람들에게는 들리지 않았을지 몰라도 이 천둥소리는 그 뒤 끊임없이 증폭돼 오늘날에는 우리 귀를 먹먹하게 만든다.

월가 점령 시위자들도 "자본론이 옳았다!"고 외친다. 모순처럼 보이지만 월스트리트에서 근무하는 어떤 이는 "이곳에서 일하면 일할수록 마르크스가 옳았다는 확신이 커진다. 나는 마르크스의 접근 방식이 자본주의를 바라보는 가장 좋은 방법이라고 굳게 확신한다"고 말한다. 마르크스 옹호자들은 모든 것을 상품화하고 만인의 만인에 대한 투쟁을 무차별적으로 확산시키는 세계 자본주의의 현실은 마르크스가 제시한 개념과 상통하며, 이 때문에 『자본론』은 여전히 새로운 사고를 위한 출발점이 된다고 주장한다. 120년간 '가진 자'들의 무대였던 베니스 비엔날레에서 2015년 5월부터 무려 7개월 동안 두 명의 연극배우가 『자본론』을 하루 네 차례씩 낭독해나가는 퍼포먼스를 열어 세계의 시선을 모은 것도 상징성이 크다.

공교롭게도 최근 들어 우파 사상가들조차 마르크스가 실은 자본주의자라며 그의 사상을 수용한다. 보수 우파인 니콜라 사르코지 프랑스 대통령은 세계 경제 위기 때 『자본론』을 읽는 모습을 의도적으로 과시하기도 했다.

책의 판매량도 『자본론』의 위력을 실증한다. 2008년 세계공황과 2012년 유럽 경제 침체처럼 자본주의 체제에 대한 의구심이 일 때마다 대안적 경제체제에 대한 갈증으로 미국, 유럽, 일본 등지에선 '자본론 다시 읽기' 열풍이 불었다. 2014년에는 토마 피케티Thomas Piketty, 1971~ 파리 경제대학교 교수가 쓴 『21세기 자본』이 세계적인 선풍을 일으키면서 『자본론』이 새삼 주목받았고 뒤이어 관련 서적이 쏟아져 나왔다.

한국에서도 경제민주화, 갑질 논란 같은 쟁점이 부상하는 상황에서 '자본론' 혹은 관련 제목을 포함하고 출간된 책이 2012년 29종, 2013년 9종에 달한 것으로 조사됐다. 최근까지도 관련 서적이 끊임없이 출간되고 있다. 가히 '자본론 르네상스'라 부를 만하다. 이를 두

고 어떤 이는 묘비명 뒤로 사라졌던 마르크스가 무덤에서 다시 살아
나왔다고 표현했다.

함께 읽으면 좋은 책
- 프랜시스 윈, 『마르크스 평전』, 정영목 옮김, 푸른숲, 2001.
- 김수행, 『자본론 공부』, 돌베개, 2014.
- 강신준, 『오늘 자본을 읽다』, 길, 2014.
- 토마 피케티, 『21세기 자본』, 장경덕 외 옮김, 글항아리, 2014.

섬뜩한 대중 선동과
참극의 역사

대중을 속이기 위해
자신부터 거짓말을 진실로 믿어야 한다.

나의 투쟁

아돌프 히틀러
Adolf Hitler, 1889~1945

"아우슈비츠 이후 시를 쓰는 것은 야만적이다." 프랑크푸르트학파의
중심 인물인 독일 철학자 테오도어 아도르노Theodor Adorno, 1903~1969의
이 명언만큼 아우슈비츠 수용소의 참상을 뼈저리게 전달하는 말도 찾
기 어렵다. 일부 문학인이 우리말로 번역하면서 "아우슈비츠 이후 서
정시를 쓰는 것은 야만적이다"라고 비약한 이 말(베르톨트 브레히트의
시 「서정시를 쓰기 힘든 시대」를 연상한 의도적 오역이라는 견해도 있다)은,
'아우슈비츠의 참상을 떠올려보면 더 이상 시가 무슨 의미가 있겠느
냐'는 회의懷疑와 비탄의 동의어다. 한 신학자는 이 말을 비틀어 "아우
슈비츠 이후에도 신학이 가능한가"라는 질문을 던졌다.

아우슈비츠하면 가장 먼저 떠오르는 사람은 바로 아돌프 히틀러다.
히틀러가 이끈 나치 정권은 이곳에서 250~400만 명의 유대인을 학

살한 것으로 추산된다. 이 때문에 아우슈비츠는 홀로코스트(유대인 학살)의 상징어가 됐다.

전 세계를 전쟁의 도가니로 몰아넣은 참극의 역사는 히틀러의 유일한 저서인 『나의 투쟁Mein Kampf』에서 이미 시작됐다. 철저한 인종주의자, 군국주의자, 극우 보수주의자인 히틀러는 지독하고 고집스러울 정도로 유대인에게 적대적이고 공격적이었다. 이 책 곳곳에서 유대인에 대한 증오와 저주의 눈빛이 번뜩인다. "유대인은 유목민도 아니고 늘 다른 민족의 체내에 사는 기생충일 뿐이다. 더구나 그들이 종종 지금까지 살고 있던 생활권을 버린 것은, 자의에 의해서가 아니라 그들이 때에 따라 악용한 숙주 민족에 의해 추방당했기 때문이다." 히틀러는 1945년 4월 30일 자살하는 순간까지도 독일 패전의 책임을 유대인에게 돌렸다.

이 책에 나타난 히틀러의 인종차별적 사고는 표독하고도 뿌리 깊다. 히틀러는 유대인을 '인류의 영원한 박테리아'로 취급하는 것은 물론 체코인, 폴란드인, 헝가리인, 루마니아인, 세르비아인, 그루지야인 같은 혼혈 인종도 혐오했다. 자의적 기준에 근거한 우수한 민족과 열등한 민족의 결합은 철저히 반대하고 나섰다.

반면 독일 민족의 주류인 아리안족에 대한 히틀러의 자긍심은 하늘을 찔렀다. 히틀러가 아리안족이 세계에서 가장 우수한 민족이라고 치켜세우는 이유는 단순히 지적 능력 때문이 아니다. 히틀러는 아리안족이 자신의 능력을 국가와 사회를 위해 기꺼이 바친다고 말한다. 또한 우월한 인종만이 세계를 지배할 수 있는데, 독일이 그 과업을 떠맡는 것은 세계사적 사명이라며 국민을 선동한다.

히틀러는 이 책에서 독일 국민에게 순수 혈통 보전을 다그친다. 아리안족이 만물의 창조주에게서 위탁받은, 세계 지배라는 사명을 달성할 때까지 혈통을 철저히 순수하게 지켜야 한다는 생각이 책 전반에 걸쳐 절절하게 배어 나온다. 그는 후손들에게 인종법을 준수하라는 유언까지 남겼다.

대중 선동과 선전의 중요성을 역설하는 대목은 『나의 투쟁』에서 매우 큰 비중을 차지한다. 선전의 지적 수준을 최대한 낮추어야 효과가 크고 널리 퍼질 수 있다는 것을 여러 차례 강조한 점이 특이하다. 그는 국민의 눈을 가리는 심리 선전술의 중요성도 역점을 두고 가르친다. 민중의 압도적인 다수는 단순하기 때문에 이분법적으로 접근하라고 채근한다.

더욱 섬뜩한 것은 대중을 속이기 위해 자신부터 거짓말을 진실로 믿어야 한다고 당원들을 부추기는 대목이다. 그는 거짓말을 크게 할수록 사람들이 더 잘 믿는다는 논리를 편다. 대중은 이해력이 아주 부족하고 잘 망각하므로 그 점을 이용하라고 전한다. 히틀러는 이 책에서 유명한 '대중의 국민화'를 역설한다. 강제적 동원이 아니라 자발적 참여와 희생을 교묘하게 유도하는 것이다.

이 책은 히틀러의 모든 정치철학이 녹아 있는 '나치즘의 경전'으로 평가된다. 그는 반민주적 정치사상과 반유대주의를 설파하는 한편, 동유럽의 유대인들을 추방하고 게르만족의 대제국을 건설하겠다는 구상을 제시한다. "평화라는 것은 궁상맞은 평화론자와 같은 곡녀哭女의 종려나무 잎에 의해 유지되는 것이 아니라 세계가 보다 높은 문화를 형성하는 데 도움이 되는 지배 민족의 승리의 칼에 의해 수립된다."

+   뮌헨 봉기 - 히틀러는 1923년 11월 8일 권력을 잡기 위해 수백 명의 당원들과 함께 뮌헨에서 베를린으로 진격한다. 그는 제1차 세계대전의 영웅이자 한때 참모총장이었던 루덴도르프 장군을 앞세웠다. 루덴도르프가 있다면 경찰과 군도 함부로 막지 못하고, 사회에 불만을 품었던 시민들의 동조를 얻어 권력을 장악할 수 있다고 계산했기 때문이다. 하지만 그의 예상은 얼마 못 가서 경찰의 무력 저지로 완전히 빗나갔고, 히틀러는 내란죄로 체포됐다. 뮌헨 봉기는 대실패로 끝났지만, 이 사건이 뜻밖에 히틀러를 전국적인 스타로 만들었다. 히틀러가 재판에서 특유의 열변으로 독일의 문제점과 나치당의 정당성을 호소한 것이 '폭동의 수괴'가 아니라 '궐기에 실패한 애국자'로 표변하게 만들었다. '내란 주모자'로서는 너무나도 적은 5년 형을 선고받았고, 그나마도 9개월 만에 석방됐다. 수감 중에도 그는 영웅적 대접을 받았다. 석방된 히틀러는 이전의 뮌헨 봉기와 같이 '정권 타도'만 내세우지 않고 합법적인 방법을 동원하는 쪽으로 방향을 바꿨다.

종려나무가 평화의 상징인 동시에 유대 민족주의의 상징이어서 이런 표현을 쓴 것으로 추정된다.

히틀러는 뮌헨 봉기 이후 란츠베르크 감옥에서 이 책을 구상해 1925~1927년에 걸쳐 두 권으로 출간했다. 출감 후 자기 생각을 비서 루돌프 헤스Rudolf Hess, 1894~1987에게 받아 적게 했다. 당초 제목은 '허위, 우열, 비겁에 대한 4년간의 투쟁'이었으나 강렬한 인상을 주는 게 좋겠다는 출판사 사장의 권유로 제목을 바꿨다.

그가 이 책을 쓴 직접적인 동기에 관해서는 두 가지 설이 존재한다. 뮌헨 봉기로 '인기 스타'가 된 기회를 활용해 돈을 벌어보려는 나치당 출판 부장 막스 아만Max Amann, 1891~1957의 제안에 응했다는 게 첫 번째 설이다. 두 번째 설은 동료였던 그레고어 슈트라서Gregor Strasser, 1892~1934가 히틀러의 감방 동료들이 편히 쉴 수 있도록 책을 쓰라고 권유했다는 것이다. 히틀러는 형무소에 수감돼 있으면서 끊임없이 '개똥철학' 같은 걸 늘어놓았다고 한다.

책의 내용과 글 실력은 수준 이하라는 혹평이 뒤따른다. 터무니없는 과장과 성급한 일반화 등이 곳곳에 나타난다. 비문과 오류가 많아 함께 제2차 세계대전을 일으킨 이탈리아의 파시스트 베니토 무솔리니Benito Mussolini, 1883~1945조차 "이해할 수 없고 한심한 내용으로 가득 차 있다"고 악평했다.

하지만 이 책은 나치 시절 독일 국민의 필독서나 다름없었다. 이 책이 인기를 끈 것은 민족주의를 앞세워 독일 국민을 결집하려 했던 히틀러의 정치적 계산이 당시 독일의 처지와 맞아떨어졌기 때문이다. 제1차 세계대전 패전 이후 '순수 아리안 혈통을 대표하는 게르만 민족의 대제국을 건설하자'는 히틀러의 선동이 먹혀든 것이다.

이 책은 그가 권력을 장악하고 나치의 바이블로 삼은 뒤 1000~2000만 부나 팔려 나갔다고 한다. 나치 정권은 『나의 투쟁』을 학생과 병사들에게 배포한 것은 물론 신혼부부들에게 선물로 줬다고 한다. '사막의 여우'라는 별명을 지녔던 독일의 명장 에르빈 로멜Erwin Rommel, 1891~1944 장군이 이 책을 직접 선물로 받고 히틀러의 신뢰를 확인했다는 일화도 흥미롭다. 책값은 전액 국가 예산에서 지출됐고 히틀러는 엄청난 인세 수입을 올렸다. 히틀러는 그 돈을 스위스 UBS 은행에 넣어 측근이 관리하게 했다. 히틀러의 공식적인 증빙서류에 『나의 투쟁』

을 팔아서 번 인세가 소득의 전부라고 적혀 있어 눈길을 끌었다.

『나의 투쟁』은 한 권의 책이 세상을 너무나 부정적으로 바꾼 대표적인 사례다. 아니, 인류에게 재앙을 불러온 책이라고 하는 게 낫겠다. 독일에서는 1945년 이후 출판을 금지하고 있다. 나치를 찬양하는 책의 배포를 법률로 엄금하고 있기 때문이다. 이 책의 출판을 금지하는 진정한 이유는 나치 피해자에 대한 배려다. 다만 2016년 이후 비판적 주석을 덧붙인 학술용 서적에 한해서 출판을 허용하기로 독일 연방 정부와 16개 주 법무 장관들이 2015년 2월에 결정했다. 그럼에도 유대인들을 비롯한 나치 비판자들은 여전히 이 같은 결정에 반발하고 있어 조건부 출간 전망조차 불투명하다. 러시아 같은 나라에서도 이 책은 금서로 지정돼 있다.

그런데 북한 김정은 국방위원장이 2013년 1월 8일 생일을 맞아 노동당 중앙위원회 부장급 간부들에게 이 책을 선물로 줬다는 뉴스가 전해졌다. 김정은이 고위 간부들에게 '핵과 경제 병진 정책'의 필요성을 역설하면서 제1차 세계대전에서 패한 독일을 짧은 기간에 재건한 히틀러의 '제3제국'을 잘 연구하라고 지시했다는 보도와 맞물린 시기였다.

『나의 투쟁』은 유럽 경제 위기로 이민자 배척 정서가 확산하는 소용돌이 속에서 신나치주의자나 극우 세력에 의해 합법적 선전 도구로 악용되고 있기도 하다. 2005년을 전후해 터키 젊은이들 사이에서 이 책이 선풍적 인기를 끌고 있다는 뉴스도 들렸다. 사실 이 책은 한 인간의 그릇된 집념과 비뚤어진 역사의식, 왜곡된 민족주의가 저지른 죄악을 반면교사로 삼기에는 안성맞춤이다. 영국 역사학자 데이비드 세사라니는 이 책이 젊은 세대에게 홀로코스트에 관한 독일의 책임을 가르치는 데 큰 도움이 될 것이라고 말했다.

함께 읽으면 좋은 책

• 막스 피카르트, 『우리 안의 히틀러』, 김희상 옮김, 우물이있는집, 2005.
• 한나 아렌트, 『예루살렘의 아이히만』, 김선욱 옮김, 한길사, 2006.
• 라파엘 젤리히만, 『히틀러: 집단 애국의 탄생』, 박정희·정지인 옮김, 생각의나무, 2008.
• 로버트 S. 위스트리치, 『히틀러와 홀로코스트』, 송충기 옮김, 을유문화사, 2011.

함께 보면 좋은 영화

• 스티븐 스필버그 감독, 〈쉰들러 리스트(Schindler's List)〉, 1993.

폭력과 독재로 얼룩진
혁명가들의 필독서

혁명적 이론이 없다면
혁명적 운동도 있을 수 없다.

무엇을 할 것인가?

블라디미르 레닌
Vladimir Lenin, 1870~1924

9세기 중반 차르 체제의 러시아는 수많은 사회적 모순으로 요동치고 있었다. 이때 한 편의 연애소설이 젊은이들의 가슴을 뒤흔들었다. 니콜라이 체르니솁스키Nikolai Chernyshevsky, 1828~1889의 소설『무엇을 할 것인가?』는 로맨스가 주제였지만 새로운 시대의 자유와 혁명을 읊조리고 있었다.

이 소설은 젊은 지식인들에게 사랑과 혁명, 진보와 인간애의 새로운 전형을 보여줬다. 이 때문에 알렉산드르 푸시킨의『대위의 딸』, 막심 고리키의『어머니』와 더불어 러시아혁명 문학사의 걸작으로 꼽힌다. 생의 대부분을 감옥에서 보낸 인민주의 혁명가 체르니솁스키는 이 소설도 옥중에서 탈고했다.

혁명을 꿈꾸던 청년 블라디미르 레닌도 이 소설을 가슴에 품고 다녔다. 그리고 소설이 나온 지 꼭 40년이 되던 1902년, 똑같은 제목의 책을 출간했다. 정치 팸플릿인 레닌의 책『무엇을 할 것인가?Что делать?』는 사회주의혁명을 꿈꾸고 추종하는 모든 사람이 숙독해야 할 '혁명 교과서'가 됐다.

레닌이 32세에 내놓은 이 책은 사회주의혁명과 계급해방을 위해서는 소수 정예의 전위대인 '프롤레타리아 전위당'이 중심이 되어야 한다고 주장한다. 레닌은 대중의 자체적 열기로 사회 개혁에 나서는, 온건한 '조합주의적 경제투쟁'을 비판하면서 목적의식성과 정치투쟁을 동반하는 혁명이 돼야 한다고 강경한 목소리로 설파한다. 지금까지의 노동자 계급은 노동조합으로 단결해 고용주들과 투쟁하고, 노동자들에게 필요한 법을 정부가 제정하도록 촉구하는 데 그칠 뿐 혁명을 위해 앞장설 만큼 이데올로기 무장이 되어 있지는 않다는 것이다.

이러한 비판은 전위대가 나서야 하는 당위성을 강조하는 것이기도 하다. 레닌의 이런 생각에 따라 훗날 볼셰비키라는 전위대가 혁명을 진두지휘했다. 볼셰비키는 의식 있는 소수 정예의 직업적 혁명가들로 중앙집권화된 당을 건설해 폭력혁명과 독재정치 이론을 실천에 옮겼다. 그런 면에서 이 책은 볼셰비즘이라고 부르는 레닌주의의 뼈대를 만들었다고 해도 과언이 아니다.

레닌은 이 책에서 경제투쟁에 대한 비판에 상당 부분을 할애한다. 그가 주로 공격하는 이른바 경제주의자들은 단순히 '경제투쟁'만을 중요시하는 노동조합주의 정치가들이었다. "우리는 '경제적' 정치라는 죽 하나만으로 먹여 키울 수 있는 아이들이 아니다. 이를 위해서는 지식인들이 우리 스스로 이미 아는 일을 반복해서 말하지 말고 우리

+   전위대 체계론(vanguardism)－레닌은 노동자 대다수가 아직 사회주의와 공산주의를 이해하지 못하기 때문에 일부 깨어 있는 노동자, 직업 혁명가, 사회주의 학자 들이 전위대를 조직해 다수의 산업 노동자, 농민 들을 이끌어야 한다고 주장했다. 이것을 전위대 체계론이라고 일컫는다. 레닌은 산업 노동자와 농민은 오랫동안 착취당했고 교육을 제대로 받지 못해 사회주의에 대해 잘 모른다고 지적하며, 마르크스주의에서 주장한 산업 노동자 위주의 파업 행위는 자본주의 체제를 전복하지 못한다고 비판했다. 레닌은 확고히 단결하지 못한 혁명 세력은 사상 분열을 초래할 것이고 이는 곧 혁명 행위의 분열로 이어질 것이라고 우려했다. 레닌의 이런 생각에 따라 소수 혁명가가 지휘하는 볼셰비키가 레닌의 전위대 역할을 맡았다.

+   자연성장성(spontaneity)**과 목적의식성**(consciousness)－레닌이 밝힌 마르크스주의 근본 사상의 하나다. 19세기 말에서 20세기 초에 걸쳐 '경제주의자'로 불리던 개량주의자들은 노동자 계급은 스스로 사회주의 의식에 도달하기 때문에 별도의 혁명적 노동자당을 만들어 이러한 의식을 외부에서 심어줄 필요는 없다고 주장했다. 이를 '자연성장성'이라고 부른다. 이에 대해 레닌은 노동자 계급이 자신의 계급적인 지위와 사명을 인식하고 근본적인 계급적 이해에 도달하는 데에는 과학적인 이론이 필요하다고 강조했다. 이것이 '목적의식성'이다. 레닌은 자연성장성만을 논하는 것은 노동자 계급을 부르주아 사상의 영향 아래 두는 결과를 초래한다고 주장했다.

가 아직 알지 못하는 것, 공장의 경험과 경제적 행위로는 결코 깨달을 수 없는 것, 바로 정치적 지식을 우리에게 더 많이 제공해줄 필요가 있다."

볼셰비키(The Bolshevik)
보리스 쿠스토디예프, 1920, 러시아 아방가르드 갤러리

+   **볼셰비키**(Bolsheviki) – 소련공산당의 전신인 러시아 사회민주노동당 정통파를 가리키는 말로 멘셰비키에 대립된 개념이다. 다수파라는 뜻으로 과격한 혁명주의자 또는 과격파의 뜻으로도 쓰인다. 정통적 서구 마르크스주의의 영향을 크게 받은 멘셰비키(소수파)가 부르주아 민주주의혁명을 당면 과제로 삼아 민주적 투쟁 방식을 강조한 반면, 볼셰비키는 민주적 자유주의의 단계를 거치지 않는, 무산계급에 의한 폭력적 정권 탈취와 체제 변혁을 위해 혁명적 전략, 전술을 창안했다. 볼셰비키는 무엇보다 의식 있는 소수 정예의 직업적 혁명가들에 의한 중앙집권화된 당 조직의 필요성을 역설했다. 민주적 중앙집권제라 불리는 당 조직 이론은 훗날 공산주의 체제에서 관료 독재의 이론적 모태가 됐다.

레닌은 농촌공동체를 기반으로 자본주의를 뛰어넘으려는 인민주의 노선(브나로드 운동)과 달리 프롤레타리아 계급에서 혁명의 싹을 찾았다. 더욱 중요한 건 프롤레타리아혁명 전위대를 앞세웠다는 사실이다. 레닌의 전위대는 이후 전 세계 사회주의혁명의 모델이 됐다. 프롤레타리아 바깥에서 혁명적 계급의식을 가르치는 지도부가 따로 있어야 한다는 그의 생각은 중앙에 권력이 집중돼야 한다는 '중앙집권주의'로 이어졌다. 원래 '민주적 중앙집권주의(민주집중제)'라고 부르는 이 원리는 민주주의보다 중앙집권주의에 더 큰 비중을 두고 있다.

레닌은 여기서 이론투쟁의 중요성을 강조한다. 혁명적 이론이 없다면 혁명적 운동도 있을 수 없다는 게 그의 지론이다. 이러한 생각은 전 세계 사회주의 혁명가들에게도 그대로 전파됐다.

이데올로기의 역할에 대해 레닌은 이분법적으로만 이해한다. 부르주아 이데올로기와 사회주의 이데올로기 중 하나만 선택할 수 있을 뿐이지 여기에 중도가 끼어들 틈은 없다. 그는 이데올로기 개념을 허위의식이라는 부정적 의미로만 사용하지 않고, 긍정적 의미로 확장해 이데올로기가 계급투쟁에서 적극적인 역할을 하도록 주문했다.

레닌은 대중매체의 위력을 누구보다 먼저 간파한 혁명가였다. 그는 '전 러시아적 신문 없이는 오늘날의 러시아에서 그러한 활동을 생각할 수 없다'고 혁명 동지들의 머릿속에 주입했다. 당시 가장 선진적인 매체는 신문이었다.

레닌은 하부구조의 상부구조 결정론에 입각한 카를 마르크스의 소극적 언론관과 달리 언론 자체를 혁명의 수단이자 주체로 규정했다. '신문은 비단 집단적 선전자, 선동자일 뿐 아니라 집단적 조직자'라는 유명한 명제가 그것이다. 이 같은 언론관은 이후 모든 공산국가가 언론 전반을 통제하는 근거가 된다.

레닌이 이 책을 쓴 것은 1901년 봄부터 겨울 사이였다고 한다. 스스로 서문에서 고백했듯이 시간에 쫓기면서 쓰다 보니 '문학적 퇴고가 부족한 상태'로 출간됐다. 당시 러시아의 혁명운동은 이론, 조직, 실천 면에서 모두 변화와 정립이라는 절박한 과제를 안고 있었기 때문에 서둘러 책을 내게 됐다. 블라디미르 일리치 울리야노프Vladimir Ilich Ulyanov가 본명인 그는 이 책에서 니콜라이 레닌이란 필명을 처음 썼고, 그 후 공식 이름으로 사용한다.

『무엇을 할 것인가?』는 1917년에 성공한 러시아혁명의 이론을 발전시키는 기초 문서가 된다. 레닌의 또 다른 대표작 『제국주의론』과 더불어 전 세계 혁명가들의 필독서가 되기에 이르렀다.

+   하부구조의 상부구조 결정론 – 하부구조와 상부구조는 마르크스 유물론의 기본이 되는 명제이다. 마르크스는 생산 양식을 생산력과 생산관계로 나눈다. 역사의 진정한 토대는 생산력과 생산관계의 변증법적 운동 법칙에서 찾아야 한다는 것이 마르크스의 철학이다. 경제적 구조(생산관계의 총체)는 하부구조를, 상부구조는 정치, 종교, 교육, 문화, 관념 등을 가리킨다. 여기서 마르크스는 '경제적 토대인 하부구조가 정치적, 이데올로기적 상부구조를 규정한다'고 말한다.

20세기 후반까지 중국의 마오쩌둥, 쿠바의 피델 카스트로Fidel Castro, 1926~, 베트남의 호찌민Ho Chi Minh, 1890~1969, 유고슬라비아 연방의 요시프 브로즈 티토Josip Broz Tito, 1892~1980, 북한의 김일성에 이르기까지 지구 표면의 3분의 1을 차지하는 나라의 정치, 사상적 지도자들이 이 책을 읽고 따랐다. 이 책은 자연스레 지난 한 세기 동안 세계 역사를 송두리째, 그것도 부정적으로 바꿔놓았다. 사회주의 체제는 20세기의 맨 윗자리에 놓일 만한 격변이었다.

한국에서는 1980년대 386세대의 운동권 바이블이 되기도 한다. 심상정 의원 같은 이는 급진주의자였던 20대 때 통째로 암송할 정도였다는 일화가 전해온다. 이 책의 열풍은 당시 러시아를 포함한 유럽에서 사회주의가 왜, 얼마나 인기를 끌었는지 모르면 이해하기 어렵다.

소련, 동유럽 공산국가들의 붕괴와 더불어 20세기 지구촌을 혁명의 열기로 달궜던 레닌과 이 책은 악마의 다른 이름으로 전락했다. 레닌이 마르크스 사상에서 폭력과 프롤레타리아 독재를 발굴한 것이 결국 독이 됐다.

21세기 들어 좌파들에 의해 복권이 시도되는 모습이 드문드문 엿보인다. 『레닌 재장전』이라는 책의 출간은 그 일환이다. 슬라보예 지젝Slavoj Zizek, 1949~, 알랭 바디우Alain Badiou, 1937~, 프레드릭 제임슨Fredric Jameson, 1934~, 테리 이글턴Terry Eagleton, 1943~ 같은 좌파 지식인 17명이 공동 저자다. 2001년 독일 에센의 문화과학연구소KWI가 『무엇을 할 것인가?』 출간 100주년을 맞아 개최한 국제 콘퍼런스에서 발표된 논문들이 기반이 됐다.

사실상 역사 속으로 사라진 정치 이념이 애써 복권을 꿈꾸는 것은 자본주의와 민주주의가 위기를 맞을 때 반작용으로 일어나는 몸부림인 듯하다. 성공 여부와 상관없이 말이다.

함께 읽으면 좋은 책
• 블라디미르 레닌, 『제국주의론』, 남상일 옮김, 백산서당, 1986.
• 슬라보예 지젝·블라디미르 레닌, 『지젝이 만난 레닌』, 정영목 옮김, 교양인, 2008.
• 블라디미르 레닌, 『국가와 혁명』, 문성원·안규남 옮김, 아고라, 2015.

아나키즘의
과학적 토대

종의 생존과 진화에는 생존경쟁의 법칙보다 훨씬 중요한
상호부조의 법칙이 존재한다.

상호부조론

표트르 알렉세예비치 크로폿킨
Pyotr Alexeyevich Kropotkin, 1842~1921

'디지털 선지자'로 불리는 미래학자 돈 탭스콧은 2012년 6월 TED 강연에서 인터넷이 선도하는 미래를 흥미롭게 제시했다. 인터넷이 만들어낸 개방성은 협동, 공유, 투명성, 권력 분산이라는 네 가지 원리에 따라 움직인다는 게 요지다. 진보는 협력을 통해 만들어진다는 집단 지성의 마법을 보여준 이 강연은 끝 부분의 철새 동영상과 이야기로 감동을 더해준다. 수천 마리가 무리 지어 날아가는 찌르레기 떼는 상호 협력적인 신호체계에 따라 움직인다. 이들은 자신들을 공격하는 적을 함께 물리치고, 날아가는 방향도 협의하여 결정한다. 찌르레기 떼에 리더십은 존재하나 지도자는 따로 없다.

이 이야기는 110여 년 전 러시아 지리학자이자 아나키스트 혁명가인 표트르 알렉세예비치 크로폿킨이 『상호부조론Mutual Aid』에서 주장한 동물 세계의 원리 그대로다. 크로폿킨은 다윈주의자들이 역설하는 생존경쟁보다 협력과 연대에 기초한 상호부조가 인류의 문명과 동물의 세계를 이끌어온 힘이라는 점을 동물학, 역사학, 인류학에 기초한 해박한 지식으로 입증한다.

그는 영국 생물학자 토머스 헉슬리의 논문에 자극받아 이 책을 쓰게 됐다. 헉슬리가 다윈의 핵심적인 사상보다 용어 몇 개를 가져다가 '만인의 만인에 대한 투쟁'이라는 사상에 과학적인 외피를 입힌 사람이라고 크로폿킨은 믿었다. 헉슬리는 1888년 《19세기》라는 잡지에 논문 「인간 사회에서의 생존경쟁」을 발표한다. 헉슬리는 이 논문에서 동물의 세계를 검투장에 비유했다. "그 싸움에서는 가장 강하고, 가장 빠르고, 가장 교활한 자가 살아남아 또다시 싸운다."

헉슬리는 이 논리를 인간 사회에도 그대로 적용해 사회진화론적 해석을 시도했다. "삶은 자유경쟁의 연속이다. 한정적이고 일시적인 가족 관계를 넘어서면 만인에 대한 만인의 경쟁이라는 토머스 홉스의 이론에 따른 투쟁이 존재의 일상 상태다."

크로폿킨은 1883년 사회주의 인터내셔널에 가입한 죄목으로 5년 금고형을 선고받고 프랑스 클레르보 감옥에 갇힌다. 그는 혁명에 관심을 갖게 되면서 한동안 미뤄뒀던 '종의 기원' 문제를 되짚어본다. 당시 저명한 동물학자이자 상트페테르부르크 대학교 학장이던 카를 케슬러Karl Kessler, 1815~1881의 논문을 우연히 읽게 됐다. 케슬러는 1880년 1월 러시아 박물학자 대회에서 발표한 「상호부조의 법칙에 대하여」라는 제목의 원고를 통해 종의 생존과 진화에는 생존경쟁의 법칙보다 훨씬 중요한 상호부조의 법칙이 존재한다고 논파했다. 그는 이 논문을 정교하게 가다듬지 못한 채 몇 달 뒤 세상을 떠나고 만다.

크로폿킨은 1888년 클레르보 감옥에서 석방된 지 한 달 뒤에 나온 헉슬리의 논문 「인간 사회에서의 생존경쟁」을 읽고 나서 반박 논문을 준비했다. 그는 영국에서 망명 생활을 하던 1890~1896년에 같은 잡지에 상호부조에 관한 논문을 잇달아 실어 헉슬리를 논박했다. 이 논문들을 모아 1902년 한 권의 책으로 엮었다.

『상호부조론』의 1차 목표는 찰스 다윈이 『종의 기원』에서 주장한 생존경쟁 개념을 비판하는 것이었다. "수많은 다윈 추종자는 생존경쟁이라는 개념을 협소하게 제한해버렸다. 그들은 동물의 세계를 반쯤 굶어 서로 피에 주린 개체들이 벌이는 끝없는 투쟁의 세계로 여겼다. 그들의 영향을 받은 근대의 저작물들은 정복당한 자의 비애라는 슬로건을 마치 근대 생물학의 결정판인 양 퍼뜨렸다. 이들은 개인의 이익을 위한 무자비한 투쟁을 인간도 따를 수밖에 없는 생물학의 원리로까지 끌어올렸다."

크로폿킨은 『종의 기원』을 접한 뒤 1862년부터 1867년까지 시베리아와 만주 일대를 탐험하면서 생존경쟁에 관한 자료를 수집한 적이 있다. 미지의 땅을 탐험하며 그가 경험한 것은 동물들의 치열하고 냉정한 생존경쟁이 아니라 서로 돕고 의지하는 상호부조였다. 그는 곤충과 조류, 포유류에 이르기까지 모든 생명체는 종의 경계까지 넘어선 상호부조를 통해 자연이 주는 혹독한 시련을 넘겨왔다는 사실에 주목했다. 개별적인 투쟁을 최소화하는 대신 상호부조를 최고조로 발전시킨 동물 종이야말로 가장 번성할 가능성을 가지고 있다는 게 그의 관찰 결과다.

"공동체의 어느 구성원이든 먹이를 달라고 요청하면 나눠주는 것이 개미에게는 의무이기도 하다.", "작은 티티원숭이들은 비가 오면 떨고 있는 동료의 목을 자신들의 꼬리로 감싸주면서 서로 보호한다. 몇몇 종은 부상한 동료들을 배려하고, 퇴각하는 동안에도 살려낼 희망이 없음을 확인할 때까지 부상한 동료를 내버려두지 않는다."

크로폿킨은 인간 사회에서 상호부조가 형성되는 과정뿐 아니라 붕괴되는 과정까지 꼼꼼히 추적했다. 그는 원시사회의 상호부조를 설명하면서 아메리카 원주민들의 포틀래치potlatch를 언급한다. 아메리카 원주민은 공산제를 기반으로 했지만 유럽의 영향을 받은 몇몇 원주민은 사적 소유를 인정했다. 이들은 부의 지나친 축적이 부족의 단합을 깨뜨릴 수 있다고 판단해 부작용을 방지할 방안으로 포틀래치를 시행했다. "어떤 사람이 부자가 되면 성대한 잔치를 열어 씨족 구성원들을 불러 모아 실컷 먹인 뒤 전 재산을 모두에게 나눠준다. 그 뒤 잔치 때 입었던 옷을 벗고 낡은 털옷으로 갈아입는다. 그는 누구보다 가난해졌지만 우정을 얻게 됐다."

그는 유럽 전역의 농촌에서 공유제가 존재한다는 점도 눈여겨봤다. 민회가 공유지를 관리하고 촌락공동체가 폭넓은 자치권을 소유하는 스위스를 대표적인 사례로 지목한다. 당시 스위스에서는 관습적인 상호부조뿐 아니라 협동조합을 통해서도 근대적인 다양한 요구가 충족되고 있었다.

크로폿킨은 생존경쟁이 없다는 게 아니라 생존경쟁 외에도 상호부조라는 원리가 존재한다고 설명했다. "진화의 한 요인인 상호부조는 어떤 개체가 최소한의 에너지를 소비하면서도 최대한 행복하고 즐겁

게 살 수 있게 해준다. 게다가 종이 유지되도록 보증해주면서 습성과 성격을 더 발전시키기 때문에 어쩌면 상호 투쟁보다 더욱 중요할 수 있다."

그는 "중앙집권 국가의 파괴적인 권력도, 고상한 철학자나 사회학자가 과학의 속성으로 치장해 만들어낸 상호 증오와 무자비한 투쟁이라는 학설도, 인간의 지성과 감성에 깊이 박혀 있는 연대 의식을 제거할 수는 없다"고 결론짓는다. 물리학과 수학을 공부한 과학자답게 사변적인 형이상학이나 관념론에도 자연과학적인 자료를 빼놓지 않고 제시하며 자신의 이론을 뒷받침했다.

『상호부조론』은 운동의 형태로만 존재하던 아나키즘anarchism에 과학적 토대를 마련해준 최초의 연구였다는 평가를 받는다. 이 책으로 말미암아 아나키즘은 '과학적 사회주의'로 불리는 마르크스주의에 맞설 수 있는 기반을 마련하기도 했다.

19세기 이래 헉슬리와 허버트 스펜서의 사회진화론이 강자의 약자 지배를 정당화해 제국주의 침략을 옹호하는 정치철학으로 이용된 반면, 『상호부조론』은 억압받는 개인과 민족의 해방을 위한 정치철학의 바탕이 됐다. 『상호부조론』이 일제의 식민 지배를 벗어나려는 한국의 독립 운동가들에게 응원서로 읽힌 것도 이런 배경 때문이다.

동서 냉전이 격화하면서 한동안 잠잠했던 아나키즘은 1960년대 들어 자본주의와 현실 사회주의가 모두 위기에 봉착하자 부활했다. 68혁명은 『상호부조론』의 르네상스를 알리는 신호탄이었다. 세계 곳곳에서 이념적 구분을 넘어 기성 체제에 저항하는 시위대가 혁명을 상징하는 붉은 깃발과 아나키즘을 상징하는 검은 깃발을 동시에 내걸었다.

현실 사회주의가 몰락한 1980년대 말에도 자본주의와 신자유주의의 세계화를 반대하는 운동부터 인간의 자연 지배를 비판하는 운동에 이르기까지 검은 깃발이 펄럭였다. 2008년 미국발 세계 금융 위기 이후 1퍼센트 자본주의를 비판하던 월가 점령 운동도 『상호부조론』과 맥이 닿는다.

비슷한 시기에 『상호부조론』의 아나키즘은 생태주의, 대안 공동체, 대안 교육, 빈집 점거 운동, 반문화 운동, 양심적 병역거부 운동, 풀뿌리민주주의 운동 등을 통해 소생했다. 크로폿킨의 사상은 지식의 공동 소유까지 주장하는 아나코-코뮌주의로 이론화했다.

그사이 『상호부조론』에 대한 비판도 만만찮게 쏟아져 나왔다. 자본주의가 발전할수록 생존경쟁과 적자생존이 유례없이 격렬해지자 이런 경향은 더욱 깊어져갔다. 많은 이가 실질적으로는 상호부조에 동의하지만 현실적으로는 이를 받아들이지 못했다.

그럼에도 글로벌 사회에서 경쟁이 치열해질수록 『상호부조론』의 가치는 더욱 돋보인다. 이기적 경쟁만이 아닌 상호 협력과 연대 의식을 통해 보다 나은 협력적 공유 사회를 이루어야 하는 까닭을 일깨워주기 때문이다. 인간의 내면에는 '이기적 유전자'가 크게 작용하지만, 이기적 욕구를 성취하기 위해 발달시킨 여러 메커니즘 가운데 이타적 행동이 포함된다는 견해가 나날이 설득력을 얻고 있다.

함께 읽으면 좋은 책
• 표트르 크로폿킨, 『아나키즘』, 백용식 옮김, 개신, 2009.
• 표트르 크로폿킨, 『크로포트킨 자서전』, 김유곤 옮김, 우물이있는집, 2014.

더 나은 미래를
향한 노력

내 목은 매우 짧으니
조심해서 자르게.

유토피아

토머스 모어
Thomas More, 1478~1535

인간이 끊임없이 이상향을 갈망한 흔적은 동서양과 고금을 가리지 않고 다양한 문화권에서 발견된다. 고대 페르시아에서 유래한 파라다이스, 고대 그리스의 아르카디아, 그리스 신화의 엘리시움, 남아메리카 아마존 강변에 있다는 상상 속의 엘도라도, 성경 속의 에덴동산, 불교의 정토, 중국의 무릉도원이나 낙원, 제임스 힐턴의 소설 『잃어버린 지평선』에 설정된 티베트의 샹그릴라, 조너선 스위프트의 『걸리버 여행기』에 나오는 섬 라퓨타, 허균의 『홍길동전』에 등장하는 율도국에 이르기까지 이루 헤아릴 수 없다.

어떤 이는 이상향을 유토피아와 아르카디아Arkadia 두 가지 유형으로 나눈다. 유토피아는 인간의 의지가 실현되는 인공적 이상 사회다. 이에 비해 아르카디아는 동물과 초원에서 평화롭게 사는 목가적 이상향이다. 동양에서는 요순시대와 무릉도원이 각기 두 가지의 전형으로 꼽힌다. 이상향을 네 가지 유형으로 나누기도 한다. 유토피아, 아르카디아, 코케인Cockayne, 천년왕국Millennium이 그것이다. 코케인은 노동이나 수고를 하지 않아도 욕구가 충족되는 환락원이다. 가난한 농부들이 주로 꿈꾼 세상이다. 천년왕국은 신의 섭리가 실현되는 의롭고 선한 사회다. 그 옛날 유럽 민중이 동경하던 세상이다.

이 가운데 유토피아는 인간의 의지로 만들 수 있다는 희망 때문에 수많은 사상가들과 작가들이 갈구했다. 이상향을 얘기할 때 맨 먼저 떠오르는 단어가 유토피아인 것도 이런 연유에서다. '유토피아'는 1516년 플랑드르 루뱅에서 처음 출간한 토머스 모어의 소설『유토피아De optimo reipublicae statu, deque nova insula Utopia』에서 유래한다. 원제를 번역하면 '최선의 국가 형태와 새로운 섬 유토피아에 관하여'다. 영역본은 모어가 반역죄로 참수형에 처해진 지 16년 뒤인 1551년 모국인 영국에서 출판됐다.

유토피아는 그리스어로 '없다'는 뜻의 'ou'와 '장소'를 뜻하는 'topos'를 합성한 것으로 '어디에도 없는 곳'이라는 뜻이다. 완벽한 사회이면서도 궁극적으로는 실현 불가능한 사회를 뜻한다. 하지만 이 소설이 출간된 뒤 '유토피아'는 모든 것이 완벽한 이상향을 가리키는 일반명사로 굳어졌다. 라틴어로 쓴 이 작품에 모어는 맨 처음 라틴어식으로 '아무 데도 없는 곳'이라는 뜻의 누스쿠아마Nusquama라는 제목을 붙였다. 네덜란드 인문학자 에라스무스Desiderius Erasmus, 1466~1536와 가까웠던 모어는 영국으로 돌아온 후 편지를 교환하다가 누스쿠아마를 그리스식 표현인 유토피아로 바꿨다. 모어는 이 작품을 처음 구상

유토피아 목판화

할 때부터 에라스무스와 의견을 나눠왔다. 에라스무스가 대표작 『우신예찬』을 쓸 때도 모어의 권유가 한몫을 했으며, 에라스무스는 이 책을 모어에게 헌정했다.

작품은 화자가 플랑드르 지방의 안트베르펜에서 라파엘 히슬로다에우스라는 포르투갈 선원을 만나 나눈 이야기를 그대로 옮겨 적은 형식을 띤다. 가상의 인물인 히슬로다에우스는 유명한 항해가인 아메리고 베스푸치를 따라 신세계를 여행하다가 유토피아 섬에서 5년간 생활한 것으로 그려진다.

모어가 그린 유토피아의 양대 철학은 평등과 쾌락이다. 평등과 쾌락은 수레의 두 바퀴처럼 긴밀한 관계다. 유토피아의 가장 큰 특징은 공동소유 사회라는 점이다. 누구나 열심히 일하지만 사유재산을 축적하지 않는다. 집과 옷을 비롯한 물품은 필요에 따라 공평하게 분배된다. 남녀가 어렸을 때부터 평등하게 의무교육을 받는다. 모든 종교를 자유롭게 믿을 수 있다. 플라톤의 『국가론』에도 공동소유제가 나오지만 이는 귀족들만의 공산주의다. 이와 달리 유토피아는 모든 주민의 공산주의 체제다. 돈을 쓰지 않고, 금욕적인 무소유를 신조로 삼는다.

유토피아는 54개 자치도시로 구성된다. 주민이 뽑은 대표가 정치를 하는 민주주의 체제라는 점이 프롤레타리아 독재 체제인 공산주의와 다르다. 지배자도 없고 피지배자도 없다. 공직자는 대부분 선거로 선출되며, 임기는 1년이다.

경제 기반은 공동소유제의 농업이다. 하나의 농장에는 40명 미만이 산다. 2년마다 도시인과 농민이 교체되며, 집도 10년마다 추첨으로 교환한다. 마을 회관에서는 모두에게 식사를 제공한다. 집도 나라에서 준다. 한마디로 '보편적 복지'가 실현된다. 직업에는 귀천이 없어 노동이 노예의 몫으로 돼 있는 플라톤의 '국가'보다 훨씬 인간적이다. 모든 사람이 노동을 하기 때문에 하루 6시간만 일하면 된다.

양대 철학의 다른 축인 쾌락은 개인적인 쾌락이 아니라 선과 도덕, 사회적 책임을 수반한 쾌락이다. 사람들은 정원 가꾸기를 즐기며, 식사를 포함해 여러 가지 일을 공동으로 하며 사치와 허식을 배격한다.

이 책의 중요성은 이상향 추구 못지않은 사회 비판 의식에 있다. 책에 등장하는 비판은 크게 네 가지로 나뉜다. 첫째, 정부의 과도한 엄벌주의에 대한 비판이다. 지나치게 가혹한 처벌은 억제책으로 효과가 없다고 주장한다. 둘째, 거지, 부랑자, 도둑이 증가하는 원인에 대한 비판이다. 모어는 그것이 농촌에서 봉건영주가 몰락하고 시종이나 농민이 추방된 탓이라고 본다. 셋째, 지나친 사회적 불평등에 대한 비판이다. 넷째는 불의에 대한 비판이다. 모어는 이 같은 사회문제들이 화폐에 대한 욕망과 사유재산제도에서 나온다고 생각해 공동소유제를 강조했다. 유토피아에서 눈에 띄는 또 다른 특징은 반전과 평화주의다. 재물과 영토를 늘리기 위한 전쟁을 혐오한다. 모어는 모든 전쟁에 반대하는 것은 아니지만 기본적으로 전쟁에 반대한다.

모어 자신도 위대한 이상주의자였다. 자신이 옳다고 믿는 것을 위해선 타협하거나 양보하지도 않았다. 그는 세상이 지금보다 나아져야 한다는 신념 아래 목숨까지 바쳤다. 헨리 8세Henry VIII, 1491~1547의 이혼과 영국국교 창립을 반대해 반역죄로 런던탑에 갇힌 모어는 1년에 걸친 회유와 협박에 굴하지 않고 당당하게 죽음을 맞았다. 1534년 그가 단두대에 올라서자 사형 집행관이 도리어 용서를 빌었다고 한다. 그러자 모어는 그를 끌어안고 오히려 격려했다. 그때 남긴 말은 지금도 전 세계에 회자될 정도로 유명하다. "자네 일을 하는데 두려워하지 말게. 그리고 내 목은 매우 짧으니 조심해서 자르게. 내 목을 치더라도 수염은 건드리지 말게. 수염은 반역죄를 짓지 않았다네." 죽음의 공포마저 유쾌한 해학으로 극복할 만큼 대담한 모어였다.

그의 가정생활 역시 『유토피아』에 그려진 이상적인 삶에 가까웠다. 모어는 자상한 아버지로서 가족들을 돌보았던 것은 물론 검소하고 절제된 생활을 영위하는 가운데 학문과 신앙에도 힘썼다.

『유토피아』는 비슷한 시기에 출간된 마키아벨리의 『군주론』과 비교되곤 한다. 『군주론』이 현실주의 정치철학을 낳았다면, 『유토피아』는 이상주의적 사상을 지향했기 때문이다.

『유토피아』 출간 이후 수많은 유토피안들이 나타났다. 로버트 오언Robert Owen, 1771~1858, 샤를 푸리에Charles Fourier, 1772~1837 같은 낭만적 이상주의자들이 대표적인 인물이다. 카를 마르크스, 프리드리히 엥겔스 같은 과학적 사회주의자들도 넓게 보면 유토피안에 속한다. 모어는 당초 의도와 상관없이 공산주의의 원조 격이 되기도 했다. 독일 사상가 카를 카우츠키는 모어를 역사상 '최초의 사회주의자'로 부각했다. '위대한 사회주의 사상가와 혁명가' 19명의 이름이 새겨진 모스크바의 볼셰비키 기념 오벨리스크에는 마르크스, 엥겔스와 함께 모어가 들어 있다.

학자들은 유토피아를 '진보의 원리', '더 나은 미래를 향한 노력'으로 이해한다. 사회학자 카를 만하임은 유토피아를 '사회에 변화의 욕망을 불러일으켜 기존 질서를 바꾸려는 이념 틀'이라고 규정했다. 역사학자인 주경철 서울대학교 교수는 유토피아를 '천년왕국설'과 견주어 설명한다.

유토피아는 수많은 파생어를 창출했다. 디지털 기기의 발달로 모어의 유토피아를 넘어 '디지토피아'를 열었다는 비유도 나왔다. 테크놀로지와 유토피아의 합성어인 '테크노피아'도 있다. 프랑스 철학자 미셸 푸코Michel Foucault, 1926~1984는 헤테로토피아Heterotopia라는 단어를 '실제화된 한시적 유토피아'로 개념화했다. 어린이들이 부모 몰래 숨고 싶어 하는 이층 다락방 같은 공간, 신혼의 달콤한 꿈을 꾸는 여행지, 일상으로부터 탈출한 듯한 카니발의 세계가 그것이다.

이상 사회인 유토피아는 그 반대인 '디스토피아'라는 신조어를 낳았다. 디스토피아는 실패한 유토피아다. 조지 오웰의 소설 『1984』 같은 작품이 디스토피아를 그렸다. 역사상 가장 거대한 유토피아 실험으로 불리던 소련 공산주의는 70년 만에 막을 내렸다. 북한도 한때 스스로 유토피아 같은 나라라고 선전했다.

'유토피아'처럼 중요한 개념, 그와 관련된 장르의 기원이 이처럼 하나의 작품에서 분명하게 유래한 사례는 흔치 않다. 내년이면 출간 500주년을 맞는 이 작품은 앞으로도 전 세계적으로 유토피아를 둘러싼 거대 담론을 끊임없이 이어갈 게 분명하다.

함께 읽으면 좋은 책
• 예브게니 자먀틴, 『우리들』, 석영중 옮김, 열린책들, 2009.
• 토마소 캄파넬라, 『태양의 나라』, 임명방 옮김, 이가서, 2012.
• 올더스 헉슬리, 『멋진 신세계』, 안정효 옮김, 소담출판사, 2015.

빅 브라더의
탄생

과거를 지배하는 자가 미래를 지배하며,
현재를 지배하는 자가 과거를 지배한다.

1984

조지 오웰
George Orwell, 1903~1950

"2084년 구글은 빅 브라더가 된다." 《뉴욕타임스》는 2005년 구글 어스의 무서운 카메라를 이렇게 풍자했다. 《뉴욕타임스》는 2084년 구글의 가상 홈페이지를 그려놓고 사용자의 과거와 현재는 물론 미래까지 구글이 보여줄 것이라며 냉소했다.

1998년 말 개봉한 미국 첩보 영화 〈에너미 오브 스테이트〉는 정보 통신 기술의 눈부신 발전이 '감시 사회'를 탄생시킬 것이라고 일찌감치 예측했다. 강직한 변호사 로버트 클레이턴 딘의 명대사는 사생활 침해의 심각성을 고발한다. "정부가 우리 집 안방까지 침입할 권리는 없다.", "프라이버시는 사라졌다. 안전한 것은 오직 머릿속에 있는 것 뿐이다."

두 사례는 조지 오웰(본명 Eric Arthur Blair)의 소설 『1984』를 떠올리게 한다. 『1984』는 전체주의 비판과 함께 미래의 예지력이 담긴 명작으로 평가받는다. 이 작품은 전체주의가 인간의 육체뿐 아니라 감정과 사고까지 철저히 파괴해 상상력마저 앗아 가는 전율스러운 미래를 경고한다. 『1984』는 당초 제목이 '유럽의 마지막 사람'이었다. 이를 너무 밋밋하게 여긴 출판사가 책이 완성될 무렵인 1948년의 마지막 두 자리 숫자 48을 84로 바꿔 제목으로 달았다고 한다.

소설의 무대인 가상의 초강대국 오세아니아는 영국 사회당의 우두머리인 '빅 브라더'가 통치하는 전체주의 국가다. 1984년, 전 세계는 오세아니아, 유라시아, 이스트아시아라는 거대한 3개국으로 재편된다. 세 초강대국은 역설적이게도 끊임없이 전쟁을 벌임으로써 평화를 유지한다.

오세아니아에는 '빅 브라더가 당신을 주시하고 있다'고 협박하는 대형 포스터가 모든 거리와 건물에서 유령처럼 나부낀다. 사람이 존재하는 곳이면 어디든 송수신이 가능한 텔레스크린이 걸려 있어 개인의 내밀한 삶까지 샅샅이 감시한다.

심지어 인적이 드문 숲이나 들에도 마이크로폰이 숨어 있다. 시내에는 수시로 헬리콥터가 떠다니며 건물 안을 들여다본다. 거리엔 사상경찰이 돌아다닌다. 반체제 인사는 고문을 통해 새로운 인간으로 개조된다. 성욕까지도 국가가 통제한다. 결혼의 단 한 가지 목적은 당에 봉사할 아이를 낳는 것이다.

빅 브라더의 목표에 맞지 않으면 문서, 신문, 서적, 녹음, 영화에 이르기까지 과거의 모든 기록을 수시로 삭제하고 조작한다. 당의 슬로건이 말해주듯이 과거를 지배하는 자가 미래를 지배하며, 현재를 지배하는 자가 과거를 지배하기 때문이다.

정부 기관은 진리부, 평화부, 애정부愛情部, 풍부부豊富部 네 개 부서로 나뉜다. 부서 이름은 하는 일과 정반대다. 진리부는 보도, 연예, 교육, 예술 분야에서 과거를 조작하는 일을 전담한다. 평화부는 전쟁을, 애정부는 법과 질서를 엄격히 유지하는 일을 한다. 풍부부는 경제 문제를 책임진다. 지배자는 허황된 수치로 경제 성과를 자랑하면서도 인민을 굶주리게 한다.

당은 기존 언어 대신 '신어'를 만든다. 신어 조어는 '좋은'의 반대가 '나쁜'이 아니라 '안 좋은'으로 바꾸는 것과 같이 사람들이 사용하는 어휘를 줄이는 것을 목표로 시작됐다. 어휘를 줄임으로써 사람들 생각을 단순화해 점차 이단적인 생각과 행동을 못 하도록 하는 것이다. 정부 청사에는 당의 세 가지 슬로건이 우아한 필체로 쓰여 있다. '전쟁은 평화, 자유는 예속, 무지는 힘.' 역설도 이만저만이 아니다. 진리부에서 일하는 주인공 윈스턴 스미스는 "자유는 '2 더하기 2는 4'라고 자유롭게 말할 수 있는 것"이라고 정의했다. 하지만 고문을 견디지 못하고 2 더하기 2는 5라고 소리친다.

『1984』는 전체주의라는 용어의 이미지를 정립하는 데 절대적인 기여를 했다. 이때부터 전체주의라는 용어는 냉전 체제 아래서 자본주의 국가들의 힘을 결집하는 데 없어서는 안 되는 정치 용어로 자리 잡는다. 문학평론가들도 『1984』가 스탈린 치하에서 전체주의 국가로 전락하던 소련의 모습을 비판한 작품이라고 여겼다.

그러나 문학평론가들의 주장처럼 이 책이 스탈린 치하의 소련을 다룬 것으로만 착각해서는 곤란하다. 오웰의 경고는 특정 시대, 특정 국가에만 해당되는 것이 아니다. 권력이나 사회체제를 유지하기 위해 사람들을 감시하고, 특정 이익을 위해 사실과 역사를 왜곡하려는 시도가 이어지는 한 그의 경고는 여전히 유효하다.

소설의 배경이 되는 초강대국 오세아니아에 속한 '에어스트립 원'은 자본주의 국가인 영국을 가리킨다. 윈스턴이 살고 있는 도시는 런던이다. 높이가 300미터나 되는 초고층 건물들과 인간을 끊임없이 감시하는 텔레스크린 등으로 미뤄 보아 오세아니아는 과학기술이 고도로 발달한 나라다. 오세아니아 사회는 폭력과 억압이 만연한 '정치적 전체주의' 국가인 동시에 경제적으로는 고도의 '기술적 전체주의' 국가이기도 하다. 소설에서는 '정치적 전체주의'와 '기술적 전체주의'가 교묘하게 혼합해 떼려야 뗄 수 없는 관계로 나타난다.

실제로 그가 그린 '감시 사회'는 최첨단 자본주의 사회에서 더욱 실감 나게 재현된다. 2013년 미국 국가안보국의 도·감청 실태를 폭로해 세계적 파장을 일으킨 전 중앙정보국CIA 요원 에드워드 스노든은 실제 정부의 사생활 감시가 오웰의 소설 『1984』보다 심하다고 주장했다.

소설의 무대인 영국조차 세계에서 감시가 가장 일상화된 나라가 됐다는 논란이 끊이지 않는다. 영국 사생활 보호 단체인 '빅브라더워치Big Brother Watch'는 2013년 말 기준 영국에 최대 600만 대의 CCTV가 작동 중인 것으로 추산한다. 이 때문에 런던에서 하루를 보내면 300번 가량 CCTV에 노출된다고 영국 인권 단체들은 주장한다. 선진국 정부는 말할 것도 없고 대기업까지 개인 정보를 수집하는 것으로 드러나면서 빅 브라더 논란이 전 세계적 이슈로 떠오른 지 오래다.

이동통신 회사들이 스마트폰에 내장된 소프트웨어를 통해 사용자

『1984』가 그린 감시 사회

의 문자메시지, 이메일, 통화 기록, 방문한 웹사이트, 시청한 동영상을 속속들이 파악했다는 사실이 드러나자 빅 브라더가 따로 없다는 염려의 목소리가 지구촌 곳곳에서 터져 나온다. 독일에서는 '디지털커리지Digitalcourage'라는 시민 단체가 매년 빅 브라더 상을 준다. 이 상은 개인 정보를 가장 많이 침해한 개인이나 단체에 돌아간다. 눈길을 끄는 건 2004년 수상자가 독일 내무부 장관이라는 사실이다.

현대판 빅 브라더 논란들로 인해 책 판매량이 급증하기도 했다. 스노든 사건 직후 『1984』는 미국에서 한때 5,800퍼센트의 매출 증가율을 보였다. 2008년 하버드 대학교 학생들이 가장 많이 구입한 도서 1위, 2009년 《뉴스위크Newsweek》 선정 역대 세계 최고의 명저 2위에 오르기도 했다. 올더스 헉슬리의 『멋진 신세계』, 예브게니 자먀틴의 『우리들』과 더불어 세계 3대 디스토피아 소설로 꼽힌다.

조직화돼 인간성을 잃은 '오웰리언', 선전 활동을 위한 사실의 조작과 왜곡을 의미하는 '오웰주의', 감시가 심한 사회를 일컫는 '오웰리언 사회' 등은 『1984』가 낳은 신조어다. '빅 브라더'는 정보 독점으로 사회를 통제하는 권력을 의미하는 대명사가 되었고, 미국에서 출간된 책에 등장하는 '가장 영향력 있는 허구 인물 101명' 가운데 2위에 꼽혔다.

'오웰식 언어'라고도 불리는 이중 화법 표현은 '불경기'나 '경기 후퇴'라는 말 대신 '경기 순환' 또는 '마이너스 성장'으로 둘러대는 식이다. '실업'은 '미고용', '증세'는 '세입 증대책', '가격 인상'은 '가격 현실화'라는 단어로 바꾼다. 『1984』는 정치 지도자들이 시민들이 체감하는 충격을 줄이기 위해 모호하거나 모순된 표현을 흔히 사용한다고 빗댔다.

이 작품은 많은 예술가에게 영감을 주었다. 스탠리 큐브릭의 영화 〈시계태엽 오렌지〉와 워쇼스키 남매의 영화 〈매트릭스〉는 『1984』에서 문제의식을 빌렸다. 마이클 래드퍼드 감독의 동명 영화 〈1984〉와 리들리 스콧이 만든 애플 매킨토시 컴퓨터 CF도 같은 해에 나왔다. 무라카미 하루키는 2009년 가장 직접적이고도 창조적인 『1984』 오마주인 『1Q84』를 내놓았다.

미국 미래학자 데이비드 굿맨이 1972년 『1984』에서 예언한 137가지 내용을 검토해보았을 때 80가지가 실현됐으며, 1978년에 다시 비교했더니 실현된 게 무려 100가지가 넘었다고 한다. 문학의 놀라운 예언력을 보여주는 통계다.

함께 읽으면 좋은 책
• 조지 오웰, 『동물농장』, 도정일 옮김, 민음사, 2009.
• 조지 오웰, 『나는 왜 쓰는가』, 이한중 옮김, 한겨레출판사, 2010.
• 조지 오웰, 『카탈로니아 찬가』, 정영목 옮김, 민음사, 2014.

함께 보면 좋은 영화
• 플로리안 헨켈 폰 도너스마르크 감독, 〈타인의 삶(The Lives Of Others)〉, 2006.

참고문헌

단행본

01 | 자유와 인권의 횃불을 들다

- 장 자크 루소, 『인간불평등기원론 · 사회계약론』, 최석기 옮김, 동서문화사, 2007.
- 장 자크 루소, 『사회계약론』, 이환 옮김, 서울대학교출판부, 1999.
- 토머스 페인, 『상식』, 남경태 옮김, 효형출판, 2012.
- 폴 콜린스, 『토머스 페인 유골 분실 사건』, 홍한별 옮김, 양철북, 2011.
- 존 스튜어트 밀, 『자유론』, 박홍규 옮김, 문예출판사, 2009.
- 존 로크, 『통치론』, 강정인 · 문지영 옮김, 까치, 2007.
- 헨리 데이비드 소로, 『시민의 불복종』, 강승영 옮김, 은행나무, 2011.
- 앤드류 커크, 『세계를 뒤흔든 시민 불복종』, 유강은 옮김, 그린비, 2005.
- 에리히 프롬, 『불복종에 관하여』, 문국주 옮김, 범우사, 1996.
- 해리엇 비처 스토, 『톰 아저씨의 오두막』, 이종인 옮김, 문학동네, 2011.
- 메리 울스턴크래프트, 『여성의 권리 옹호』, 문수현 옮김, 책세상, 2011.
- 시몬 드 보부아르, 『제2의 성』, 이희영 옮김, 동서문화사, 2009.

02 | 정치철학과 국제 질서를 세우다

- 니콜로 마키아벨리, 『군주론』, 강정인 · 김경희 옮김, 까치, 2015.
- 필립 보빗, 『군주론 이펙트』, 이종인 옮김, 세종서적, 2014.
- 시오노 나나미, 『나의 친구 마키아벨리』, 오정환 옮김, 한길사, 2002.
- 곽준혁, 『마키아벨리 다시 읽기』, 민음사, 2014.
- 한비, 『한비자』, 김원중 옮김, 글항아리, 2010.
- 플라톤, 『플라톤의 국가론』, 최현 옮김, 집문당, 1997.
- 공자, 『논어』, 김형찬 옮김, 홍익출판사, 2005.
- H. G. 크릴, 『공자: 인간과 신화』, 이성규 옮김, 지식산업사, 1983.
- 앨프리드 세이어 머핸, 『해양력이 역사에 미치는 영향』, 김주식 옮김, 책세상, 1999.
- 손무, 『손자병법』, 김원중 옮김, 글항아리, 2011.
- 카를 폰 클라우제비츠, 『전쟁론』, 김만수 옮김, 갈무리, 2006.
- 휴 스트레이천, 『전쟁론 이펙트』, 허남성 옮김, 세종서적, 2013.

03 | 생각의 혁명을 일으키다

- 지그문트 프로이트, 『꿈의 해석』, 김인순 옮김, 열린책들, 2004.
- 토머스 쿤, 『과학혁명의 구조』, 김명자·홍성욱 옮김, 까치, 2013.
- E. H. 카, 『역사란 무엇인가』, 길현모 옮김, 탐구당, 2014.
- 데이비드 캐너다인 엮음, 『굿바이 E. H. 카』, 문화사학회 옮김, 푸른역사, 2005.
- 레이철 카슨, 『침묵의 봄』, 김은령 옮김, 에코리브르, 2011.
- 김재호, 『레이첼 카슨과 침묵의 봄』, 살림, 2009.
- 알렉스 맥길리브레이, 『세계를 뒤흔든 침묵의 봄』, 이충호 옮김, 그린비, 2005.
- 헬렌 니어링·스콧 니어링, 『조화로운 삶』, 류시화 옮김, 보리, 2000.

04 | 경제학의 주춧돌을 놓다

- 애덤 스미스, 『국부론』, 김수행 옮김, 비봉출판사, 2007.
- 도메 다쿠오, 『지금 애덤 스미스를 다시 읽는다』, 우경봉 옮김, 동아시아, 2010.
- 존 메이너드 케인스, 『고용, 이자 및 화폐의 일반이론』, 조순 옮김, 비봉출판사, 2007.
- 찰스 H. 헤시온, 『케인스 평전』, 허창무 옮김, 지식산업사, 2008.
- 프리드리히 하이에크, 『노예의 길』, 김이석 옮김, 나남, 2006.
- 박종현, 『케인즈&하이에크』, 김영사, 2008.
- 막스 베버, 『프로테스탄티즘의 윤리와 자본주의 정신』, 김덕영 옮김, 길, 2010.
- 토머스 로버트 맬서스, 『인구론』, 이서행 옮김, 동서문화사, 2011.
- 프레드릭 테일러, 『과학적 관리법』, 방영호·오정석 옮김, 21세기북스, 2010.
- 앨빈 토플러, 『제3의 물결』, 원창엽 옮김, 홍신문화사, 2006.

05 | 신의 자리에 인간이 서다

- 찰스 다윈, 『종의 기원』, 송철용 옮김, 동서문화사, 2013.
- 아이작 뉴턴, 『프린키피아』, 이무현 옮김, 교우사, 1998.

- 니콜라우스 코페르니쿠스, 『천체의 회전에 관하여』, 민영기·최원재 옮김, 서해문 집, 1998.
- 알베르트 아인슈타인, 『상대성이론』, 장헌영 옮김, 지식을만드는지식, 2012.
- 루크레티우스, 『사물의 본성에 관하여』, 강대진 역, 아카넷, 2012.
- 스티븐 그린블랫, 『1417년, 근대의 탄생』, 이혜원 옮김, 까치, 2013.
- 제임스 왓슨, 『이중나선』, 최돈찬 옮김, 궁리, 2006.

06 | 유토피아를 꿈꾸며 디스토피아를 그리다

- 카를 마르크스, 『자본론』, 김수행 옮김, 비봉출판사, 2005.
- 프랜시스 윈, 『자본론 이펙트』, 김민웅 옮김, 세종서적, 2014.
- 아돌프 히틀러, 『나의 투쟁』, 이명성 옮김, 홍신문화사, 2006.
- 블라디미르 레닌, 『무엇을 할 것인가?』, 최호정 옮김, 박종철출판사, 2014.
- 표트르 알렉세예비치 크로폿킨, 『만물은 서로 돕는다』, 김영범 옮김, 르네상스, 2005.
- 하승우, 『세계를 뒤흔든 상호부조론』, 그린비, 2006.
- 토머스 모어, 『유토피아』, 주경철 옮김, 을유문화사, 2007.
- 조지 오웰, 『1984』, 김기혁 옮김, 문학동네, 2009.
- 박경서, 『조지 오웰』, 살림, 2005.

인용문을 가져온 문헌은 '■'로 표시했습니다.
인용문은 되도록 그대로 신되 교정 원칙에 따라 일부 수정했습니다.

신문　《경향신문》, 《국민일보》, 《내일신문》, 《동아일보》, 《매일경제》, 《문화일보》, 《서울신문》, 《세계일보》, 《조선일보》, 《중앙일보》, 《한겨레》, 《한국경제》, 《한국일보》

사전 《경제학사전》, 《교육학용어사전》, 《네이버사전》, 《다음백과사전》, 《두산백과》,
《맑스사전》, 《매일경제용어사전》, 《문학비평용어사전》, 《사회학사전》,
《세계문화사전》, 《위키백과》, 《철학사전》, 《한경경제용어사전》,
《한국근현대사사전》, 《한국민족문화대백과》, 《행정학사전》, 《21세기정치학대사전》

세상을 바꾸고 고전이 된 39

1판 1쇄 발쇄 | 2015년 10월 15일
1판 2쇄 발행 | 2016년 1월 5일

지은이 김학순
펴낸이 송영만
디자인 자문 최웅림

펴낸곳 효형출판
출판등록 1994년 9월 16일 제406-2003-031호
주소 413-756 경기도 파주시 회동길 125-11(파주출판도시)
전자우편 info@hyohyung.co.kr
홈페이지 www.hyohyung.co.kr
전화 031 955 7600 | **팩스** 031 955 7610

값 15,000원

이 도서의 국립중앙도서관 출판예정도서목록(CIP)은 서지정보유통지원시스템 홈페이지
(http://seoji.nl.go.kr)와 국가자료공동목록시스템(http://www.nl.go.kr/kolisnet)에서
이용하실 수 있습니다.(CIP제어번호: CIP2015026154)